Crises :

Économies émergentes
& Grands pays de l'OCDE

Jacques Delorme

Crises :

Économies émergentes & Grands pays de l'OCDE

L'Harmattan

5-7, rue de l'École-Polytechnique ; 75005 Paris

http://www.librairieharmattan.com
diffusion.harmattan@wanadoo.fr
harmattan1@wanadoo.fr

ISBN : 978-2-343-07971-4
EAN : 9782343079714

PRÉFACE

Cet ouvrage, *Crise : Économies émergentes et grands pays de l'OCDE - Une revue (2007-2014),* résulte d'un travail mené au Cycle des Hautes Études en Développement Économique (CHEDE) de l'Institut de la gestion publique et du développement économique (IGPDE) du ministère de l'Économie, des Finances et de l'Industrie. Les articles qui le composent ont été discutés dans l'enceinte virtuelle du cercle Les Échos.

Le plan d'exposition de chaque article est toujours le même. La première partie mène l'analyse macroéconomique 2007-2014 d'une quarantaine de pays – plus ou moins profondément selon les connaissances de l'auteur – sur la base d'une seule source, les *data base* de l'*Economic outlook* du FMI, dans leur édition d'avril et octobre 2007-2014. La seconde partie traite des problèmes structurels non résolus à ce jour. La dernière ouvre sur les défis plus conjoncturels qui laissent place à des extrapolations, rarement à des prévisions.

GLOSSAIRE

ACP : (groupe) Afrique, Caraïbe, Pacifique
AD : Anti-dumping
ADMM : Réunion des ministres de la défense de l'ASEAN
AEC : Association des États de la Caraïbe
AIEA : Agence internationale de l'énergie atomique
ALE : Accord de libre-échange
ALEAC : Accord de libre-échange approfondi et complet
ALENA : Accord de libre-échange nord-américain
AMI : Accord multilatéral sur l'investissement (OCDE)
ANELD : Association nationale des élus pour la diversité
ANC : Congrès national africain
ANZAS: Australia New-Zeeland America Society
A.O.: Appellations d'origine
APD : Aide publique au développement
APEC : Coopération économique pour l'Asie-Pacifique : Australie, Brunei, Canada, Corée du Sud, États-Unis, Indonésie, Japon, Malaisie, Nouvelle-Zélande, Philippines, Singapour, Thaïlande, Chine, Hong-Kong, Taïwan, Mexique, Papouasie-Nouvelle Guinée, Chili, Pérou, Russie, Vietnam
ARF : ASEAN regional forum
ARM : Accord de reconnaissance mutuelle
AS : Afrique du Sud
ASEAN6 : Associations des nations de l'Asie du Sud-Est : Thaïlande, Malaisie, Indonésie, Philippines, Brunei, Singapour
ASEAN10 : + Cambodge, Birmanie, Laos, Vietnam
ASEAN+3 : ASEAN10 + Chine, Corée, Japon
ASEM : Asia-Europe Meeting : 28 pays de l'UE + Représentant de la Commission, ASEAN10 + Représentant du secrétariat de l'ASEAN, Australie, Nouvelle-Zélande, Inde, Pakistan, Chine, Mongolie extérieure, Russie, Kazakhstan
BAD : Banque asiatique (africaine) de développement
BCE : Banque centrale européenne
BCG : Boston consulting group
BEI : Banque européenne d'investissement
BERD : Banque européenne pour la reconstruction et le développement : 65 membres (voir article Wikipédia) : UE à 28, 16 anciens CEI, 7 anciens PECO + États-Unis, Canada, Corée du Sud, Égypte, Israël, Japon, Maroc, Mexique, Tunisie, Jordanie,

Nouvelle-Zélande, Norvège, Suisse, Turquie
BRIC(S) : Brésil, Russie, Inde, Chine, (Afrique du Sud)
CAC40 : indice boursier français fondé sur les cotations de 40 entreprises
CAE : Comité d'analyse économique
CAIRNS (groupe de) : Chantres de la libéralisation de l'agriculture dans le monde : Australie, Afrique du Sud, Argentine, Brésil, Colombie, Costa Rica, Bolivie, Canada, Chili, Indonésie, Malaisie, Guatemala, Nouvelle-Zélande, Pakistan, Paraguay, Pérou, Philippines, Thaïlande, Uruguay
CAN : Communauté andine des nations : Bolivie, Colombie, Équateur, Pérou + associés les 4 pays du MERCOSUR
CDC : Caisse des dépôts et consignations
CEI : Communauté des États Indépendants
CEPII : Centre d'études prospectives et d'informations internationales
CIP : Contrat d'insertion professionnelle
CNC : Centre national du cinéma
CNRS : Centre national de recherche scientifique
CNUCC : Conférence des Nations unies sur le changement climatique
COFOG : Classification of the functions of governments
COP19 : 19e conférence des Parties
CSU/CDU : Démocratie chrétienne d'Allemagne
CSU : Coûts salariaux unitaires
DPE : Direction de la politique économique
E.A.U. : Émirats arabes unis
EBE : Excédent brut d'exploitation
ECO : nom du département Économie de l'OCDE
ENS : École normale supérieure
ESS : Économie sociale et solidaire
FAO : Organisation de l'agriculture et de l'alimentation
FBCF : Formation brute de capital fixe
FED : Réserve fédérale américaine (banque centrale)
FMI : Fonds monétaire international
GATT : General agreement on tariffs and trade
GATS : General agreement on trade and services
G7 : États-Unis, Canada, Japon, Allemagne, France, Royaume-Uni, Italie
G8 : G7+ Russie
G20 : G8+ Afrique du Sud, Mexique, Argentine, Brésil, Chine, Corée du Sud, Inde, Indonésie, Arabie Saoudite, Turquie, Australie, UE

(2 représentants, conseil et commission), Espagne et Pays-Bas invités + FMI et Banque Mondiale
G77 : Groupe des non-alignés (Nehru)
G5+1 : 5 membres du conseil de sécurité de l'ONU (Chine, Russie, États-Unis, Royaume-Uni, France) + Allemagne (négociations avec l'Iran sur sa filière nucléaire)
GIEC : Groupe d'experts intergouvernemental sur l'évolution du climat
HFC : Hydrofluorocarbure
IBAS : Inde, Brésil, Afrique du Sud
ICD : Instrument de financement de la coopération pour le développement
IDE : Investissements directs étrangers
IDH : Indice de développement humain (ONU)
INEC : INSEE argentin
INSEAD : Institut européen d'administration des affaires
INSEE : Institut national de la statistique et des études économiques
IRPP : Impôt sur le revenu des personnes physiques
ISO : Organisation internationale des normes
MAC : Mécanisme d'adaptation compétitive
MEGC : Modèle d'équilibre général calculable
MERCOSUR/MERCOSUL : Argentine, Brésil, Uruguay,
Paraguay + Bolivie, Venezuela + Chili, Colombie, Équateur, Pérou
MIT : Massachusetts Institute of Technology
MOOC : Massive Open Online Course
NASDAQ : National association of securities dealers automated quotations
NZ : Nouvelle-Zélande
OCDE : Organisation de coopération pour le développement économique
OGM : Organisme génétiquement modifié
OMD : Organisation mondiale des douanes
OMD : Objectifs du millénaire pour le développement (ONU)
OMT : Organisation mondiale du tourisme
ONU : Organisation des Nations unies
OPEP : Organisation des producteurs et exportateurs de pétrole
ORD : Organisme de règlement des différends (OMC)
OTAN : Organisation du traité de l'Atlantique Nord
PAC : Politique agricole commune
PAFTA : Zone panarabe de libre échange

PCC : Parti communiste chinois
PECO : Pays d'Europe centrale et orientale
PIB : Produit intérieur brut
PGF : Productivité générale des facteurs
PMA : Pays les moins avancés
PNUD : Programme des Nations unies pour le développement
P.O. : Prélèvements obligatoires
PPA : Parité de pouvoir d'achat
PPTE : Petits pays très endettés
PVD : Pays en voie de développement
QE : Quantitative Easing (politique monétaire très accommodante)
RDB : Revenu disponible brut
ROC : Règlement sur les obstacles au commerce
RU : Royaume-Uni
SADC : Communauté de développement de l'Afrique australe : 15 pays membres africains (voir Wikipédia)
SESSI : Service des études et des statistiques industrielles
SPD : Parti travailliste allemand
SPS : (Accord) sanitaire et phytosanitaire
TABD : Transatlantic Business Dialogue
TBT : Technical barriers to trade
THD : Très haut débit
TRADE : nom du département Commerce à l'OCDE
TTIP : Partenariat Transatlantique sur le commerce et l'investissement
TZMO : Théorie des zones monétaires optimales
UCLA : Universités californiennes Los Angeles
UE : Union européenne
UNASUR : MERCOSUR + CAN + Chili, Guyane et Surinam
UPM : Union pour la Méditerranée
USD : Dollar américain
AUD : Dollar australien
USTR : Représentant pour le commerce des États-Unis
VA : Valeur ajoutée
VRA : Voluntary Restraint Agreement
X-ENSAE : X ayant étudié à l'ENSAE comme école d'application
ZLE : Zone de libre-échange
ZLEA : Zone de libre-échange des Amériques (Bush)

HORIZON 2030 : QUELQUES IDÉES SIMPLES POUR UN MONDE COMPLEXE

Le monde comptait en 1910, apogée des empires coloniaux, moins de 40 États-nations. Ils sont aujourd'hui 193 à siéger à l'ONU fin 2013. Combien seront-ils en 2050 et à la fin du XXIe siècle : 500 ? 1000 ? Un tel repli identitaire sur le toujours plus proche et le plus local, inquiétant en soi, tient toutefois son antidote : l'explosion exponentielle de l'Internet et des réseaux sociaux.

Bien que la vieille Europe soit également concernée (indépendance de l'Écosse prévue en 2014, et tentation de la Generalitat de Catalogne de quitter l'Espagne), à quoi rime à nos yeux d'occidentaux la création de l'Ossétie du Sud, de la Tchétchénie, de la Moldavie, et plus proche de nous, du Kosovo, de la République de Macédoine et du Soudan du Sud, dernier entrant ?

Il est toutefois utile de rappeler que les jeunesses brésilienne et turque communiquaient entre elles via Facebook, lors des émeutes de mai à septembre 2013, pour des revendications pourtant totalement différentes. Elles portaient sur le coût de la Coupe du monde de football et demandaient un réel accès à de meilleurs services de santé, d'éducation et de transports collectifs pour la première, et s'opposaient à l'islamisation rampante de la société turque du président Erdogan pour la seconde. Au niveau global, un tel émiettement des nationalités, voire de repli ethnique pur et simple, tranche d'avec la grande concertation observée au plan économique et financier : les 19 États du G20 (plus l'UE) représentent plus de 90 % du PIB et 85 % des échanges mondiaux.

Économie : cap sur l'Asie

Les cinq BRICS pèsent 28 % du PIB mondial PPA en 2013 (dont 16 % pour la Chine), pour 35 % en ce qui concerne les six économies parmi les plus développées (États-Unis – 19 %, Japon, Allemagne, RU, France, Italie). Depuis cinq ans, la contribution des BRICS à la croissance du PIB mondial est de l'ordre de 60 %. Toutefois, un tel regroupement s'avère délicat à opérer. Les BRICS recouvrent trois pays dits à *commodities currencies* – Russie, Brésil et Afrique du Sud

– soit très dépendants des cours mondiaux des produits de base, qu'ils soient agricoles, énergétiques, ou à usage industriel.

La première est une économie de rente basée sur la gestion du stock d'hydrocarbures. La seconde, « ferme du monde », est plutôt spécialisée dans l'export de matières premières et produits agricoles. La troisième, enfin, puissance régionale locale, dans celles des mines et des métaux. À l'inverse, la Chine est d'ores et déjà la seconde puissance économique mondiale, et les projections du FMI montrent qu'elle devrait passer devant les États-Unis en 2017. Le cas de l'Inde s'avère plus difficile à prévoir. Troisième puissance mondiale en termes de PIB PPA, la population y est encore rurale à plus de 70 %, et l'agriculture occupe 52 % de la main d'œuvre en 2013. De plus, les habitants vivant dans l'extrême pauvreté s'élèvent à 300 millions de personnes (soit 25 % de la population). Tout laisse à penser que la croissance y sera prioritairement tournée vers le marché intérieur, avec les problèmes de redistribution que cela pose.

Dès aujourd'hui, l'économie-monde est articulée de façon tripolaire autour des États-Unis/Canada, de l'UE (à terme à géométrie variable – avec ou sans l'Ukraine ?), et du pôle antagoniste Chine/Japon. On peut noter que les deux derniers exportent leurs épargnes nettes à destination du premier, l'UE connaissant une situation proche de l'équilibre, voire de léger excédent. En conséquence, la gestion des parités entre le dollar US, l'euro, le yuan et le yen (auxquels il faut joindre la Livre Sterling), ainsi que de leurs éventuels *« misalignments »* par rapport à leurs valeurs d'équilibre de long terme, occupera une place centrale dans les années à venir. À ce titre, on ne peut que souhaiter la convertibilité du Yuan.

Très globalement, la politique monétaire menée par la FED de Mme Janet Yellen aura un rôle prépondérant à jouer dans trois directions dans les mois et les années qui viennent : drainer l'excès de liquidités bancaires actuelles, stérilisées pour l'heure sous la forme de réserves inutilisées, à destination de l'économie réelle ; prévenir la création de bulles spéculatives (sur les marchés d'actions et de l'immobilier notamment) ; et enfin adopter une politique de taux directeurs qui affermisse la croissance américaine et mondiale à court terme. En sus, les États-Unis apparaissent encore comme les leaders de la libéralisation commerciale internationale, via les accords de libre-échange États-Unis/UE et États-Unis/Pacifique (hors Chine) en cours de négociation. Il est à noter qu'une politique commerciale active « Sud-Sud » passera par les renforcements corrélatifs des régionalismes du Mercosur et de l'ASEAN10 (outre des regroupements moins conséquents), devant l'incapacité de l'OMC à clore le « Cycle du développement » de Doha, si ce n'est que sous la forme d'un accord mineur portant sur la simple « facilitation des échanges ».

Géostratégie : vers une explosion des dépenses militaires des BRICS

Si les États-Unis garderont ce leadership pendant encore longtemps, avec un budget militaire de l'ordre de 700 milliards US$ en 2013 (soit 43 % des dépenses militaires mondiales), l'incertitude qui pèse sur les configurations exactes des pays émergents ne laisse pas d'inquiéter. Certains experts des états-major occidentaux et taiwanais considèrent que la Chine aurait en réalité un budget annuel de l'ordre de 300 milliards US$ (à l'inverse des chiffres du SIFRI – 120 milliards, qui ne recoupent pas les autres sources disponibles). Ce budget a été multiplié par plus de trois depuis 10 ans, rejoignant tendanciellement le budget américain tel qu'il était avant le 11 septembre 2001, soit 380 milliards US$ (définition OTAN, soit en incluant les soldes et les pensions des retraités, sans commune mesure entre les États-Unis et la Chine). En effet, les conflits d'Afghanistan et de l'Irak représentaient environ 200 milliards de dépenses additionnelles par an.

La situation de la Russie est encore plus confuse. Bien que les dépenses militaires/PIB soient officiellement d'environ 4 %, 44 % des crédits du budget russe sont depuis 2006 sans affectation budgétaire déclarée, dont une large part irait au complexe militaro-industriel. Lors de sa campagne électorale, le président Poutine avait annoncé un grand « Plan de réarmement », doté de 700 milliards US$ sur dix ans. La Russie est de très loin le premier fournisseur d'armes de la Chine et de l'Inde (avec des parts de marché respectivement de l'ordre de 40 % et de 30 %). L'Afrique du Sud est par ailleurs le 16e fournisseur mondial d'armes, surtout dans sa région d'influence traditionnelle. Parallèlement, le Brésil et l'Inde entretiennent un partenariat stratégique visant à « se doter des moyens d'assurer leur défense sans intervention ou achat à l'extérieur ». Le groupe brésilien Embraer se classe par ailleurs parmi les 15 premières entreprises mondiales d'armement.

Là encore, le déplacement du centre de gravité des menaces potentielles se trouve à l'Est. Les États-Unis y affectent un poids croissant de leurs forces militaires (déploiement des groupes aéronavals des 6e et 7e flottes, renforcement des bases de Guam et d'Okinawa, etc.). Les conflits régionaux ont tendance à s'y multiplier : conflit larvé Chine/Inde pour les frontières du nord du Cachemire, Chine/Russie pour l'extrême Est, Inde/Pakistan, et surtout mer de Chine avec le contentieux sino-japonais des îles Senkaku (Sparkleys), qui concerne également la Corée du Sud, Taiwan jusqu'au Vietnam. Il est à remarquer que les « forces d'autodéfense » du Japon vont représenter 1,35 % du PIB en 2014. On notera que les grands émergents – hormis l'Afrique du Sud, ont une conception de « grandes puissances » en matière militaire, avec l'acquisition ou la fabrication de porte-avions, outils par excellence de projection des forces loin des territoires maritimes traditionnels.

Environnement : une (grosse) pierre dans le soulier de la communauté internationale

La COP19 (19e conférence des parties) de la CNUCC tenue à Varsovie il y a quelques années (Conférence des Nations Unies sur le Changement Climatique) a accouché de faibles résultats, mis à part la création d'un mécanisme financier international doté de 100 milliards US$ pour aider à la transition énergétique. Lors de l'Agenda 21 de Rio et du protocole de Tokyo, les BRICS étaient encore considérés comme des PVD et n'étaient à ce titre pas signataires de ces accords.

Cela se traduit par une situation très préjudiciable, la Chine et l'Inde étant devenus depuis lors parmi les premiers pays émetteurs mondiaux de CO_2 comme de HFC. À titre d'exemple, la Chine utilise autant de charbon que l'ensemble du reste du monde réuni. L'activité du Comité charbon de la CNUCC, qui compte comme membres actifs la Pologne, et récemment l'Allemagne (conversion énergétique liée à l'arrêt du programme nucléaire civil de production d'électricité), a pratiqué un lobbying actif. Après les retraits de leurs engagements de la part de l'Australie et du Canada, seule l'UE reste un partenaire actif de la

Conférence, mais son poids dans les émissions mondiales n'est plus à ce jour que de 11 %.

Quant aux États-Unis et au Canada, ils obtiendraient à l'horizon 2030 leur indépendance énergétique, grâce à la technologie de « fracturation hydraulique » du gaz de schiste. Les réserves semblent pléthoriques. Un désinvestissement des premiers du Proche et Moyen-Orient ne serait pas sans conséquence sur le statut et la place d'Israël et sur la montée des deux puissances régionales de l'Iran et de l'Arabie Saoudite – l'Irak, la Syrie, le Liban et la Lybie étant devenus des pays sans État, où les communautés sunnites et chiites se livrent à des combats confessionnels incessants.

D'un point de vue scientifique, la situation devient à très gros risque, le GIEC et la Banque Mondiale tablant sur une hausse de la température moyenne de la planète de 3.6°C à l'horizon 2060 (on est bien loin des + 1.5 % et + 2.0 % de la COP21 de Paris). À noter que sur le très long terme, la Russie (et le Canada) verraient le dégel du permafrost qui entraînerait une multiplication par un facteur x de leurs terres arables, soit une incitation économique forte pour ne rien faire. Soit comme on le voit des enjeux majeurs pour la COP21 de Paris en 2015.

Des mouvements migratoires de grande ampleur

Des pays importants, comme l'Allemagne et la Russie, verraient – à politique migratoire inchangée, vieillir inexorablement leur population, facteur d'une croissance potentielle faible à l'avenir. Si les taux de croissance en vigueur en Afrique se maintiennent en l'état (soit 5 à 6 % par an), ils ne seraient toutefois pas suffisants pour endiguer l'émergence d'un continent de 2 milliards d'habitants en 2050. Les transferts de populations se feraient majoritairement vers l'UE, ce qui nécessitera la définition d'une politique d'immigration réellement commune de l'espace Schengen (pour éviter les phénomènes « Lampedusa »).

Alors que la Chine vient de renoncer à sa politique d'enfant unique, pour contrecarrer l'explosion démographique indienne, les États-Unis devraient faire face à une hispanisation accrue de leur civilisation (le rapport hispanisant/anglophone devant s'inverser à l'horizon envisagé). Ce phénomène ne surprendrait sans doute pas outre mesure un peuple qui a déjà dû se déterminer dans le passé à ce que le Congrès vote pour le choix de la langue de l'Union, à savoir anglais vs allemand (obtenue à une voix de majorité vers les années 1860 antérieures à la guerre de Sécession). Enfin, les effets du changement climatique entraîneraient des migrations de vaste ampleur (plusieurs dizaines de millions de migrants dans un premier temps) subies par les pays concernés (Bengladesh, Pakistan, certaines zones de pays européens et africains, etc.).

Une cartographie des « pôles High-tech » concentrée sur un noyau dur de pays

Une photographie des 118 « Silicon Valleys » dans le monde en 2013 fait apparaître que les États-Unis restent en tête (22 villes-pôles High-tech), devant l'Inde (12), la Chine (6), le Brésil et la Corée du Sud (5) et l'Afrique du Sud (3), les économies occidentales étant réparties plutôt vers le bas : Canada (6), Allemagne (5), RU et Taiwan (4), Israël, Japon, France et Espagne (3), Pays-Bas et Russie (2), Autriche, Finlande, et Irlande (1).

Un tel classement met en lumière la suprématie considérable des États-Unis en termes d'universités de renommée mondiale et de centres d'excellence de R&D. Ils comptent sur leur avance sans égale en termes académiques (MIT, Harvard, Stanford, Berkeley, UCLA, Princeton, Yale, Cornell, Columbia, Chicago, etc.). À titre de seul exemple, le MIT produit entre 5 à 10 % selon les années de la totalité des brevets américains et 72 prix Nobel y ont travaillé ou y travaillent encore.

Enfin, l'enquête PISA 2013 de l'OCDE consacre la réussite des élèves des collèges de Chine, du Japon, de la Corée, de Taiwan et de Singapour, ainsi que de l'Europe scandinave. Cette enquête, lancée au début des années 90, ne concernait stricto sensu que les seuls 28 pays-membres de l'Organisation, ciblés sur les classes de 4e et de 3e à partir de trois critères : *litteracy* (capacité de comprendre un texte simple, de l'analyser et de le restituer de façon pertinente), raisonnements mathématiques basiques, et maîtrise des sciences. Elle a été sans cesse élargie à des pays tiers dans les années 2000, sur la base d'un échantillon significatif de 550 000 élèves.

Si l'Asie monte en puissance de tous côtés, tout laisse cependant à penser que la première moitié du XXIe siècle restera américaine, forte de son indépendance énergétique, de son leadership militaire, de sa politique monétaire, de son avance technologique et universitaire et de sa « masse critique » de 320 millions d'habitants. Cerise sur le gâteau, sa suprématie culturelle demeure incontestée (le cinéma et ses produits dérivés restent en effet leur second excédent sectoriel – derrière Boeing mais devant les ventes d'armes).

COMPARAISONS INTERNATIONALES : QU'APPORTE LE RAISONNEMENT EN PPA ?

Les PIB PPA (parité de pouvoir d'achat) des grands acteurs économiques internationaux ne laissent pas de surprendre : PIB en milliards d'US$ courants de la Chine de 9 020, pour un PIB PPA de 13 623 milliards d'US$ « internationaux ». L'Inde offre un cas polaire, puisque son PIB nominal s'inscrit à 1 973 milliards d'US$ courants (pour 2 739 pour la France), contre 5 032 US$ PPA (respectivement 2 290). Afin de procéder à des comparaisons portant sur les situations réelles des disparités dans les niveaux de richesse, la notion de PPA apparaît comme la plus adaptée.

Chaque pays offre une structure de coûts et de prix qui lui est propre et originale. Pour faciliter les comparaisons internationales, on peut se donner une « marchandise-étalon » – au sens courant et non de l'économiste Strafa (par exemple, le Big Mac de la multinationale de restauration rapide Mc Donald, censé être fabriqué, distribué et vendu de la même façon partout autour du globe, et qui offre de ce fait la manière la plus simple pour opérer), auquel on va rapporter l'ensemble des vecteurs de coûts et de prix qui vont assurer la parité du pouvoir d'achat du consommateur final. On raisonne ainsi du point de vue de l'*insider* de l'économie à étudier.

Selon les cas, l'application de la méthode va faire montre de valeurs soit en forte hausse (bas niveau général des prix en Inde pour suivre notre exemple), ou alors en baisse selon le degré de développement du pays (la France prise ici). Plus intéressant, les valeurs courantes sont pertinentes pour l'exportateur, qui va affronter une demande solvable immédiate de X milliards d'US$ (on retrouve la notion traditionnelle de la part de marché « commerciale ») ; alors que la logique idoine s'avère celle des PPA pour l'investisseur international, qui va subir la structure des prix et coûts locaux qui prévalent dans le pays où il a investi. Plus généralement, la richesse réelle d'un pays, exprimée en PPA, peut être considérée comme la « vraie » mesure de sa puissance économique, et sa part dans le PIB PPA mondial comme sa « vraie » part de marché.

Un classement mondial en grande partie bouleversé

Les données suivantes, présentées en annexes, sont tirées du World Economic Outlook *d'avril 2013 du FMI.*
L'année de référence choisie est 2013.

En PPA, les États-Unis ne devancent que de peu l'économie chinoise : *16 238 milliards d'US$ « internationaux », pour 13 623 pour la Chine.* L'Inde figure au troisième rang international devant le Japon (4 778), l'Allemagne (3 383), la Russie (2 641), le Brésil (2 466), le RU (2 391), la France (2 290) et l'Italie (1 836).

En termes de revenu/tête, les États-Unis conservent toutefois une forte avance (51 248 US$), devant l'Allemagne (44 870), la France (43 000) et le Japon (40 442).

Parmi le classement précédent, *les quatre BRIC* (hors Afrique du Sud), présentent un ratio PIB/PPA//PIB mondial PPA de *27.4 % contre 35.2 % pour les pays du G7* (hors Canada), soit une part de marché de l'offre agrégée de ces quatre pays de *plus du quart de l'économie mondiale, pour 1/3 pour le G7.* Les deux blocs feraient 62.6 % du PIB mondial. La Chine (15.62 %), rejoint les États-Unis en tendance (18.62 %), l'Inde (5.77 %) le Japon (5.48 %) et la Russie (3.02 %) et le Brésil (2.83 %) les économies occidentales d'Europe à savoir le RU (2.74 %), la France (2.62 %) et l'Italie (2.14 %). La part de marché commerciale traditionnelle de la France étant de près de 4 %, (contre 6 % il y a encore quinze ans), on voit qu'avec la PPA, sa richesse réelle n'est plus que de 2.6 %. Les disparités observées en niveau se retrouvent en termes de croissance annuelle moyenne sur l'année 2013, comme sur la chronique des chiffres antérieurs.

En termes de *balance courante ramenée au PIB*, la Chine et l'Allemagne dégagent des excédents similaires records (à + 5.7 %), loin devant la Russie (+ 2.6 %) et le Japon (+ 1.2 %), alors que l'Inde présente un fort déficit (- 4.9 %), devant le RU (- 4.4 %) et les États-Unis (- 3.0 %).

Les dépenses publiques ramenées aux PIB apparaissent comme très disparates. La France (56.6 %) arrive en tête avec l'Italie (50.7 %), loin d'un groupe médian (Allemagne 44.9 % et Japon 41.4 %), le niveau constaté ressortant comme faible chez les BRIC (24.2 % en Chine, 27.8 % en Inde, 33.5 % au Brésil et 39.5 % en Russie). Il faut y voir l'impact des systèmes de protection sociale très inégalement répartis selon les configurations, partout les contributions de sécurité sociale formant l'essentiel des prélèvements obligatoires.

La dynamique des populations est à l'œuvre, l'Inde (1,24 milliard d'habitants) se rapproche de la Chine (1,36 milliard), alors que l'époque est manifestement à l'émergence des pays-continents (200 millions d'habitants au Brésil, 141 en Russie, et 320 aux États-Unis), non compris le Canada, l'Australie et l'Indonésie. L'Allemagne (82) et le Japon (127) vieillissent graduellement.

Quand on s'intéresse à *l'étiage de la dette* cette fois, le Japon (143.4 % du PIB) apparaît comme la nation la plus endettée (soit une dette nominale de 11 038 milliards d'US$ courants en 2013), devant les États-Unis (89 % soit 14 452 milliards). La dette reste faible en Allemagne (54.7 %) devant des dettes élevées en Europe continentale (105.7 % en Italie, 86.5 % en France et 86.1 % au RU).

Les quatre pays les plus endettés d'Europe (Espagne, Portugal, Grèce, Irlande) représentent moins de *2.5 % du PIB mondial en PPA*, très petits acteurs internationaux. Parmi eux, seule l'Irlande offre un revenu/tête très élevé (48 230 US$), celui du Portugal s'inscrivant à 20 689. Alors que leur PIB PPA représente *13.4 % du PIB PPA des États-Unis*, leurs dettes courantes (1 706.5 milliards d'US$) atteignent *11.8 % de la dette américaine (42 % avec l'Italie à 6 077.5 milliards d'US$)*, soit un ratio en ligne d'avec leurs richesses réelles, puisque le poids relatif de la dette est moindre que leur poids rapporté au PIB américain. Ils présentent toutefois des rapports dette/PIB très élevés : 176.1 % pour la Grèce, 115 % pour le Portugal, 106.1 % pour l'Irlande et 79.1 % pour l'Espagne.

Ce sont des pays où le poids de l'État est élevé (45 % en moyenne), et qui affichent de *forts taux de chômage* (27 % en Espagne et en Grèce, 18.2 % au Portugal 14.2 % en Irlande), mal qui affecte un autre BRIC, l'Afrique du Sud, avec 25.7 %. Tous ces pays, hormis l'Irlande (+ 1.1 %), connaîtront une poursuite de la récession en 2013 : - 1.6 % en Espagne, - 2.3 % au Portugal et - 4.2 % en Grèce selon les prévisions du Fonds.

De façon un peu surprenante, le World Economic Outlook du FMI ne présente pas le traditionnel ratio déficit public/PIB mais *le déficit budgétaire structurel rapporté au PIB potentiel.* Tout laisse à penser que ce dernier indicateur va être un minorant du déficit budgétaire : l'apurement du cycle conjoncturel va minorer le numérateur, alors que le PIB potentiel va majorer le dénominateur. Quoiqu'il en soit, on voit bien l'ampleur du chemin à parcourir puisque l'Irlande affiche un taux de - 5.5 %, l'Espagne de - 4.5 %, le Portugal de - 2.9 % et la Grèce de - 0.43 %. De façon plus subjective, on remarquera une *forte détérioration des indicateurs sous revue pour le RU et l'Irlande,* qui tend toutefois à passer inaperçue dans les média internationaux.

Pour finir, *la dette française (2 200 milliards d'euros courants) représente trois fois la dette des 4 pays du sud de l'Europe, 35.3 % de la dette américaine et 46.3 % de la dette japonaise.*

En prospective, et en prolongeant les tendances de moyen terme, c'est en 2017 que la Chine rattraperait en PPA les États-Unis. En 2018, le PIB chinois PPA s'élèverait à 22 641 milliards d'US$ « international » (pour un PIB nominal de 14 491 milliards courants). Les États-Unis seraient à 21 101 milliards d'US$. Le PIB indien (7 717 milliards d'US$ PPA) devancerait de plus en plus le PIB japonais (5 619 PPA), allemand (3 868 PPA), russe (3 501 PPA), brésilien (3 345 PPA), britannique (2 920), français (2 742) et italien (2 153). La part de marché mondial PPA des quatre BRIC (hors Afrique du Sud) s'élèverait à 31.2 %, et ferait presque jeu égal avec le G6 (hors Canada) à 32.2 %. Les deux blocs représenteraient en *2018 63.4 % contre 62.6 % en 2013* soit une faible augmentation. Le tiers restant serait constitué de nouveaux pays émergents qui affirmeraient leur montée en puissance déjà visible actuellement : Argentine, Chili, Mexique, Maroc, Nigeria, Indonésie, Turquie, Australie, Égypte… La France ne détiendrait plus que 2.3 % de l'offre PPA mondiale.

L'ABENOMICS : VERS UNE SORTIE PÉRENNE DU JAPON PAR LE HAUT ?

Alors que des années de récession, de déflation continue et d'errements dans la gestion des finances publiques, conjuguées au déclin démographique en cours et aux prétentions et pressions territoriales chinoises sur les îles Senkaku, minent un peu plus la vitalité du pays, l'Abenomics (politique suivie par le Premier ministre, M. Abe), qui s'inspire du *Quantitative Easing* (QE) lancé par la FED, prend le tour d'un regain national.

Cette politique qui englobe, inversement aux États-Unis, l'ensemble du spectre des outils du *policy-mix* (c'est-à-dire de politique économique) se donne des chances sérieuses d'aboutir à la sortie durable de près de vingt ans de déflation sous-jacente et de croissance atone.

Les enseignements du passé

Sur moyenne période 2008-2013, cinq faits saillants se font jour :

- Le taux de croissance en volume du PIB ressort sur la période à 0.5 %, soit la plus faible performance des pays du G7 avec la France et surtout l'Italie. L'année 2009 voit une baisse accusée de 6.3 %, mais l'activité revient en fin de période : 2 % en 2012, 1.6 % en 2013 pour une prévision provisoire du FMI de 1.4 % en 2014.

- Du fait de sa démographie (la population nippone va baisser de 40 % d'ici 2050, le pays perdant 0.7 % de sa population par an), le FMI table sur une croissance potentielle à l'horizon 2018 de 1.1 %. Le Japon, qui dégageait un PIB PPA de 6.2 % en 2008 (en % du PIB PPA du monde), verra sa performance se dégrader très fortement en 2018, soit 4.7 % (soit encore - 24 % sur dix ans).

- Le pays vit depuis cinq ans dans la déflation, quoique celle-ci tende à décélérer : - 1.4 % en 2009, - 0.7 % en 2010, - 0.3 % en 2011, - 0.1 % en 2012 pour une inflation nulle en 2013.

- La politique publique est particulièrement accommodante depuis cinq ans, puisque le déficit public moyen sur la période est de 10 % (- 9.8 % en 2013). Corrélativement, la dette publique moyenne ressort à 224 % du PIB, avec une tendance à la hausse très régulière : 195 % en 2008, 230 % en 2011 et 245 % en 2013. Si l'on y rajoute l'endettement privé, le ratio atteint 370 % en 2013, soit un niveau considérable et non-soutenable à terme.

- La balance des transactions courante, très fortement excédentaire (3.2 % PIB en 2008 et 3.6 % en 2010) tend à se résorber tendanciellement sur la fin de période, sous l'effet de la surévaluation du yen contre toutes les monnaies. L'excédent cumulé atteint tout de même 737 milliards US$ sur la période, ce qui ne représente toutefois que la moitié de l'excédent cumulé allemand.

Les « trois flèches » de l'Abenomics

Une politique monétaire ultra-accommodante

En avril 2013, le gouverneur de la Banque du Japon (BoJ) s'est engagé à atteindre la cible de 2 % d'inflation en moins de deux ans. Le mouvement semble bien amorcé puisque le taux d'inflation est redevenu positif au second semestre 2013 et se situait en novembre à 1.5 %. Pour ce faire, la BoJ, sur le mode de la FED de Bob Bernanke, a adopté des mesures non-conventionnelles d'achat de titres de la dette publique pour 7 500 milliards de yen par mois (85 milliards US$), pour un impact triple de celui prévalant aux États-Unis. Comme dans ce pays et en Europe, l'assurance anticipée de taux très bas a engendré la création d'une bulle spéculative sur le marché des actions. L'indice Nikkei a ainsi cru de 70 % de novembre 2012 à mai 2013. En conséquence, la consommation des ménages a bénéficié de l'effet de richesse créé par cette revalorisation subite. Parallèlement, le yen s'est déprécié sur la même période de 25 % à 30 % tant vis-à-vis du dollar, de l'euro, du yuan que du won, ce qui a poussé les exportations à repartir à la hausse.

Comme le soulignent les articles du professeur Nouriel Roubini, la question qui se pose est surtout de savoir comment sortir du QE, en évitant soit la création de bulles spéculatives sur les marchés d'actions ou de l'immobilier, soit de briser le retour à une croissance forte du fait d'une hausse trop importante et trop rapide des taux longs. La FED vient d'administrer la preuve qu'une *forward guidance* adaptée (rachat mensuel porté à 75 milliards US$ aimanté par les cibles d'inflation et de taux de chômage), est capable d'assurer un *fine tunning* dans l'inflexion de la politique monétaire. C'est un dilemme qui touche la FED au premier chef, mais aussi la BCE, la Bank of England (BoE) et la BoJ.

Un plan de relance budgétaire

Cette relance (second volet du programme de M. Abe en février 2013) est estimée à 1.4 % du PIB sur les exercices 2013-2014. Elle est censée prendre le relais des dépenses de reconstruction engagées à la suite du tsunami de mars 2011 et de la catastrophe nucléaire qui l'a suivi. La cible recherchée est de maintenir l'économie sur un rythme de croissance de 2 %, jusqu'à ce que l'investissement privé redémarre.

Le Japon s'est pourtant essayé à de nombreuses reprises à un soutien keynésien de l'activité pour des montants bien supérieurs à ceux incriminés (jusqu'à 4 % ou 5 % du PIB), avec un coefficient multiplicateur très faible qui n'a que peu impacté la demande globale. Toutefois, le plan actuel bénéficie d'un soutien politique très fort, est bien articulé dans ses composantes et répond à des besoins réels en termes d'infrastructures. On peut également penser que la conjonction d'une baisse du taux d'épargne des ménages, la résurgence de l'inflation et la baisse – voire la disparition, de l'excédent commercial forment une configuration inédite et plus porteuse d'efficacité pour une politique budgétaire « agressive ».

Des initiatives réglementaires

Afin de développer une politique d'offre rentable, le gouvernement entend privilégier un certain nombres d'axes : dérégulation de certains services (avocats, experts comptables, architectes, etc.) ; réforme de la politique agricole (semblable à la PAC sur bien des aspects et articulée autour des notions sacralisées de la multifonctionnalité de l'agriculture et de la sécurité alimentaire) ; attraction des flux d'investissements directs étrangers (IDE – le Japon est un très petit attracteur d'IDE à la 22e place mondiale) ; négociation de l'Accord de Partenariat Transpacifique – hors Chine (TPP) lancé à l'initiative des

États-Unis pour créer la plus vaste zone de libre-échange du monde (négociations d'ARM, accord TBT, accord SPS, etc.) ; mise en place de « zones économiques spéciales » à fiscalité réduite qui serviraient de laboratoires pour s'essayer à des dérégulations du marché du travail, sur le mode des quatre lois Hartz en Allemagne, bien que 40 % des actifs japonais travaillent déjà dans le cadre de stages, missions d'intérim, temps partiels et CDD.

L'idée n'est pas nouvelle. Le département ECO avait évalué l'impact macroéconomique du grand programme multidisciplinaire et transverse de l'OCDE sur « la réforme de la réglementation ». Il était maximum pour le Japon à savoir que les dérégulations étaient à même de générer un surcroît additionnel de 7 % du PIB sur dix ans. Les estimations pour la France s'élevaient à 5 % pour 2 % seulement pour les États-Unis et le Royaume-Uni.

Deux risques majeurs

Le premier a trait à la remontée des taux obligataires longs (bons du Trésor à 10 ans) qui sont pour l'heure extrêmement bas à 0.7 %, et ce en dépit de la « montagne de dettes nippones » qui représentent 245 % du PIB en 2013. Cette forme particulière de « déficit sans pleurs » s'explique par l'abondance de l'épargne institutionnelle – postale notamment, largement canalisée vers le financement de la dette publique. Une remontée des taux aggraverait et fragiliserait la gestion des finances publiques et déstabiliserait les banques nationales qui détiennent 40 % de la dette publique.

Par ailleurs, le programme de consolidation budgétaire de moyen terme, prévu pour soutenir les banques et principalement pour financer les régimes sociaux très déséquilibrés du fait de la démographie du pays (un actif sur quatre a plus de 65 ans), prendra en avril 2014 la forme d'un relèvement du taux de TVA de 5 % à 8 % au risque de casser la reprise (voir le précédent de 1997 qui avait porté un brusque coup d'arrêt à l'activité).

En conclusion

La robustesse et le dynamisme de la consommation des ménages sont au cœur de la résolution de sortie de crise japonaise. Le partage de la valeur ajoutée des entreprises s'est réalisé, là comme ailleurs, au détriment des salaires et au bénéfice des profits. Ceux-ci n'ont pas été réinvestis puisque l'investissement productif en volume des entreprises est encore inférieur de 13 % par rapport à son niveau d'avant crise.

Avec des salaires réels en régression de 12 % depuis 1996, les ménages ont donc ponctionné leur épargne pour maintenir leur niveau de consommation. Le taux d'épargne est passé ainsi de 10 % en 1998 à moins de 1 % en 2012. Seule une hausse substantielle des salaires nominaux serait à même de transférer du pouvoir d'achat des firmes aux salariés et alimenterait la demande intérieure (87 % du PIB).

Il est à noter enfin en conclusion que la problématique salariale se place insensiblement au cœur des politiques macroéconomiques de pays du G7. Si l'exécutif japonais étudierait une hausse des salaires nominaux, le président Obama a proposé une hausse de 40 % (de 8.25 US$ à 11.50 US$) du salaire minimum washingtonien. Le taux le plus élevé dans les États fédérés est de 7.25 US$. Par ailleurs, la plate-forme de gouvernement de la grande coalition CSU-CDU/SPD a acté le principe d'un salaire minimum de 8.50 euros, mais il n'entrera en vigueur qu'au 1er janvier 2015 et les entreprises pourraient avoir un délai de grâce de deux ans supplémentaires. Enfin, deux rapports récents sur le salaire minimum au Royaume-Uni montrent qu'il n'a pas joué contre l'emploi, ce que redoutait la majorité conservatrice.

EN QUOI L'AFRIQUE DU SUD EST-ELLE UN PAYS ÉMERGENT ?

Petite économie développée en valeur absolue mais « géant » africain, l'Afrique du Sud connaît une situation paradoxale. Membre de l'IBAS puis des BRICS depuis avril 2011, de l'OMC et du G20, elle est appelée à défendre des positions libérales alors que le pays est l'un des États les plus pauvres et les plus inégalitaires au monde, que la criminalité y est l'une des plus fortes, et que réforme agraire et ldiscrimination positive y ont eu des effets désastreux, tant en termes sociétaux qu'économiques.

Une faible taille absolue pour un poids en Afrique déterminant

L'Afrique du Sud, pays de 51.8 millions d'habitants, figure à la 29e place mondiale (soit entre l'Autriche et le Venezuela) en termes de PIB en US$ courants, et à la 25e (entre la Thaïlande et l'Égypte) pour ce qui est du PIB en PPA. Son PIB nominal est de 4.2 % par rapport à celui de la Chine, et son PIB PPA de 4.5 %, contre 13.7 % et 26.6 % respectivement vis-à-vis de la France. En revanche, elle est la première puissance économique d'Afrique (à hauteur de 376 milliards US$, soit 24 %), devant le Nigeria (292 milliards) et l'Égypte (262 milliards).

Par ailleurs, 75 % des grands groupes du continent sont sud-africains et la bourse de Johannesburg figure à la 19e place mondiale en termes de capitalisation. Le BCG a classé parmi les « 100 Global challengers », en 2013, sept multinationales sud-africaines : de Beers (diamants, pierres précieuses), Sasol (charbon et gaz), Bidvest (conglomérat de services aux entreprises), Aspen Pharmacar (plus grande société de fabrication de médicaments en Afrique), MTN (multinationale des télécommunications) et Naspers (électronique, presse et media), sans compter bon nombre de filiales africaines de multinationales américaines, notamment dans les mines (Union Carbide, etc.).

Une gestion de la crise 2008-2013 tout juste passable

Sur la période considérée, le taux annuel moyen de croissance du PIB ressort à 2.2 %, soit la plus faible performance parmi les BRICS. Après avoir chuté en 2009 (- 1.7 %), celle-ci tangente les 2.8 % sur la fin de période. Cette année-là, l'impact de la crise internationale a été majeur pour le commerce extérieur (soit - 18.7 % pour les exports en volume de biens et services, et - 17.3 % pour les imports), alors que le taux d'ouverture de l'économie a atteint près de 30 % du PIB, soit plus que celui de la Chine (18 %), et de l'Inde (9 %). Rappelons que la croissance de 1994 à 2004 atteignait 5.2 % en moyenne. Les taux de croissance du PIB enregistrés sur moyenne période ont ainsi été trop faibles pour diminuer un chômage de masse toujours croissant (25.7 % de la population active en 2013 au sens de l'OIT, pour des estimations officieuses de 40 %).

La faible croissance s'est opérée de plus dans un climat inflationniste, la croissance de l'indice des prix s'élevant à 6.5 % en moyenne, après 11.5 % et 7.1 % en 2008 et 2009 et 5.8 % en 2013. La conduite de la politique monétaire a consisté en des variations des taux directeurs afin de contenir l'inflation. La parité Rand/US$ s'est de la sorte fortement dépréciée d'environ 47 % entre novembre 2006 et novembre 2009, pour se réapprécier de près de 40 % jusqu'en décembre 2012, pour atteindre à nouveau ses plus bas niveaux (baisse de 22 %) entre décembre 2012 et novembre 2013, le cours vis-à-vis de l'euro résistant bien quant à lui sur la fin de période. Cette politique monétaire a été lourde à gérer eu égard à la compétitivité-prix de l'appareil exportateur sud-africain. La situation s'avère encore plus compliquée du fait que le Rand est une « devise de matières premières » fortement corrélée aux cours mondiaux des produits de base, qui reste par ailleurs très échangé en Afrique australe et au-delà (« randisation et dollarisation » de l'économie zimbabwéenne, Australie, NZ), ce qui en fait une petite « monnaie de réserve » régionale, qui a gagné une vraie crédibilité après une transition démocratique et pacifique postapartheid.

Les déficits jumeaux sont allés de pair sur toute la période. Avec une moyenne de - 4.9 %, le déficit public/PIB a été constamment élevé (- 5.2 % en 2008 et - 5.7 % en 2009 pour une prévision FMI de -4.8 % en 2013). L'endettement public, quoique faible en début de période (26.8 % du PIB), se redresse continûment pour atteindre 37.9 % en 2013 (soit + 41 %). La balance courante reste très déficitaire (- 5 % du PIB sur 2008-2013), avec des pics à - 7.1 % en 2008, - 6.3 % en 2012 et - 6.4 % en 2013. Le taux d'investissement de la nation, de 20 % en moyenne (c'est le taux français), soit le plus faible des BRICS (qui enregistrent communément des propensions de 35 à 40 %), n'est bien sûr pas couvert par le taux d'épargne, entraînant des flux de capitaux à court terme forts et volatils (IDE de portefeuille des pays développés, notamment en provenance de l'UE, qui adoptent un comportement souvent spéculatif).

Une ampleur sans précédent des problèmes structurels du pays

Une pauvreté et un état sanitaire alarmants

Sur la période 1990-2005, l'Indice de Développement Humain (IDH) du PNUD a reculé de 35 places, en dépit de l'accès de l'ANC au pouvoir dès 1994. 43 % de la population du pays vivent avec moins de 70 centimes d'euros par jour et 9 % relève de l'extrême pauvreté (mendicité). 19 % des 15-49 ans sont séropositifs, et les cas de nouveaux SIDA touchent 300 000 personnes/an et causent 270 000 décès. L'espérance de vie des hommes est de 56.5 ans alors que le taux de mortalité infantile s'élève à 46 °/°°.

En dépit de l'énorme travail réalisé sur place par le Fonds mondial pour le SIDA, la tuberculose et le paludisme (qui a engagé depuis près de huit ans 21 milliards US$, dont 5 sont allés à l'Afrique du Sud), – et dont Jeffrey Sachs chante des louanges pour le moins méritées dans des articles, le Fonds débutant son troisième appel de capitaux, le gouvernement a mis en place en décembre 2011 seulement un plan quinquennal contre le SIDA – soit un « déni sanitaire » pendant des décennies sans équivalent dans le monde. Au total, l'Afrique du Sud est l'un des pays les plus pauvres et les plus inégalitaires de la planète. Seul bémol : « l'effet de thermomètre », à savoir qu'il est difficile de départager ce qui a trait à des méthodes démocratiques de recensement et de soins aujourd'hui mises en place d'un authentique appauvrissement depuis la fin de l'apartheid.

Une criminalité toujours très présente

En 2005, il y avait 20 000 meurtres/an, 30 000 tentatives de meurtre, 50 000 viols et plus de 300 000 cambriolages. On estime qu'un homme sur quatre aura violé une femme sur l'ensemble de sa vie. La communauté blanche privilégiée habite au sein des grandes villes (Le Cap, Pretoria, Durban, Johannesburg), dont les « townships » ne cessent de croître, dans de véritables « camps retranchés » avec murs de 4 mètres de haut, barbelés, caméras de surveillance et milices privées (sur le modèle des « barrios cerrados » argentins et brésiliens). Celles-ci emploient 420 000 gardiens pour 200 000 policiers et 60 000 militaires, et protègent plus d'un million et demi d'entreprises et de foyers. On estime enfin que tous les habitants ont au moins une expérience dans leur vie de la criminalité. La montée du taux de chômage et de l'extrême pauvreté fait que la situation ne s'est pas améliorée avec le temps.

L'échec de la politique de discrimination positive

L'Afrique du Sud est composée à hauteur de 80 % par des noirs, 9 % par des blancs, 9 % par des métis et 2 % par des asiatiques. À terme, le capital des grands groupes privés détenu par les noirs, métis et asiatiques doit passer de 10 % à 26 % et ces derniers devront compter au moins 40 % de cadres noirs. La discrimination positive s'impose à tous : État et collectivités territoriales, hauts fonctionnaires, entreprises publiques et parapubliques, syndicats. La première conséquence a été l'émigration d'environ un million de blancs (16 % du total), essentiellement à destination de l'Australie et de la NZ (on estime à 250 000 les retours de cette population). Outre la discrimination positive, qui se solde par des expulsions et bouche toute possibilité d'avancement dans leur carrière, les motifs d'expatriation des blancs étaient les suivants : SIDA, criminalité accrue (massacres de 590 fermiers isolés depuis 1994, sur le modèle du Zimbabwe du président Mugabe, tout proche), appauvrissement accéléré (15 % des blancs touchent moins de 1 000 euros/an, soit 2.7 euros/jour). Cette politique n'aurait été bénéfique qu'à moins de 10 % de la population noire, les « black diamonds » qui ont des revenus supérieurs à 520 euros/mois – un travailleur noir dans les mines est payé 400 euros/mois, ce qui a entraîné la grève d'août 2012 faisant 34 morts et 78 blessés (dévissage du Rand et de la bourse), avec des revendications salariales de 60 à 150 % d'augmentation (ils obtiendront 8 %).

Une réforme agraire à la dérive

Adoptée en 1994, la réforme agraire avait initialement pour but de redistribuer les 87 % des terres arables détenues par des blancs à hauteur de 30 % aux noirs avant 2014. En 2012, seulement 8 % des terres étaient dans les mains de noirs (soit 1.2 million de travailleurs pour un secteur qui ne génère que 2.4 % du PIB), avec une baisse de la production de 10 % à 20 %, 60 000 exploitants blancs détenant toujours 80 % des terres cultivables. La réforme agraire a vu son horizon se déplacer de 2014 à 2025.

Un commerce extérieur dont la concentration sectorielle va grandissant

Les exportations sud-africaines sont de plus en plus concentrées : 12 % pour l'agroalimentaire (le pays est le 6e producteur mondial de vin) ; 26 % pour les minerais (charbon, houille, fer, bauxite) ; 22 % pour les métaux précieux (premier producteur et exportateur d'or, de platine, et de diamants) ; 13 % pour les métaux non-précieux (premier exportateur de chrome) ; et enfin pour l'automobile 10 %. Les importations se réalisent sur les machines et biens d'équipement (24 % pour une part de marché de 10.1 % pour l'Allemagne) ; produits pétroliers (23 %) ; automobile/aéronautique (11 %) et produits chimiques (9 %). Le pays s'ouvre aux grands émergents : la Chine est maintenant le premier client (12 % des exports) et le premier fournisseur (15 %) de l'Afrique du Sud, et l'Inde est le cinquième client (importations de charbon pour 4.5 %). Les États-Unis restent toutefois très présents (9 % des exportations et 7 % des imports), comme le Japon (respectivement 7 % et 4.5 %), l'UE s'avérant le premier partenaire commercial (en 2012 à l'export 5.2 % pour l'Allemagne, 3.8 % pour le Royaume-Uni, 3.2 % pour les Pays-Bas (diamants) et… 0.9 % pour la France, et à l'import, 10 % pour l'Allemagne, 3.5 % pour le Royaume-Uni, 2.5 % pour l'Italie, et 2.4 % pour la France).

Une politique commerciale tournée vers l'UE

Outre les organisations internationales citées au début de l'article, l'Afrique du Sud est membre des pays ACP, a signé les accords de Lomé et de Cotonou, fait partie du groupe africain, et est membre du groupe de Cairns, qui milite pour une libéralisation intégrale des échanges agricoles et une fin des subventions de tout type.

L'UE a signé en 1999 un accord sur le commerce, le développement et la coopération (ACDC), qui est d'abord une zone de libre-échange (ZLE). L'accord prévoit une libéralisation de 95 % des imports UE/AS, avec des exemptions pour les textiles (droits de douane de 45 %), et pour l'automobile (20 %). L'accord porte également sur les règles d'origine, les mesures de sauvegarde, la concurrence et la propriété intellectuelle. Au niveau des secteurs, il prévoit la promotion (problématique de l'accès au marché) des principaux exports de l'AS (diamants, uranium, platine, vins, sucre, agrumes et autres fruits). Les échanges entre les deux partenaires ont cru de 75 % depuis 2000, pour atteindre 46 milliards d'euros en 2012. De façon plus originale, l'accord crée un instrument de financement de la coopération pour le développement (ICD), doté de 980 millions d'euros sur la période 2007-2013 qui poursuit deux buts : faciliter l'intégration de l'économie informelle dans l'activité légale et développer les capacités de fourniture des services sociaux de base en améliorant la cohésion sociale. En outre, il prévoit un effort plus poussé en matière de coopération sociale, d'environnement, de culture, de lutte contre le blanchiment de capitaux, d'actions spécifiques contre les drogues, et plus généralement de santé et d'éradication du SIDA. Cet accord devrait faire l'objet d'un bilan et d'une relance lors du Sommet UE/AS d'avril 2014.

En termes de positions tarifaires consolidées à l'OMC, le taux de droit de douane moyen passe de 16 % en 1993, à 8.2 % en 1997 et à 7.7 % en 2011 (avec les réserves sectorielles exposées ci-dessus). La tentation protectionniste reste forte pour les syndicats et pour l'aile gauche de l'Alliance au pouvoir. Par ailleurs, très soucieuse de ne pas tomber dans les mains du FMI, l'AS a proposé la création d'une banque des BRICS lors du Sommet de ces derniers à Durban de mars 2013.

Enfin, est en cours de négociation l'accord de partenariat économique (APE) entre l'UE et les pays ACP (Afrique, Caraïbes et Pacifique). Il s'agit de promouvoir le commerce et l'investissement entre les deux blocs, en abattant les réglementations restrictives des États. Joseph Stiglitz a fait part dans ces colonnes de la réticence de l'AS, exprimée lors de la dernière réunion de novembre 2013, qui doute des biens fondés d'une libéralisation intégrale du compte de capital – sachant que ni l'Inde ni la Chine ne se sont pliées aux recommandations du FMI.

Au total, il reste surprenant que la fin de l'apartheid et l'accession au pouvoir de l'ANC aient pu déboucher vingt ans après sur d'aussi maigres résultats en matière de redistribution de ressources, pourtant nombreuses et diversifiées. La promotion du capital humain reste l'enjeu majeur du pays, et passe d'abord par l'éradication de la pandémie du SIDA. On est également étonné que la figure ô combien charismatique de Nelson Mandela ait occulté en grande partie des progrès si modestes. Mais l'infrastructure a des raisons que la superstructure ignore. N'oublions pas pour finir que l'afrikaner Kreuger, président de l'Afrique du Sud pendant la guerre des Boers de 1911 (où s'illustrera déjà le jeune lieutenant Winston Churchill), croyait encore que la Terre était… plate.

L'AFRIQUE ET SES RESSOURCES NATURELLES : UN VECTEUR IMPORTANT DE CROISSANCE

Le Centre de développement de l'OCDE vient de publier une étude sur l'utilisation des ressources naturelles de l'Afrique. Celle-ci s'avère intéressante de par les exemples pertinents qu'elle fournit. En aparté, elle donne le classement de 5 États dans le PIB du continent, qui pèsent à hauteur de 60 % en 2012 : 24 % Afrique du Sud, 16 % Égypte, 14 % Nigeria, 12 % Algérie et 11 % Maroc. On peut en retenir les éléments suivants :

Depuis 13 ans, l'Afrique connaît une progression remarquable, avec un rythme de croissance inédit jusqu'alors (en moyenne 5,1 % du PIB par an), et bien supérieur à celui de la plupart des pays de l'OCDE. Pour certains, cet essor n'est que le reflet de la récente flambée des prix des ressources naturelles, la plupart des prix des produits de base (agricoles, minéraux et énergétiques) ayant doublé, voire triplé sur la période. Selon eux, la croissance africaine s'essoufflera dès lors que ces prix baisseront, comme c'est le cas actuellement.

Ce point de vue est erroné à double titre. Premièrement, les ressources naturelles et l'amélioration des termes de l'échange ne représentent qu'un tiers de la croissance africaine : une part conséquente, mais pas de quoi faire des ressources naturelles l'unique moteur de la croissance du continent. De fait, les progrès de l'Afrique reposent en grande partie sur la productivité. Les nouveaux indicateurs utilisés dans les Perspectives économiques en Afrique 2013 montrent une croissance de près de 3 % de la productivité du travail en Afrique dans les années 2000, dont près de la moitié provient de l'orientation vers de nouvelles activités, plus productives. Par comparaison, la croissance de la productivité de l'Amérique latine est inférieure à 1 %.

Deuxièmement, non seulement les ressources naturelles de l'Afrique ne sont pas le moteur exclusif de sa croissance, mais elles y contribuent moins qu'elles ne le pourraient. Les produits agricoles constituent un exemple frappant : l'Afrique représente 24 % des terres agricoles mondiales, mais seulement 9 % de la production agricole. Dans l'exploration minière, les investissements sont restés inférieures à 5 US$ par km^2, contre 65 US$ en moyenne au Canada, en Australie et en Amérique latine.

En d'autres termes, le tableau de la croissance de l'Afrique et de ses ressources naturelles est complexe : d'un côté les fondements de la croissance sont bien plus diversifiés qu'on ne le croit souvent, de l'autre, l'Afrique n'a pas su tirer pleinement parti de l'abondance de ses ressources naturelles. Si elle l'avait fait, la croissance globale aurait été plus forte et la transformation structurelle aurait créé des emplois plus nombreux et meilleurs.

Certes, il peut paraître logique que, pour asseoir son développement, un pays se détourne de l'exploitation des ressources naturelles pour privilégier la construction de capacités de production. Pourtant, bien gérées, les ressources naturelles peuvent exercer un rôle déterminant dans la transformation de l'économie, en jouant sur trois leviers : la diversification, les capacités et les revenus.

La diversification, qui désigne essentiellement l'éventail et la variété des produits exportés par un pays, est un important moteur de croissance dans les pays en développement. Les ressources naturelles peuvent constituer une source de diversification importante. Ainsi, le Chili a réinvesti les revenus du cuivre dans de nouveaux produits agricoles, comme le saumon, qu'il n'exportait pas auparavant. La Malaisie investit les revenus du pétrole dans la sylviculture et l'huile de palme, et développe des industries très performantes. L'Indonésie a utilisé les revenus pétroliers pour fournir des engrais aux agriculteurs et cultiver de nouvelles cultures, posant ainsi les bases de la révolution verte du pays.

Pierre angulaire de la transformation structurelle, les capacités d'un pays représentent son savoir-faire et ses compétences technologiques ou la qualité de ses services publics dans des domaines comme les infrastructures, l'éducation ou la santé, etc. Les pays dont la production de ressources naturelles est forte et diversifiée ont davantage de possibilités de développer leurs capacités. Ainsi, l'Afrique du Sud, qui fournissait des outils simples à ses mineurs, s'est développée au point de devenir un fournisseur de l'industrie extractive mondiale compétitif au niveau mondial. Le Chili a développé un savoir-faire local en adaptant les technologies d'extraction aux conditions locales, et le Nigeria est en passe de créer une industrie d'amont pour les secteurs liés aux ressources naturelles.

Les capacités font le lien entre la production de produits de base et la diversification au sens large. En moyenne, plus un pays exporte de produits de base non transformés de façon concurrentielle, plus il exporte de produits manufacturés de façon concurrentielle. Ainsi, l'Afrique du Sud exportait 46 produits de base en 2005 et 197 produits finaux manufacturés en 2010. L'Angola n'exportait que du pétrole de façon concurrentielle en 2005, et 24 produits finaux manufacturés en 2010.

Le troisième levier, les revenus, représente le principal avantage des industries extractives à court et moyen termes. Les revenus issus de la production minière et pétrolière peuvent financer de nombreux éléments déterminants d'une transformation structurelle (éducation, santé, infrastructures, services publics…).

Ainsi, plutôt que d'abandonner l'exploitation de leurs ressources naturelles, les pays africains devraient s'appuyer sur les avantages offerts par celles-ci, et en saisir les opportunités pour diversifier leur économie.

L'ARGENTINE AU MILIEU DU GUÉ

L'avenir de l'Argentine va dépendre crucialement de l'issue du contentieux qui l'oppose aux « fonds vautours » (voir l'article de Joe Stiglitz) pour une somme certes « symbolique » (1.3 milliard US$), mais qui pourrait entraîner des demandes reconventionnelles à hauteur de 43 milliards US$ de remboursement de la part des autres créanciers, qui avaient accepté une décote importante sur les bons échangés lors de la résolution de la crise et de la renégociation de la dette (soit 93 % des créanciers en possession de la dette d'avant 2001).
Les réserves de change, de 23 milliards, n'y suffiraient pas et le pays serait remis en défaut pour la seconde fois depuis 2001. Pourtant, optiquement, l'Argentine offre des fondamentaux assez satisfaisants qui ne méritent assurément pas d'être notés CC par les agences de notation (à titre d'exemple, la Grèce reste toujours « en défaut » avec une note CCC).

Il s'avère donc structurellement difficile de porter un jugement raisonné sur l'économie argentine. En 1951, le revenu par tête se situait au 12e rang mondial, juste devant la France. Cinquante ans plus tard, le pays connaissait un défaut de paiement historique de 100 milliards US$ soit une dette brute de 166 % du PIB (qui est redescendue à 44.9 % en 2011). Ce pays nous a habitués, de par le passé, à naviguer entre paradis et enfer. *Aqui es otra vez mas.*

Optiquement, une bonne tenue des grands équilibres macroéconomiques

Après des périodes de haute conjoncture, qui ont fait que le taux de croissance s'est établi à 9 % de 2003 à 2009 et à 7.5 % entre 2003 et 2011, soit plus que son grand voisin brésilien, la tendance est au très net retrait (taux de croissance de 1.9 % en 2012 et 3.5 % en 2013 (FMI)). À ce titre comme à d'autres, l'Argentine pourrait être agrégée à la liste des « Cinq fragiles » (Inde, Indonésie, Turquie, Brésil, Afrique du Sud).

Alors que le taux de chômage n'augmente que marginalement (7.4 % en 2013 contre 7.1 % en 2011), l'inflation se maintient à un étiage élevé (autour de 10 %), pour croître tendanciellement (11.5 en 2013).

Ce ne sont là que les taux « officiels » de l'INEC, le consensus des économistes de la place tablant sur un minorant de 25 %. On s'attend à ce que la chute du peso le fasse passer à 30 % en 2014.
De plus, le taux de pauvreté « officiel » en 2013 serait de 20.6 %, mais compte tenu des tensions inflationnistes, il s'élèverait à plus de 30 % en 2014 et 2015.

Le sort des « déficits jumeaux » n'est guère meilleur, quoique de manière relativement modeste. Les finances publiques voient leur déficit se dégrader sous l'impact du jeu des stabilisateurs automatiques. Alors qu'il avoisinait les 1.5 % entre 2008 et 2010, il s'inscrit sur une tendance de près de 4 % sur les dernières années. La balance des transactions courantes est globalement à l'équilibre par rapport au PIB, ce qui, compte tenu des bons résultats du solde commercial (excédent de 13 milliards US$ en 2012) signifie que le pays se retrouve structurellement déficitaire sur les autres compartiments du compte courant (balances des « invisibles » : tourisme, transports, ventes de brevets et licences, etc.).

La dette publique connaît une inflexion qui reste malgré tout réduite. Le ratio dette/PIB décroît de 59.6 % en 2008 à 44.9 % en 2012 pour remonter à 47.8 % en 2013. Il se situe toutefois dans la moyenne plutôt haute des grands émergents (Brésil, Inde, Indonésie), qui ont cette caractéristique en partage.

On notera de façon plus structurelle, que le taux d'épargne de la nation , de 22 % en moyenne sur la période 2008-2013, couvre presque le taux d'investissement (24 %). Les Argentins continuent donc d'épargner et d'investir à des niveaux de pays développés (mais loin des performances asiatiques) quelques soient les turbulences monétaires et financières en cours. C'est même en 2013 que l'investissement productif se monte à son apogée (26.2 %).

L'âge d'or de l'économie argentine 2003-2011

Après l'échec du *Corralito* (contrôle des changes draconien des dépôts bancaires puis gel pur et simple de tous les avoirs bancaires), le *currency board* (système de change fixe 1 peso = 1 US$ où les variations de la quantité de monnaie sont régies par l'évolution de la base monétaire) cédait sous le poids des attaques spéculatives, et le peso était dévalué dans un premier temps de 28 %, pour atteindre

60 % et dévisser à hauteur de 200 % quelques mois plus tard. Le pays y gagnera une compétitivité instantanée de grande ampleur – quasi gigantesque, qui allait booster les exportations, et qui devait perdurer jusqu'à 2010, faisant des ventes à l'étranger le premier moteur de la croissance keynésienne du pays.

Le doublement de la masse salariale entre 2003 et 2007 allait pour sa part doper la consommation des ménages (hausse à deux chiffres des salaires nominaux), renforcé par la baisse du taux de chômage (de plus de 18 % à moins de 9 %). Enfin, un plan de grands travaux à hauteur de 21 milliards US$ relançait sous la présidence de Mme Christina Kirchner cette fois l'investissement productif public et privé. La conjonction de ces trois moteurs rend compte d'une croissance à 9 % sur la période puis à 7.5 %.

Les modalités de la croissance étaient d'inspiration péroniste (parti justicialiste au pouvoir durant toute la période qui fait une grande part au populisme), à savoir qu'elles s'articulaient autour des pôles suivants : A) nationalisations : des compagnies aériennes, des fonds de pensions des retraites, et sur le tard, de la compagnie pétrolière YPF ; B) protectionnisme : levée des taxes à l'importation et en février 2006 « Mécanisme d'adaptation compétitive » (MAC), soit un protectionnisme bilatéral cogéré avec le Brésil (tarification temporaire de biens « stratégiques » ou sensibles), taxe sur les exportations de soja (à gros rendement) ; C) volontarisme politique : renégociation de la dette en 2005 qui se solde par un refus de rembourser 75 % de celle-ci, gel des tarifs des services publics (lutte contre l'inflation).

À partir de la présidence de Mme Christina Kirchner, le pouvoir adopte un certain nombre de mesures interventionnistes dans beaucoup de domaines : levée des brevets sur le virus H1N1 avec le Brésil afin de disposer de moyens immédiats de lutte contre la pandémie au Sommet du Mercosur de 2008 ; allocation universelle pour l'enfant qui touche 3.6 millions d'enfants et sort de la pauvreté 1.8 millions de personnes (dans l'esprit de la Bolsa familia du président Lula) ; loi sur les services de communication audiovisuelle, qui impose un quota de 30 % de musique nationale et alloue les fréquences sur le mode de la CSP ; déclassification des archives de la dictature militaire ; création du Fondo del Bicentenario seul habilité à être affecté au paiement des intérêts de la dette.

En octobre 2004 avait préalablement été créé par la déclaration de Cuzco, l'UNASUR, communauté supranationale composée de 12 pays latino-américains (Mercosur, Communauté Andine, Chili, Guyane et Surinam) qui entendait se doter d'une monnaie unique, d'un passeport et d'une citoyenneté commune et un parlement commun. Le projet, porté conjointement avec le Brésil, n'avait pour ambition que de contrecarrer la ZLEA du président Bush et son Sommet des Amériques, et est resté lettre morte dans les faits en dépit de la tenue d'un Sommet des chefs d'État annuel – voir Sommet énergétique de 2009 où le Venezuela joue un grand rôle.

Très globalement, le développement argentin a reposé sur le dynamisme des exportations de produits agricoles dont les prix n'ont cessé d'augmenter sur la fin de période 2011-2013 (et notamment du soja à destination de la Chine qui devient l'un des premiers clients à l'export avec une part de 11 %). Les excédents commerciaux record ont généré l'augmentation des réserves de change, sans que pourtant jamais les excédents de trésorerie n'aient été réorientés vers l'industrie et l'amélioration de la compétitivité structurelle des activités productives du pays.

Une tourmente actuelle non complètement justifiée

La dégradation de la note B en CC par les agences de notation a été actée en novembre 2012. Depuis lors, la méfiance dans le peso n'a cessé d'augmenter (la bourse perd 50 % de sa valeur en un an et demi). Face à cette volte-face, le pouvoir a accru le protectionnisme, réduit l'indépendance de la Banque Centrale et l'opacité des méthodes comptables de l'INEC s'est vue renforcée. Le gouvernement a conclu un accord avec le Venezuela visant à acheter des bons du Trésor argentins.

S'étant déjà préalablement déprécié contre toutes les monnaies en 2013 (le peso avait cédé de 24 %), il perd encore 19 % sur les seules trois premières semaines de 2014. L'inflation est attendue à hauteur de 30 à 35 % en 2014. Les réserves de change quant à elles sont passées de 52 milliards US$ fin 2010 à moins de 29 milliards fin 2013. Et la chute continue : la parité du « dollar bleu » (sur le marché parallèle), de 1 US$ = 8 peso en janvier 2014, s'inscrit à 1 US$ = 12.5 peso en mars, (soit - 36 %).

Le début de resserrement des mesures non-conventionnelles opéré par la FED alimente la sortie de capitaux et le dévissement du peso. La très récente décision de Mme Yellen de porter les rachats de titres obligataires à 55 milliards US$ mensuels devrait encore renforcer cette tendance. Celle-ci pèse lourd quand on sait que l'Argentine doit encore 10 milliards US$ au Club de Paris et que le contentieux avec les « fonds vautours » n'est toujours pas réglé.

Au total, il apparaît que l'Argentine est en grand danger, même à moyen terme, du fait de la réorientation de la politique monétaire américaine. Si tout se passe mal, ce pays pourra faire valoir son faible endettement (environ 45 % du PIB), comme ses lignes de crédit auprès des institutions de Bretton Woods.

Una vez mas, Argentina va ofrecer al mundo el ejemplo de su capacidad a bailar un tango hesitacion entre prosperidad y mala suerte. Si tienne buena suerte principalmente…

AUSTRALIE : UN ACTIVISME COMMERCIAL RÉGIONAL AVÉRÉ

L'Australie est l'un des chantres mondiaux, avec la NZ et l'Argentine, de la libéralisation des échanges agricoles au sein du groupe de Cairns. Membre de l'APEC, de l'ASEM, du G20, de l'OCDE et de l'OMC, elle a le loisir de promouvoir ses idées dans de nombreux forums internationaux. Sa riche dotation en termes de matières premières de base rend son économie parfaitement complémentaire de celle de l'Asie-atelier et en premier lieu de la Chine.

Une économie florissante

Douzième puissance économique mondiale, l'Australie a cru sur un trend annuel de 3.5 % depuis 1991. La croissance s'est ralentie à 2.3 % depuis 2008, sans qu'elle souffre pour autant de la crise mondiale. En 2009, le taux de croissance du PIB est resté égal à 1.4 % pour se reprendre par la suite. Ce dernier a été de 2.4 % en 2013, et l'Australie dégage des gains de productivité record, loin devant les États-Unis et l'UE avec un revenu par tête de 64 900 US$ en 2013.

L'inflation est sous contrôle (moyenne 2008-2013 de 2.8 %), comme le niveau de sa dette qui passe de 11.6 % du PIB en 2008 à 28.8 % en 2013. Le taux d'investissement est bien orienté (28 % du PIB en moyenne), pour un taux d'épargne de 25 %. Le taux de chômage est à un niveau de plein-emploi puisqu'il se chiffre à 5.1 % sur la période, avec un léger accroissement en 2013, soit 5.7 %.

Le déficit budgétaire est contenu à 3.4 % du PIB sur 2008-2013, après des hausses à 4.2 % en 2009 et 4.9 % en 2010. Gros importateur de biens d'équipement, le déficit de la balance des transactions courantes est en moyenne de 3.5 %, avec 4.1 % en 2012 et 2.9 % en 2013.

L'Australie est parmi les tous premiers producteurs et exportateurs mondiaux de produits miniers (charbon, fer – 20 % et 15 % des exportations, plomb, cuivre, uranium – 40 % des réserves mondiales prouvées, lignite, nickel, étain) ; d'énergie (gaz) et de produits agricoles (viandes, céréales, coton, laine).

En termes de destination des exports, la Chine est de loin son premier partenaire (29.5 %), suivie par le Japon (19 %), la Corée (8 %), l'Inde

(5 %) et les États-Unis (4 %). Côté imports, on retrouve la Chine (18.4 %), les États-Unis (13 %), le Japon (8 %), Singapour (6 %) et l'Allemagne (5 %). L'Asie concentre 64 % des échanges de l'Australie.

L'Australie est très ouverte à l'IDE, qui représente 35 % de son PIB (contre 23 % en moyenne OCDE). L'UE est le premier investisseur étranger avec 36 % du stock, suivie par les États-Unis (30 %) et le Japon (7 %). En ce qui concerne le commerce des services, l'UE reste le premier partenaire avec une part de marché de 32 %, les États-Unis 17 %, l'ASEAN 15 % et le Japon 7 %.

Un activisme effréné de sa politique commerciale et de stabilité

Ce n'est pas le moindre paradoxe de souligner ici que l'Australie, championne du libre-échange, ne cesse de tisser un maillage dense et fin de « partenariats stratégiques et/ou renforcés » avec tous les partenaires importants de la zone : États-Unis, ASEAN, Chine, Japon, Inde, Indonésie, et étend son influence régionale à tous les conflits périphériques du Pacifique Sud : Timor oriental, Papouasie Nouvelle-Guinée, Îles Fidji, Forum des Îles Pacifiques (FIP).

Ces partenariats sont souvent articulés sur des accords de libre-échange (ALE), comme ceux qui lient l'Australie aux États-Unis (janvier 2005), et l'Australie, la NZ et l'ASEAN de mai 2009, s'inscrivant dans le partenariat global avec l'ASEAN de 2007. Ces ALE prévoient de manière classique un désarmement douanier réciproque de 96 à 99 % des lignes tarifaires. On peut être surpris que de simples ALE soient mobilisés, au détriment des « accords de quatrième génération », qui, outre les volets traditionnels, abordent les thèmes de l'investissement, des marchés publics, de la concurrence et de l'environnement (les quatre « nouveaux sujets » de la conférence de l'OMC à Singapour). Sont également inclus en sus le e-commerce, la « facilitation des échanges », les aspects liés à la contrefaçon et au respect des droits de PI, etc.

Mais bien souvent, ces dialogues vont plus loin que les seules affaires économiques et commerciales pour aborder des questions de sécurité et de défense. Avec les États-Unis, c'est l'annonce en novembre 2011 par le président Obama du déploiement de forces américaines à Darwin jusqu'à la préposition de 2 500 hommes en 2016/2017. Par ailleurs, fondateur de l'ASEAN Regional Forum (ARF), l'Australie participe aux réunions des ministres de la défense (ASEAN Defence Ministers Meeting Plus ADMM+). Elle participe également aux Sommets de l'Asie Orientale. Par ailleurs, la Chine et l'Australie, dans le cadre du partenariat stratégique sur 10 ans signé en avril 2013, prévoient un dialogue ministériel sur les questions de politique étrangère et de défense. Ils ont également signé un accord de convertibilité directe entre le dollar australien et le yuan. Le dollar australien est la troisième monnaie à bénéficier de ce régime après le dollar américain et le yen japonais. Avec le Japon, un dialogue stratégique Japon/Australie/États-Unis lancé en 2002, a conduit à la déclaration bilatérale de Sécurité de 2007 qui a donné lieu à la mise en place d'un dialogue 2 + 2 (Affaires étrangères et Défense) et à une initiative conjointe en matière de non-prolifération nucléaire.

L'Australie compte sur son APD (aide publique au développement), pour faire entendre sa voix vis-à-vis de l'Indonésie (premier destinataire avec 550 millions d'euros sur 2011/2012), le Timor oriental (270 millions entre 1999 et 2007 et 100 millions d'euros en 2011/2012), le Forum des Îles du Pacifique (100 millions d'euros) et enfin la Papouasie Nouvelle-Guinée (380 millions d'euros). On remarquera que le pays a été le plus gros contributeur hors OTAN de l'APD en Afghanistan (900 millions de $AUS).

L'Australie détient enfin des relations privilégiées avec les États à fortes diasporas sur leur territoire. Les Chinois représentent une communauté de 700 000 personnes, dont 170 000 étudiants et le tourisme bilatéral atteint des montants importants : 550 000 touristes chinois en 2012. L'Inde compte également une diaspora substantielle (450 000 personnes), et représente 11 % des étudiants étrangers. Les deux pays ont noué un partenariat scientifique entre universités et centres de recherche. Enfin, avec le Japon, quoiqu'il n'y ait que 10 000 étudiants nippons, le japonais est la première langue étrangère à être apprise en Australie.

La diplomatie australienne connaît une période particulière avec l'élection de l'Australie comme membre non-permanent au conseil de Sécurité de l'ONU sur la période 2013/2014 et la présidence du G20 en 2014, dont le Sommet est prévu les 15 et 16 novembre à Brisbane, dans le Queensland.

RÉPUBLIQUES BALTES : TROIS PETITS PAYS *INVESTMENT GRADE*

Alors que la plupart des observateurs internationaux donnaient ces pays en faillite dès 2008-2009, ils se sont remarquablement redressés depuis lors. Trois objectifs ont marqué les politiques mises en œuvre : lutte contre le chômage, maîtrise de l'inflation et consolidation des finances publiques. Bien que les résultats entre pays soient disparates, ils ont néanmoins convergé avec succès autour de six directions majeures.

Les trois pays baltes sont de petits pays, à savoir respectivement 1.3 million d'habitants pour l'Estonie avec un PIB 2013 de 24.3 milliards US$, (2.1 millions et 30.4 milliards pour la Lettonie, et 3.2 millions et 46.7 milliards US$ pour la Lituanie). Ils sont de la taille d'un gros département français ou d'une petite région.

Les trois républiques se situent au carrefour géostratégique de trois régions : la Russie avec son PIB de 2 200 milliards US$ et ses 140 millions d'habitants, l'Europe scandinave (Danemark, Finlande, Norvège et Suède pour un PIB agrégé 2013 de 1 650 milliards pour 26 millions d'habitants), et enfin l'Europe centrale (Pologne, République tchèque, Slovaquie et Hongrie) avec un PIB de 940 milliards US$ et 64 millions d'habitants.

Les flux commerciaux reflètent une telle orientation géographique. Les trois ont la CEI pour premier partenaire commercial (à hauteur de 40 % pour les imports – hydrocarbures, et 30 % des exports totales – microélectronique, textiles de luxe, petits appareillage électrique). L'UE arrive en seconde position avec 30 % des flux (Allemagne, Pologne, Danemark, Finlande, Suède, Tchéquie, Slovaquie), le troisième bloc regroupant les pays émergents (Chine, Inde notamment).

Un repli drastique de l'activité suivi par une reprise robuste

C'est en Lettonie que la crise frappe le plus fort avec une récession trois années de suite : - 4.2 % en 2008, - 17.9 % en 2009 et - 0.4 % en 2010. Soit un repli en glissement et en volume de 22.5 %, l'une des pires performances mondiales. De 2011 à 2013, le pays renoue toutefois avec une croissance annuelle tendancielle de 5.5 %. Le prêt du FMI de 2009, octroyé par le Fonds et l'UE pour 7.5 milliards d'euros, ne sera consommé qu'à hauteur de 4.3 milliards. Il faut noter que la période 1991-2001 s'est soldée par une perte de 23 % de la population lettone due à un effondrement du taux de fécondité et des sorties nettes du territoire (départ des jeunes diplômés).

L'Estonie voit son PIB en volume décroître de 5.1 % en 2008 et 13.9 % en 2009, notamment sous le coup d'une chute brutale des exports (- 36.4 % en 2009). La croissance repart sur un trend de 3.5 %, mais on notera l'exceptionnelle année 2011 (+ 9.6 %), et l'amortissement de fin de période (1.5 % en 2013). La crise a toutefois cassé le rythme antérieur d'une croissance « à l'asiatique » du pays : 8.1 % en 2004, 10.5 % en 2005 et 11.4 % en 2006.

C'est la Lituanie qui s'en sort le moins mal avec une récession focalisée sur 2009 (- 14.7 %). Le rythme tendanciel sur la fin de période s'inscrit à 3.5 %, avec une année 2011 exceptionnelle là aussi : + 5.9 %. Aucun des trois pays n'aura toutefois refait son retard depuis le niveau du PIB 2007 : le PIB 2013 de la Lituanie s'inscrit à - 1 %, pour - 2.5 % en Estonie et - 10.3 % en Lettonie. Les revenus par tête sont très disparates : 28 949 US$ en Lituanie en 2013 (soit un standard européen), 9 645 US$ en Estonie (similaire à un PECO) et enfin 3 825 US$ en Lettonie (soit un chiffre semblable à celui de l'Indonésie).

La maîtrise de l'inflation

Tous les pays arrivent avant la crise avec un fort acquis d'inflation à deux chiffres : en 2008, 11.1 % en Lituanie, 15.2 % en Lettonie et 10.4 % en Estonie. L'Estonie et la Lettonie flirtent avec la déflation

(- 1.2 % en 2010 pour le second, et - 0.1 % en 2009 pour le premier). La conjoncture internationale a été le premier facteur ayant puissamment joué dans le processus de désinflation. Avec des taux tendanciels de l'ordre de 4 % pour les trois, la fin de période est remarquable : 2.3 % et 0.7 % en 2012-2013 pour la Lettonie ; 3.2 % et 1.3 % pour la Lituanie et 4.2 % et 3.5 % pour l'Estonie, qui seule échappe au lot en dépit de la déflation sous-jacente.

Une décrue par un facteur 2 du chômage à partir de l'acmé de la crise

Proche du plein-emploi avant-crise (de l'ordre de 5.5 % en 2008), le taux de chômage culmine vite à ses plus hauts : 17.8 % en 2010 en Lituanie, 19 % la même année pour la Lettonie et 16.9 % pour l'Estonie. La décrue est tout aussi rapide puisque que le nombre de demandeurs d'emploi n'est plus que de 11.8 % de la population active en Lituanie en 2013, 11.9 % en Lettonie et 8.3 % en Estonie (soit des chiffres inférieures à la moyenne européenne). Il faut y voir l'impact de la modération salariale, les modalités efficaces d'une « flexisécurité » inspirée des modèles danois et finlandais (alternance réglée d'emplois de tous types entrecoupés de périodes de formation), et la promotion active de l'entreprenariat par les pouvoirs publics, singulièrement efficace sur d'aussi petits territoires.

Une consolidation budgétaire pleinement réussie

C'est en Lettonie qu'elle est la plus spectaculaire. Après trois années de déficit public à 7.8 % du PIB, le déficit s'inscrit à 3.2 % en 2011, 0.1 % en 2012 et 1.4 % en 2013. L'ajustement s'opère par une baisse drastique des dépenses publiques de 15.2 % entre 2009 et 2013. C'est en Lituanie que les coupes sont les plus intenses, avec une baisse des dépenses de 26.5 %. En conséquence, le déficit public, après avoir culminé à 9.2 % en 2009 baisse continûment pour tomber à 3.3 % en 2012 et 2.8 % en 2013. L'Estonie avait quant à elle moins de contrainte budgétaire puisque le déficit maximal était de 2.3 % en 2008. Il atteint l'excédent en 2013 (0.4 %), après - 0.3 % en 2012. La décrue des dépenses dans ce pays n'est que de 8.5 % sur l'ensemble de la période.

Ces trois exemples illustrent la thèse soutenue par Jean Pisani dans une « Lettre du CEPII » déjà ancienne. Il avait étudié 22 expériences de consolidation budgétaire survenues en Europe des années 60 à 2000. Il avait pu montrer que l'ajustement débouchait sur un surcroît d'activité significatif sous un délai court – équivalence ricardienne, si : a) il s'opérait sur les dépenses ; b) il était de grande ampleur ; c) il était imprévu et non anticipé par les agents ; d) et s'il était ciblé sur une période courte. *Quod erat demonstrandum.*

Un endettement public raisonnable et vertueux

L'Estonie a pour caractéristique de ne pas avoir de dette publique : de 4.6 % du PIB en 2008, elle passe à 11 % du PIB en 2013. Cela s'explique notamment du fait des excédents courants qui financent l'activité, hormis sur la fin de période (déficits contenus de 1.8 % et 0.7 % en 2012-2013). En Lituanie, la dette passe de 16 % du PIB en 2008, puis à 39 % en 2010-2011 pour terminer à 42 % en 2013 (soit un « petit » triplement). La Lettonie connaît une trajectoire très similaire où la crise appelle la dette pour se stabiliser en fin de période (à 38 % du PIB).

Des pays proches de l'équilibre externe

L'écart épargne-investissement s'avère faible pour les trois pays, mais ceux-ci offrent des profils très dissemblables en niveau. Avec un taux épargne/investissement de près de 30 %, l'Estonie présente un profil de pays émergent. Avec un ratio de 25 %, la Lettonie se situe dans la moyenne haute des pays européens. En revanche, des valeurs de 15 % à 18 % font de la Lituanie un pays sous-capitalisé où il doit exister des tensions sur l'offre productive (taux d'utilisation des capacités de production) qui ne sont toutefois pas à l'origine de pressions inflationnistes particulières. Ce pays se réforme vite, mais c'est pour ne pas investir. Les déficits de la balance des transactions courantes s'établissent en 2012-2013 à - 0.5 % et - 0.3 % pour ce dernier pays, - 1.7 % et - 1.1 % pour la Lettonie, et - 1.8 % et - 0.7 % pour l'Estonie.

Conclusion

Il est parfaitement clair que ces trois économies ont réagi de manière drastique à la crise en se réformant rapidement. Le retour à de bons fondamentaux sur si courte période les ont fait passer d'une note « Spéculatif » à des notations « Investment grade ». Il est également évident que ces trois petites économies ne sont en rien « fragiles », selon la terminologie actuelle : la croissance y a redémarré de façon assurée et robuste, il n'existe pas de risque déflationniste marqué, on note l'absence de déficits jumeaux, l'endettement reste faible et le marché du travail s'avère très bien orienté, parfois proche du plein-emploi. La seule « mauvaise nouvelle » pour cette année 2014 pourrait venir de leur grand voisin russe, si la crise ukrainienne venait à perdurer. Celle-ci s'est déjà soldée par des pertes boursières allant jusqu'à 13 % du PIB et à un dévissement du rouble face à l'US$ de plus de 15 %, sur un fond de menaces d'un repli spontané des IDE dans toute la zone.

BCE, DÉFLATION ET EURO : COMMENT FAIRE ?

Le président Draghi a déclaré vouloir revenir dans la zone où l'économie européenne connaît une inflation de 2 %, ce qui est son mandat explicite. Ayant déjà épuisé l'arme des taux, la BCE, à l'instar de la Fed, et des Banques d'Angleterre et du Japon, va se lancer dans des mesures non-conventionnelles du type *Quantitative Easing*, qui ont si bien réussi aux États-Unis. Il n'est cependant pas certain que l'offre de crédits de la banque profite aux entreprises, au vu d'une croissance atone de 0.9 % au premier trimestre 2014, bien en deçà des prévisions des analystes.

L'arme des taux quasi inutilisable

Le niveau général des prix dont la hausse ne cesse de ralentir (0.7 % en avril), devrait rester faible autour de 0.9 % cette année, d'après les propres simulations de la BCE. La zone Euro est donc proche de la déflation. D'après les calculs de la banque, une appréciation de l'euro de 10 % retire de 0.4 à 0.5 points d'inflation.

Son principal taux directeur (prix auquel elle prête de la monnaie aux banques et qui est à la base du taux interbancaire) est de 0.25 %, soit une marge de manœuvre quasiment nulle. L'« effet de ciseaux » est par contre clair. Les États-Unis abandonnant à l'automne leur propre QE, l'anticipation est à la hausse des taux, favorable aux arbitrages en faveur du dollar US au détriment de l'euro. Le taux de change de la monnaie unique se rééquilibrerait donc de façon automatique dans le bon sens. Toutefois, les opérateurs restent toujours friands des titres rémunérateurs de la dette publique portugaise, irlandaise et même grecque, qui pousse toujours à la réappréciation mécanique de la devise européenne.

Vers un *Quantitative easing* massif

Pour convaincre de sa volonté de faire baisser l'euro, la Banque Centrale pourrait acquérir auprès des banques commerciales leurs créances bancaires sur les PME-PMI de l'UE, et/ou en rachetant des valeurs immobilières de particuliers. Délestées de ces charges, les banques seraient alors à même de relancer le crédit dans la zone Euro, ce qui permettrait d'accroître les investissements et donc la croissance et donc l'inflation.

Tous les analystes s'accordent à penser que l'effet devrait être massif aux alentours de 1 000 milliards d'euros par an, pour un montant mensuel de rachat de titres proche de 83 milliards d'euros (soit des chiffres comparables au montant mensuel américain tel qu'il existait au début du QE – 85 milliards US$, à l'unité de compte près). Dans le même temps, en inondant la planète des euros nécessaires pour acheter ces titres, la BCE en ferait baisser le prix. La BCE pourrait également faire entendre qu'elle serait prête à acheter des titres de dette publique des pays européens – sur le marché de l'occasion seulement, pour ne pas être accusée de financer directement les États.

Actuellement, la FED suit un mouvement inverse en réduisant ses achats de titres. Une telle situation pourrait amener les marchés à penser que les perspectives d'inflation sont plus fortes en Europe qu'aux États-Unis, et d'en tirer les conséquences.

Toutefois, une telle politique présuppose que la croissance en Europe n'attend qu'un relâchement du crédit pour retrouver le chemin d'une haute conjoncture. Rien n'est moins sûr. La zone Euro a affiché une croissance de 0.9 % au premier trimestre 2014 et l'activité ne décolle toujours pas. Hormis le cas de l'Allemagne (0.8 %), qui n'aide pourtant pas au redécollage des pays faibles (- 0.7 % au Portugal, - 0.1 % en Italie…). La croissance n'est donc pas au bon niveau ni au bon endroit.

Dans un tel environnement, fournir des liquidités aux banques peut très bien ne pas se traduire dans l'économie réelle. Pire, les banquiers peuvent simplement garder cet argent sur un compte dit « de facilité de dépôts » auprès de la Banque Centrale. À l'été 2012, les banques européennes avaient déposé plus de 800 milliards d'euros sur leurs facilités de dépôt. La BCE a alors décidé de ne plus rémunérer ces dépôts dont l'encours est passé à moins de 20 milliards d'euros fin mai 2013. En réaction, les banques ont transféré 185 milliards d'euros sur leurs comptes courants auprès de la BCE, qui ne devrait pourtant pas taxer ces comptes.

D'importantes difficultés macroéconomiques rendent l'environnement hostile

Elles sont de deux ordres. D'un côté, les ménages et les entreprises de la zone Euro sont dans une phase de désendettement. Tout laisse à penser que la demande de crédits n'est pas forte. Enfin, les politiques d'austérité ont déprimé la demande intérieure de la zone, qui a généré une baisse des importations au moment même où la demande mondiale connaissait une embellie pérenne. Ceci s'est traduit par la réapparition d'excédents commerciaux dans bon nombre de pays, facteur clé qui pousse à l'appréciation de la devise européenne.

In fine, la seule politique efficace serait que la BCE achète directement des dollars ! Une action, qui, sauf à déclarer une guerre des monnaies, ne pourrait être entreprise qu'en coopération avec la Fed, au détriment de la compétitivité américaine, ce qui rend l'enjeu hautement irréaliste et improbable.

Au total, on peut cependant tabler sur l'efficacité de l'opposition de phase des mesures non-conventionnelles conduites de chaque côté de l'Atlantique pour faire repartir l'inflation dans la vieille Europe. On peut également tabler sur la créativité et l'innovation de (Super) Mario. Le Luxembourgeois Yves Mersch, membre du comité de direction de la BCE, a ainsi pu déclarer mi-mai que la Banque Centrale travaillait « sur un vaste éventail d'instruments qui pourrait même surprendre les imaginations les plus fertiles ». *Wait and see* donc.

BIRMANIE-CAMBODGE-LAOS

Il existe une vraie cohérence économique à examiner de front la Birmanie, le Cambodge et le Laos. Elle s'articule autour des axes suivants :

- Ces trois pays sont les seuls PMA (pays les moins avancés) d'Asie du Sud-Est. En revanche, aucun d'entre eux n'a fait partie de l'initiative PPTE (pays pauvres très endettés) du FMI, puisqu'ils ont soit stabilisé leurs dettes publiques soit les ont diminuées.
L'agriculture occupe une place centrale dans ces trois pays avec 57.6 % de la population active et 33.4 % du PIB en 2009 au Cambodge (respectivement 80 % et 42 % en Birmanie). Les populations vivant sous le seuil de pauvreté représentent près de 30 % de la population. L'Indice de Développement Humain (IDH) de l'ONU, qui synthétise des paramètres liés à la nutrition, à la santé publique et à l'éducation, est généralement très bas, hormis en Birmanie (135e place sur 176 en 2006).
Ces pays présentent donc un fort potentiel pour l'industrialisation et la tertiarisation de l'économie. Le tourisme reste sous-développé dans la zone, même si 4 millions de touristes visitent le Cambodge (Angkor Vat) et 2.5 millions le Laos.

- Ils sont rentrés tard dans l'organisation économique et commerciale de l'ASEAN : 1997 pour le Laos et la Birmanie, 1999 pour le Cambodge. On remarquera que le Laos n'est toujours pas membre de l'OMC. L'ASEAN a été fondée en août 1967 sous l'impulsion décisive de la Thaïlande. Ce n'est toutefois qu'à partir de 1991 que s'est installée une vraie dynamique régionale (qui s'est accentuée encore avec la « crise asiatique » de 1998-1999 et enfin la crise 2008-2009, où les ministres des Finances de la zone ont voté la création d'un fonds de 150 milliards US$ pour aider à restructurer les systèmes bancaires).

- La Chine a entrepris dès 2001 de proposer à l'ASEAN6 (Thaïlande, Indonésie, Philippines, Malaisie, Brunei et Singapour) la constitution d'une zone de libre-échange, qui a commencé à fonctionner le 1er janvier 2010. Par ailleurs, les trois pays sous-revue plus le Vietnam vont rejoindre le 1er janvier 2015 la Communauté économique de l'ASEAN10 (AEC), forme parachevée d'une coopération régionale renforcée : code pour les Investissements directs étrangers (IDE), désarmement tarifaire généralisé, abandon des restrictions quantitatives (sauvegardes, quotas, contingents), marchés publics, environnement, concurrence, etc.

- Les trois pays ont souffert de régimes totalitaires et autoritaires qui ont débouché soit sur des millions de morts, (génocide de Pol Pot au Cambodge qui a tué le tiers de la population du pays), soit sur du travail forcé de droit commun (Birmanie), retardant considérablement leur développement et les maintenant dans la pauvreté.

PIB PPA

Considérés ensemble, les trois pays ont dégagé un PIB PPA (parité de pouvoir d'achat[1]) de 156.7 milliards d'US$ en 2013 (soit à titre de comparaison 58 % du PIB PPA de la Grèce, pour 270 milliards d'US$). La population s'élève à 87 millions d'habitants, soit dans une fourchette entre l'Allemagne (82) et la France + le Benelux (93.4 millions). Le revenu/tête PPA se monte à 1811 US$, ce qui est très faible (le critère de PMA de 2003 fixé par la Conférence des NU était d'un revenu/tête inférieur à 900 US$ en dollars courants).
À titre de comparaison avec les quatre BRIC, les données sont les suivantes (par ordre décroissant) :
Revenu/habitant de la Russie : 18 730 US$ PPA en 2013, 12 330 pour le Brésil, 10 000 pour la Chine, 4 061 pour l'Inde et respectivement 3 246 pour le Laos, 2 578 pour le Cambodge et enfin 1 492 pour la Birmanie.
Le laotien « pèse » ainsi 1/3 d'un chinois, le cambodgien 1/4, et le birman 1/7. Il faut souligner que de telles comparaisons sont trompeuses. À titre d'exemple, le cabinet de conseil Credit Risk International évalue pour 2013 qu'entre 150 et 200 millions de

---

[1] Le PIB PPA est la notion pertinente pour un investisseur. Si l'exportateur a bien à servir un marché de X millions US$ courants, l'investisseur doit subir la structure et le niveau général des vecteurs de coûts et de prix qui s'imposent à lui sur le marché local. Les données sont tirées de la Country by country Database des World Economic Outlook du FMI d'avril 2013, 2012, 2011 et 2010.
Le rédacteur n'est pas un spécialiste de l'histoire de ces pays. Il a parfois du mal à expliquer les évolutions de certains indicateurs économiques qui doivent cacher des faits et évènements bien précis. Il s'en excuse ici.

Chinois ont un revenu/tête supérieur à 20 000 US$ PPA (seuil qui déclenche l'achat d'une automobile), et qu'entre 30 et 50 millions ont un PIB/tête de 40 000 US$ PPA (accès aux produits de luxe). Rien de tel pour la Birmanie, le Cambodge et le Laos où plus de 60 % de la main d'œuvre travaille encore dans l'agriculture et où aucune « classe moyenne » n'a eu la chance d'émerger jusqu'à ce jour, bien que le phénomène s'étende dans les seuls centres urbains importants (Rangoon, Naypyidaw – nouvelle capitale de la Birmanie depuis 2005, Pnom Penh et Ventiane).

Endettement faible

L'endettement des pays de la zone est faible, puisqu'il est de 66 milliards d'US$ en 2013, soit un taux de 41.9 %.
Parallèlement, le déficit cumulé de la balance des transactions courantes des trois pays n'atteint que 6.5 milliards en 2013, soit un ratio de - 4.6 % du PIB.

Petits acteurs de la politique régionale

En milliards d'US$ courants, les trois pays étudiés ne représentaient en 2008 que 4.5 % du PIB de l'ASEAN10, soit un poids marginal (pour un chiffre de PIB de la zone de 1 056 milliards US$). Ce sont donc des petits acteurs de la politique régionale, loin des « géants » de l'Indonésie, de la Malaisie, de la Thaïlande et du Vietnam.

Part des échanges intra-ASEAN10

Les échanges intra-ASEAN10 (Malaisie, Indonésie, Philippines, Thaïlande, Singapour, Brunei, Vietnam, Cambodge, Birmanie et Laos) représentent un peu moins de 20 % du total des échanges (à comparer avec 13 % pour le Mercosur et 62 % pour l'UE à 27). La région ne peut donc pas amortir les chocs extérieurs.

Taux d'échanges intra-zone

Par ailleurs, le taux d'échanges intra-zone ASEAN10+3 (Chine, Japon et Corée du Sud), totalise environ 48 % du total, la Chine et le Japon étant les premiers investisseurs étrangers dans la zone. Les États-Unis restent un partenaire important (45 % des exports du Cambodge par exemple). La Thaïlande et le Vietnam comptent parmi les premiers fournisseurs. Environ 75 % des exports des Trois sont concentrées sur le secteur textile et le reste sur des produits agricoles et les minerais (bauxite présent dans la région). L'inconnue reste bien sûr les estimations de recettes tirées de la production et de la distribution de l'opium dans deux des pays du Triangle d'or (Birmanie et Laos). Certains experts évaluent cette économie souterraine à près de 50 % du PIB, ce qui est considérable. Outre la Chine et le Japon, les États-Unis et l'Australie demeurent des partenaires essentiels. Vis-à-vis des pays de l'UE, les échanges sont très faibles, mais l'Allemagne représente 7 % des exports du Cambodge, et la France 8 % des exports du Laos en 2011.

Afin de contrebalancer l'accord de libre-échange entre la Chine et l'ASEAN10, les États-Unis sont en train d'élaborer ce qui devrait devenir une vaste zone de libre-échange États-Unis/Pacifique (hors Chine), après les résultats mitigés de l'APEC et de l'ASEM. Cet accord devrait être le pendant du Partenariat transatlantique sur le commerce et l'investissement (TTIP en américain) que les États-Unis négocient en ce moment avec l'UE.

LA REVUE PAR PAYS

Le Laos

Plus petit des trois pays sous revue (6.5 millions d'habitants en 2013), le Laos a connu une très forte croissance de 2008 à 2013 : 47.6 % en volume soit un taux de croissance annuelle de 7.9 %. En milliards US$ courants, son PIB double sur la période (de 5.3 milliards à 10.3 en 2013). Le FMI fournit une estimation de 7.6 % de croissance du PIB en 2018, soit un alignement sur la croissance potentielle. Le pays n'a pas subi de contraction de son PIB et de ses échanges en 2009, année où la crise a partout frappé, ce qui signifie qu'il opère à la marge du commerce international, avec pour clients principaux la Chine, le Vietnam et le Japon, peu impactés par la crise. Le PIB PPA/tête est de 3 246 US$ ce qui en fait le plus prospère des Trois. Les exports de biens et services ont toutefois connu un rattrapage technique en 2010 (+ 20 % en volume pour une année 2009 morose : + 3.3 %). La croissance moyenne annuelle des exports de biens et services sur la période s'inscrit à 7.8 %, ce qui est une faible performance.

La politique économique a été menée avec succès : inflation de 5.5 % en moyenne ; déficit budgétaire de 3.8 % en moyenne sur la période après - 6.8 % en 2010, pour se résorber en fuseau jusqu'à 2013 (- 2.5 %). Le solde budgétaire primaire (hors charge de la dette), épouse l'évolution du ratio dette/PIB (- 1.7 % en 2013 après - 6.4 % en 2009). L'endettement brut public moyen/PIB s'est inscrit à 57.2 %, avec une baisse continue sur la période (de 62 % en 2009 jusqu'à 51.5 % en 2013). En revanche, la balance courante est très fortement déficitaire (- 20 % du PIB en moyenne), atteignant même - 23.4 % en 2013, et la demande intérieure ressort comme très dépendante des importations.
À noter, l'ADB (Banque Asiatique de Développement) aide les autorités du pays à réformer profondément le secteur bancaire.

Le Laos est le pays qui accuse le plus de séries manquantes ou de ruptures de séries. Ce petit pays n'a pas forcément les qualifications des agents publics, ni les ressources méthodologiques et statistiques suffisantes pour documenter toutes les données requises.

Le Cambodge

Ce pays apparaît comme le plus ouvert à l'international. En 2009, le PIB en volume recule de 1.9 % (contre 7 % en Irlande, 5.2 % en Italie, 3.7 % en Espagne, 2.5 % au Portugal et 2.3 % en Grèce). Pour la première fois, le volume des exports de biens et services recule de 2.7 % (rattrapé en 2010 avec une hausse impressionnante de 31.8 %). Le PIB en volume croît de 34.7 % sur 2008-2013, soit une croissance annuelle moyenne de 5.8 %. Cette performance apparaît en retrait eu égard aux pics du PIB en 2005 (+ 13 %) et 2006 (+ 11 %). Le FMI prévoit une augmentation linéaire de 7.5 % de croissance potentielle jusqu'à 2018. Le PIB en milliards US$ PPA passe de 28.5 milliards en 2008 à 39.7 milliards en 2013 (soit + 39.3 %). Le revenu par tête PPA atteint en 2013 2578 US$.

Le pays arbore un fort taux d'investissement, de 20.7 % en moyenne, pour 23.5 % en 2013. Le taux d'épargne brut de la nation (taux d'épargne des ménages +/- l'EBE des entreprises +/- le solde budgétaire) est assez faible (13.2 % en moyenne), mais augmente continûment (13.6 % en 2013). Le déficit épargne/investissement donne, sur le plan comptable, le solde des transactions courantes à - 7.5 % en moyenne. Ce dernier croît sur toute la période : - 4 % en 2010 ; - 8 % en 2011 ; - 10 % en 2012 et - 9.8 % en 2013. C'est la preuve d'un pays dynamique en pleine croissance. Le pays compte 15.4 millions d'habitants en 2013 soit un chiffre similaire à celui des Pays-Bas.

La politique économique menée obtient de bons résultats : inflation contenue à 3 % en moyenne, déficit budgétaire moyen à - 2.5 %, balance budgétaire primaire à - 2.8 % ; stabilité du ratio dette/PIB à 28 % en moyenne pour une dette projetée en 2018 par le FMI à 25.7 %. Sur sa gamme de produits (textiles/habillement, riz, fruits et légumes dans le détroit du Mékong, minerais rares, bois, caoutchouc, pierres précieuses, fer, manganèse, phosphates, etc.), le pays est compétitif puisque les exports augmentent de 15.3 % par an en moyenne, contre 9.3 % pour les importations.

La Birmanie

Grand pays de la zone, la Birmanie compte 64.9 millions d'habitants en 2013, pour un PIB PPA de 96.8 milliards US$, soit un revenu par tête de 1 492 US$, le plus faible de la zone. Sur 2008-2013, la croissance du PIB en volume atteint 32.3 %, soit un taux annuel de 5.4 %. Sa part dans le PIB PPA mondial est de 0.11 %. Le taux de chômage est fixé autoritairement à 4 % par an sur toute la période. Le PIB en milliards US$ courants passe de 31.4 milliards en 2008 à 57.4 en 2013 (soit + 82.2 %, ce qui est très fort). Son taux d'investissement, de 17.2 % en moyenne, n'est pas couvert par un taux d'épargne insuffisant (14.6 %) – le solde des transactions courantes couvrant l'investissement net à - 2.6 % du PIB.

La politique menée apparaît comme moins robuste qu'ailleurs : inflation moyenne de 6.6 % (8.2 % en 2009 et 2010) ; déficit budgétaire moyen à 4.4 % (6.1 % en 2011 et 5.3 % en 2012 pour 5.2 % en 2013) ; solde budgétaire primaire à - 3.9 % en moyenne ; ratio dette/PIB de 47 % qui ne fait que décroître, hormis une « marche d'escalier » en 2011 où le ratio passe de 42.9 % l'année antérieure à 52.9 % (et 45.4 % en 2013).

Phénomène inquiétant, les exports de biens et services croissent moins vite sur la période (8.4 %) que les imports (11.6 %). Toutefois, les premières connaissent deux rebonds en 2010 (+ 16.6 %) et en 2013 (+ 11.8 %). Sans doute faut-il y voir la levée par paliers de l'embargo occidental contre la junte militaire au pouvoir. Au total, la Birmanie apparaît comme une économie autocentrée, conduite par des généraux qui sont de piètres gestionnaires. Le FMI table pourtant sur la normalisation en cours, et le PIB PPA devrait là encore rejoindre la croissance potentielle à 7 % en volume par an. Ce dernier serait de 149 milliards US$ PPA en 2018 pour une population projetée à 71.7 millions d'habitants, soit un revenu/tête de 2078 US$ ou encore un écart en niveau de l'ordre de - 20 % par rapport à la performance cambodgienne.

Il va de soi que les anticipations rationnelles des agents économiques seront considérablement éclaircies lors de l'accession prochaine de Mme Aung San Suu Kyi au pouvoir.

Toutefois, c'est en Birmanie que l'unité nationale est la plus menacée, notamment du fait de la discrimination et des persécutions à l'égard de la minorité musulmane apatride des Rohingya (outre la coexistence de 135 minorités ethniques). En 1991 et 1992, près de 300 000 Rohingya avaient émigré au Bangladesh. Enfin, sur un autre terrain, la population est exposée à des aléas climatiques parfois dramatiques, comme celui du cyclone Nargis qui, les 2 et 3 mai 2008, avait occasionné 32 000 morts, 41 000 disparus et 2 millions de sinistrés dans les provinces de Rangoon et d'Irrawaddy.

Conclusion

Au total, les trois pays sous revue offrent un certain nombre de caractéristiques communes. Tirée par la croissance démographique et les gains de productivité, la croissance potentielle à moyen terme se situe dans une fourchette de 7 à 8 % en volume annuel, soit des taux « à la chinoise » à l'horizon 2018. Ces pays sont « jeunes » à savoir que près de 70 % de la population a moins de trente ans. Cette croissance s'opère dans un environnement non-inflationniste, avec une hausse des prix contenue dans un corridor de 3-5 % l'an. L'ouverture à l'international offre un potentiel de hausse très important, les trois pays passant de régimes totalitaires autoadministrés à l'économie de marché et surtout au libre-échange. Le rôle de l'AEC de l'ASEAN10 au 1er janvier 2015 sera capital, outre la zone de libre-échange États-Unis/Pacifique (hors Chine).

Par ailleurs, les gouvernements en place auront su contenir les déficits publics à des niveaux soutenables à terme. Ensuite, ces pays ont stabilisé voire très légèrement augmenté leurs dettes publiques qui ne menacent donc en rien les perspectives économiques de long terme. Ils vont tronquer un développement autarcique pour rentrer à leur tour dans la division internationale du travail où ils constitueront sans doute la 3e vague de délocalisations à venir, après la Chine et l'Inde dans un premier temps, puis le Vietnam et les autres ASEAN6 (Indonésie essentiellement) aujourd'hui. Enfin, le capital humain demeure asiatique, à savoir ordonné et discipliné, avec une culture bouddhiste très prononcée. L'un des problèmes majeurs des trois pays reste toutefois la très faible productivité globale des facteurs (PGF), liée à l'ampleur et à la densité des industries de réseau (eau, gaz, électricité, télécommunications, rail, routes, aéroports), à la qualité de

l'administration, et à la qualification de la main d'œuvre (entre autres). Du fait de multiples lacunes dans ces domaines, les trois pays resteront sous un avenir proche peu attracteurs d'IDE.
Le risque/pays apparaît donc comme favorable, alors que la Chine est sur une trajectoire de croissance structurelle déclinante depuis le début de 2011 ; que le développement économique de l'Inde reste handicapé par le système des castes et la volatilité de la croissance ; que la Russie ne doit son embellie qu'au gaz et au pétrole ; et qu'enfin le Brésil et la Turquie subissent les premiers contrecoups de leur croissance antérieure, avec une classe moyenne importante et avide de progrès économiques, de leur juste répartition et d'exigences en termes de démocratie qui échappent à ce jour à leur élite dirigeante. Leur seul point noir reste peut-être la corruption des agents publics locaux, héritée de décennies de tyrannie de tous bords, maoïste ou marxiste. À titre d'exemple, elle est maximale en Birmanie, le pays arrivant à la 176e place sur 178 (indice de perception de la corruption 2010 de Transparency International) du fait de l'ampleur de l'économie souterraine liée à la production et au commerce de l'opium.

L'ÉCONOMIE CHINOISE : AVANTAGES, COÛTS ET DÉLOCALISATIONS

Alors que la presse internationale se fait l'écho du ralentissement de la croissance chinoise (elle plafonnerait à 7.5 % en 2013), ce pays se hisse aux premiers rangs des investisseurs mondiaux, rejoignant de fait la configuration des États-Unis car figurant parmi les premiers émetteurs et receveurs des capitaux internationaux. Toutefois, encore handicapée par la faiblesse rémanente de sa productivité globale des facteurs (PGF), la Chine a peut-être franchi le point d'inflexion dans sa course aux délocalisations occidentales. Un tel retournement de tendance aurait des conséquences imprévisibles sur sa société, en proie à des handicaps structurels de grande ampleur.

Des IDE encore très dynamiques

Les investissements directs étrangers (IDE) vers la Chine se sont élevés à 112 milliards US$ en 2012, soit une très légère baisse de 3.7 %. Elle confirme ainsi sa place de second pays attracteur d'IDE, derrière les États-Unis. 96 milliards proviennent de dix pays asiatiques dont 63 % pour Hong-Kong (sociétés étrangères et diaspora chinoise), 6 % pour le Japon, 5 % à la fois pour Singapour et Taiwan et 2 % pour la Corée. Les scores de Hong-Kong et de Singapour s'expliquent par un environnement administratif extrêmement favorable aux affaires (à titre d'exemple, le délai de création d'une entreprise est de 2 jours à Singapour et de 4 jours à Hong-Kong et les règlementations pèsent moins de 1.5 % du PIB, contre 7 % au Japon – chiffres OCDE sur la réforme de la réglementation. Les IDE ne représentent pourtant qu'un peu plus de 4 % de la FBCF totale, ce qui est peu. A contrario, le nombre d'investissements « greenfield » (création ex nihilo d'une unité de production) tend toutefois à baisser : 436 en 2010, 359 en 2011 et 317 en 2012.

Mais le facteur prédominant reste que ce pays se maintient ces dernières années dans le top 10 des investisseurs à l'étranger, avec un flux 2012 de 77 milliards US$ dans 141 pays, phénomène inimaginable il y a encore 10 ans. Pour l'analyste lambda, la Chine porte haut la victoire de l'économie de marché, du libéralisme économique et du libre-échange, de fait installée mondialement pour les produits industriels (droit de douane moyen de 2 % à l'échelle mondiale, y compris quelques pics tarifaires rémanents aux États-Unis, dans l'UE et surtout au Japon). De tels investissements à l'étranger changent encore une donne qui nous était familière. Traditionnellement positionnée sur le moyen-bas de gamme, le rachat ou la prise de participations dans des firmes étrangères vont faire que ce pays est aujourd'hui en mesure d'accéder et d'acquérir le must technologique des multinationales occidentales, ce qui nuance de beaucoup l'argumentaire exposé ci-dessous.

Prôner les avantages du libéralisme et du libre-échange se heurte à des obstacles psychologiques majeurs, et a constitué depuis toujours le dilemme persistant de tous les grands réformateurs (de Necker à Kerenski, puis à Raymond Barre, en passant par André Tardieu et Michel Rocard) : l'opinion publique ne voit au JT de 20 h que les conséquences négatives immédiatement palpables, alors les gains décalés à terme n'apparaîtront par nature jamais, bien qu'ils soient aussi certains que les coûts de court terme.

De la PGF comme variable économique cruciale

Malgré tout, le mode de fonctionnement de l'échange international s'assimile en tous points à une technologie plus que sophistiquée : nos céréales de la Beauce étant « transformées » en machines-outils allemandes. Qui dit libre-échange dit par voie de conséquence développement exponentiel de la Chine. On estime aujourd'hui le différentiel des salaires nominaux de 1 à 25 (il était de 1 à 40 il y a quinze ans, d'où la convergence nominale escomptée théoriquement vers la frontière technologique du pays le plus efficient du moment, les États-Unis). Mais l'avantage tiré de la comparaison via les coûts salariaux unitaires (seul indicateur pertinent de la compétitivité coût) demeure très nettement réduit, car le différentiel de prix se ramène dans les faits à un rapport de 1 à 4 voire de 1 à 3.

Il convient en effet de corriger les salaires en niveau non uniquement par la productivité apparente du travail, qui ne donne qu'une vue très partielle et tronquée de l'ensemble des coûts que supportent les entreprises, mais bien par la productivité globale des facteurs (PGF qui inclut l'état des infrastructures publiques prises globalement, à savoir les industries de réseaux (routes, rail, air, télécommunications, eau, gestion des déchets), l'adéquation des dispositifs d'éducation/formation, l'efficacité de l'État via les e-procédures liées à l'échange international, la mobilité géographique de la main d'œuvre, le système fiscal, les frais inhérents à la lutte contre les pollutions, – la Chine émet autant de CO_2 que les États-Unis, pour un PIB nominal trois fois moindre, etc.). En dépit – ou à cause – de sa richesse, la notion de PGF est très difficile à calculer dans les faits. À titre d'exemple, le Rapport Dubois-Malinvaud, à l'aide d'une fonction Cobb-Douglas standard, montrait que la croissance en vigueur dans les années 70 en France (5 %) s'expliquait par la contribution du facteur travail (à hauteur de 1 %), du facteur capital (1.5 %) et d'un facteur « résiduel » pour 2 .5 %, soit la moitié du taux de croissance nominal. On le voit bien, il faut s'en remettre en la matière aux « dires d'experts », estimés grossièrement à partir de *benchmarks* internationaux. Par ailleurs, on peut noter à ce stade que les comparaisons et le clivage entre investissement public et privé perd sa signification, chaque pays étant amené à proposer à la demande mondiale qui lui est adressée sa productivité globale tous acteurs confondus. L'optimum est de fait maximal quand les entreprises arrivent à conjuguer avantages concurrentiels de la firme et avantages comparatifs du pays.

Un différentiel de prix ne compensant plus le déficit de qualité

Une fois inclus les coûts inhérents aux transports (évaluation en douane, vérification des règles d'origine, coûts liés à la lutte contre la contrefaçon, qui pèse d'après l'OCDE 5 % des échanges mondiaux, etc.), comme les frais de distribution, on estime généralement que l'avantage comparatif chinois se réduit in fine à un facteur 1 sur 2. Un certain nombre de monographies, de nombreux cas développés dans les média et le contact direct avec des chefs d'entreprises (PME comprises), laissent à penser que le ratio final irait en fait dans la fourchette de 20 à 60 %, même dans des secteurs traditionnels comme le textile/habillement. Un tel rapport ne compense plus les désavantages liés à la moindre qualité – très sensible, des produits, à l'éloignement des goûts des clients occidentaux, et à de modestes avancées en termes d'innovations et de design, d'où un flux de relocalisations croissantes vers les pays occidentaux d'origine. À cet égard, il n'est pas à priori exclus de penser que la Chine a peut-être atteint en la matière son point d'inflexion et que les rendements seront décroissants à l'avenir.

Des bienfaits du libre-échange

Parallèlement, il est ainsi plus correct de tenir le raisonnement strictement inverse : les salaires ont été administrés sur un très bas niveau précisément (c'est le cas aujourd'hui pour le Vietnam) pour compenser les énormes retards de la FGF en Chine. Enfonçons le clou et réaffirmons nos hypothèses. La société étant devenue essentiellement médiatique, il suffira qu'un journaliste de FR3 soit là pour constater l'évidence (fermeture d'usine) ; alors que l'économiste le plus honnête au monde sera bien en mal (et en images) de « démontrer » les bienfaits de ses thèses. Le raisonnement en est toutefois fort simple. Une paire de chaussures chinoise coûte 40 euros pour 100 euros en France. Idéalement, le consommateur français, en agent rationnel, va acheter Chinois et la filière nationale va tendre à disparaître. Toutefois, les 60 euros « épargnés » vont se solder par un gain de pouvoir d'achat qui va se porter sur des entreprises viables et rentables qui vont voir leurs CA augmenter. D'où un premier gain d'activité et d'emplois industriels. De plus, les 40 euros en Chine vont se solder par une hausse de sa demande intérieure, ce qui va stimuler les flux d'exportations françaises et créer encore également des emplois. D'où le caractère gagnant-gagnant de l'échange international. Bien sûr, un tel comportement vertueux repose sur deux conditions : a) que le gain de pouvoir d'achat obtenu est bien consommé, et non transformé en épargne de précaution en basse conjoncture ; b) que l'offre des entreprises françaises est telle qu'elle va permettre des gains de parts de marché à l'export (ce dont on peut douter car la part de marché chinois détenu est à hauteur de 1.5 % pour la France, contre 5 % pour l'Allemagne).

Par ailleurs (et surtout), Chine et Europe ne sont pas concurrentes sur le grand export (bien qu'elles le soient en termes d'implantation – IDE). Les structures des appareils exportateurs des pays de l'OCDE sont orthogonales mais non-substituables et complémentaires. Les deux blocs « font » leurs parts de marché sur des pays et des produits très différents, et leur analyse comparée a peu de chance de distinguer des points d'intersection (parts de marché de 27.5 % en 2011 pour l'UE et de 12.5 % pour la Chine, 8 % pour le Japon ; le 10 % pour les

États-Unis n'est qu'un trompe-l'œil car le CA consolidé des multinationales US dans le monde s'élèverait à hauteur des 2/3 du commerce mondial).

La Chine n'est pas positionnée dans le High-tech avant longtemps

La Chine n'est présente ni dans l'aéronautique et les hélicoptères, ni dans les bio et nanotechnologies, ni dans les technologies médicales non-intrusives, ni dans la robotique humaine et les interfaces homme-machine, ni en matière de transition énergétique dans un contexte de concurrence « normale » (dumping récent UE/Chine sur les panneaux photovoltaïques), ni dans le spatial, encore moins dans les grands contrats d'ingénierie (mis à part en Afrique où leur *output* est considéré comme médiocre et ne serait pas reconduit). Le barrage des Trois Gorges a dépassé les délais de plusieurs années (pour un coût final inconnu), et a occasionné de tels dommages environnementaux et humains, qu'aucun pays occidental n'aurait pu le tolérer. On le voit également dans le secteur des armements. Les experts de l'OTAN estiment le retard chinois entre 15 et 20 ans. À titre d'exemple, la présentation il y a deux ans aux conseillers militaires des ambassades occidentales d'un avion de combat « révolutionnaire » a été repoussée sine die. Il est donc clair que la Chine sera absente encore longtemps des industries High-tech qui représentent environ 10 à 12 % des échanges internationaux et offrent un potentiel sur les dix prochaines années de 20-25 %. Bien entendu, ce pays ne pourrait pas assurer le développement des 34 technologies de pointe mises en exergue récemment par le rapport Montebourg, et reprises par le chef de l'État.

Une modélisation proche de la vérité

Le bureau de la Banque Mondiale à Tokyo avait procédé en 2002, à l'aide d'un Modèle d'équilibre général calculable (MEGC), à l'estimation de l'impact sectoriel de la Chine du à son adhésion à l'OMC sur la période 1995-2005 (13 grands secteurs agrégés et 17 blocs pays/régions). Les résultats étaient surprenants. À l'issue de la période, la Chine détenait 52 % de part de marché dans le secteur textiles/habillement, 17 % dans le petit appareillage électrique, 15 % dans le matériel et pièces détachées électroniques, et 34 % dans la rubrique « divers » (jeux/jouets, cuir/chaussures, et autres biens de consommation, etc.). Le fait le plus étonnant a été la justesse « grosso modo » de ces prévisions, mais confirme le positionnement en moyenne gamme de l'offre chinoise. Les grands gagnants étaient la Chine elle-même (à hauteur d'environ 50 milliards de US$), et le bloc États-Unis/RU/France, essentiellement à cause des secteurs bancaires et des assurances. Les pays de l'ASEAN étaient les grands perdants (28 milliards), puisqu'ils occupent le même positionnement sectoriel.

De la fragilité statistique structurelle de la Chine

Si l'on prend maintenant du recul par rapport à la conjoncture de court terme, il n'est pas surprenant que la Chine recouvre la place de premier exportateur mondial qu'elle avait encore au XVIe siècle – la France perdant grossièrement un rang par siècle.

Le premier problème – et il est de taille dans notre monde de comparaisons internationales, tient à la fragilité de l'appareil statistique. D'après Maddison, expert reconnu de l'histoire de l'économie chinoise de l'Antiquité à nos jours, le taux de croissance du PIB est affecté d'un biais structurel de l'ordre de 2 points et demi (7.5 % correspond à 5 %). Ce phénomène serait dû entre autres à une mise à niveau très tardive du système de comptabilité nationale en Chine. Ce n'est qu'au milieu des années 90 que ce pays a adopté le système en vigueur dans les sociétés occidentales, mettant de côté la comptabilité soviétique implantée avant 1953 sur plus de 37 500 produits et sous-produits. En incise, le système japonais se révèle encore pire. Statistiques lacunaires ou manquantes, révisions fréquentes mais aléatoires dans le temps, données divergentes selon les ministères de tutelle, grande ampleur des corrections d'une année sur l'autre… Il est difficile de distinguer entre opacité auto-entretenue pour des raisons stratégiques, mauvaise volonté, médiocrité de l'encadrement statistique, ou encore concepts et notions divergents.

De l'ampleur des autres facteurs

La Chine a à affronter une multitude de difficultés de tous ordres. Les premières sont d'ordre démographique. Il y aurait selon les sources, entre 100 et 150 millions de personnes « sur les routes », essentiellement des ruraux chassés des campagnes par la hausse des rendements et les gains de productivité. Le régime table pour les mêmes raisons sur 200 millions de ruraux supplémentaires « libérés » en l'espace de vingt à trente ans (2040). Ce phénomène engendre des jacqueries et autres révoltes paysannes si nombreuses qu'elles échappent aux média occidentaux. Pour fixer cette population errante, l'exécutif chinois a prévu la construction d'un arc intérieur d'une vingtaine de villes nouvelles censées les abriter. Nombre de travaux sont toutefois au point mort pour des problèmes d'approvisionnement et de logistique. Cette action est motivée par la saturation actuelle de Pékin, Shanghai, Canton et les territoires de Schenzen, où les niveaux de pollution atteignent des sommets.

Les autres problèmes sont légions et peuvent être cités pêle-mêle : disparités de revenus, de richesse et dans l'aménagement du territoire entre les provinces côtières et celles du centre du pays ; nombreux goulots d'étranglement dans toutes les industries de réseaux (China Telecoms a investi 52 % de son CA 2010-2011 dans l'extension des capacités et la Chine semble prête à la 4G) ; déficits publics et dettes/PIB parfois faramineux de certaines provinces, l'État refusant de les prendre à son compte ; corruption généralisée et instaurée en système de gouvernement à tous les échelons administratifs. À cet égard, on notera la destitution par le secrétaire général du PCC, Xi Jinping élu en novembre 2012, de Bo Xilai, gouverneur de la province de Chongqing, comme les menaces qui s'accumulent autour de Jiang Jiemin, président de la commission de Supervision et d'Administration des biens publics – organisme de tutelle des entreprises d'État ; fiscalité opaque et fluctuante dans le temps ; exploitation aveugle des ressources naturelles à l'opposé des principes du développement durable ; « massacres » écologiques (barrage des Trois Gorges) ; maintien de l'exploitation de la main d'œuvre carcérale à des fins marchandes ou d'édification d'infrastructures publiques ; inefficacité et inefficience des entreprises publiques ; trop plein de fonctionnaires inutiles ; inégalités de revenus et de richesse choquantes entre l'homme de la rue et les 300 milliardaires en US$; menaces rémanentes sur les minorités ethniques, religieuses et confessionnelles (on pense bien sûr au Tibet, mais il semble que le pouvoir mène aujourd'hui une éradication sanglante de minorités musulmanes, formées par les talibans dans la province du Xinjiang, limitrophe du Kazakhstan et du Kirghizstan, etc.).

En guise de conclusion, et sans verser dans le cynisme le plus échevelé, force est de constater que seul un exécutif autoritaire et dictatorial semble en mesure de contenir globalement une « pelote » si massive d'enjeux stratégiques et de problématiques structurelles, là où un régime démocratique aurait déjà volé en éclats. La question des Droits de l'homme est une figure diplomatique rituelle de la part des responsables occidentaux, par ailleurs bien conscients de la « poudrière virtuelle » que constitue la société chinoise. Ainsi, la plupart des analystes redoutent-ils le moment où l'économie-continent verra son taux de croissance baisser dans des étiages de 5 à 6 % l'an.

Contrairement au monolithisme en vigueur dans l'ex-URSS, le PCC essaie de trouver des réponses innovantes à sa perte de légitimité, dont il est parfaitement conscient. Il y a environ 15 ans, l'idée était dans l'air de nommer *de jure* tous les maires issus des élections municipales (les seules « libres » en Chine), membres du Parti – la grande partie des maires élus étant non-membres du PCC sur un trend croissant (argumentaires électoraux visant à dénoncer la corruption et l'inefficacité du Parti). Parallèlement, le PCC réfléchissait à associer, sous des modalités à définir, tous les « hommes d'influence », communistes et étrangers (grands patrons de multinationales) au fonctionnement des conseils municipaux (proposition des autorités de Shanghai). Peut-on rêver un moment, Carlos Goshn, brésilien d'origine libanaise, patron de Nissan (Japon), puis de Renault (France), conseiller municipal virtuel des territoires de Schenzen… Quelle plus belle et démonstrative métaphore d'un monde globalisé !

COMPÉTITIVITÉ : PETIT APERÇU MÉTHODOLOGIQUE ET ÉCONOMÉTRIQUE

La compétitivité est au cœur de tous les débats et sur toutes les lèvres. Comment l'économétrie la prend-elle en compte dans ses approches traditionnelles et peut-on parler de la compétitivité d'une nation sans commettre d'impairs ? Ce petit article tient à clarifier des débats rendus souvent obscurs par des confusions répandues.

L'approche keynésienne

Dans l'approche la plus simple, les exports X sont fonction de la somme de trois variables : 1) la demande mondiale (Dm) adressée à la France (définie comme la somme des imports en volume de ses partenaires pondérée par la structure géographique de ses exportations), 2) des coûts salariaux unitaires (CSU, on parle de compétitivité-coût) ou des prix (compétitivité-prix qui incluent les taux de marge), retardés sur plusieurs trimestres selon un polynôme d'Almon (les contrats s'ajustent au niveau des nouvelles conditions de coûts et de prix avec un retard de trois à quatre trimestres), et enfin 3) un trend qui capte tous les éléments non-prix (compétitivité hors coût et prix, comme la qualité, la notoriété, le service après-vente, etc.). C'est l'équation qui fournit les exportations en volume (en « quantités »). Pour les prix, on sait par ailleurs que la France a un comportement de prix moyen (ni *price-maker*, ni *price-taker*), soit une moyenne de ses prix de production et des prix des concurrents étrangers. La logique est similaire pour les volumes des importations (la demande mondiale étant remplacée par la demande intérieure) et les prix des imports.

Dans MESANGE ou l'ancien METRIC (modèle utilisé pour confectionner les comptes de la nation – ou budgets économiques), mis à contribution par la direction générale du Trésor et l'INSEE, les élasticités-demandes sont proches de l'unité, les élasticité-prix (impact des coûts retardés) de l'ordre de 0.6 à 0.8 et les trends présentent des valeurs de - 0.4 %/an pour les exports (à compétitivité inchangée, les exports françaises baissent structurellement) et de 3.2/3.5 %/an pour les imports (internalisation toujours croissante des économies) – soit si la demande intérieure ne croît pas, les imports en volume augmentent structurellement de 3.5 %. Les équations d'exports et d'imports sont précises à 1 %, c'est-à-dire que pour 1 500 milliards de FF d'exports (au milieu des années 90), et d'imports, le seuil de précision de la prévision est de 30 milliards de FF (15 + 15), soit souvent le montant du déficit constaté (soit encore et enfin « l'épaisseur du trait »).

Ce modèle simple repose sur une hypothèse forte : les ajustements de la demande et de l'offre exportable sont instantanés et s'opèrent sans friction.

L'approche non-linéaire par la « théorie du déséquilibre »

On lève la remarque ci-dessus qui ne rend pas compte de ce que l'offre s'ajuste avec retard à la demande, en estimant une courbe de demande (première équation keynésienne citée), décroissant parallèlement à l'axe des abscisses, et une fonction d'offre exportable (croissant parallèlement à l'axe des ordonnées). La fonction d'exportation devient une asymptote qui tangente à la fois l'équation de demande et à l'autre extrémité, l'équation d'offre (c'est limpide avec un dessin !). Dans le premier cas, les exportations sont contraintes par insuffisance des débouchés (régime keynésien), et dans l'autre par excès de salaire réel par rapport à la productivité marginale du travail qui décourage l'investissement qui aurait pu servir la demande (on est en régime classique). La fonction d'offre exportable est la somme de trois variables : 1) le stock de capital (avec des hypothèses ad hoc sur les taux de déclassement), 2) la structure des coûts (prix) retardés et 3) un trend.

Cette modélisation a pour immense attrait de permettre de discerner les périodes classiques des périodes keynésiennes et le balancement de l'une à l'autre, ce qui permet un diagnostic – et des mesures de politique économique – beaucoup plus fines et adaptées à chaque situation. À titre d'exemple et de mémoire, les « années Barre » relevaient du régime keynésien, et la plupart des « années Mitterrand » du régime classique (forte augmentation du SMIC et des salaires nominaux en 1982 et 1983). Cette modélisation originale sur l'appareil exportateur permet de mettre en avant la même typologie de périodes que celles découvertes dans les travaux de 1978 de M. Malinvaud traitant de l'économie dans son ensemble – ce qui est heureux !

Elle a pour désavantage d'avoir à reconstituer le stock de capital à partir des flux de la FBCF et nécessite un temps de traitement informatique relativement long du fait de sa non-linéarité.

Une méthode de décomposition statistique de la part de marché

Très grossièrement, la part de marché globale de la France peut être décomposée en une somme des parts de marché élémentaires + un effet de positionnement géographique + un effet de positionnement sectoriel + un effet dynamique d'adaptation pays/produits à la demande mondiale.

On pouvait en retenir notamment qu'en différentiel avec l'Allemagne, notre positionnement marginal sur le Maghreb et l'Afrique et notre faible présence sur la machine-outil et autres équipements lourds expliquaient 80 % de la variance observée entre nos deux pays.

Un pays peut-il être « compétitif » ?

Si l'on s'en tient à des comparaisons « scientifiques » ou à tout le moins rigoureuses, la réponse est clairement négative. Des classements, comme celui de Shanghai, sont de simples compilations d'appréciations subjectives d'hommes d'affaires et n'ont de ce fait que peu de valeur, si ce n'est en évolution. À l'inverse, on peut toutefois attacher à un pays (une fonction de production) sa Productivité globale des facteurs (PGF).

De la PGF comme variable économique cruciale

Malgré tout, le mode de fonctionnement de l'échange international s'assimile en tous points à une technologie plus que sophistiquée : nos céréales de la Beauce étant « transformées » en machines-outils allemandes. Qui dit libre-échange dit par voie de conséquence développement exponentiel de la Chine. On estime aujourd'hui le différentiel des salaires nominaux de 1 à 25 (il était de 1/40 il y a quinze ans, d'où la convergence nominale escomptée théoriquement vers la frontière technologique du pays le plus efficient du moment, les États-Unis). Mais l'avantage tiré de la comparaison via les coûts salariaux unitaires (seul indicateur pertinent de la compétitivité coût) demeure très nettement réduit, car le différentiel de prix final se ramène dans les faits à un rapport de 1 à 4 voire de 1 à 3, la différence étant précisément imputable à la PGF.

Il convient en effet de corriger les salaires en niveau non uniquement par la productivité apparente du travail, qui ne donne qu'une vue très partielle et tronquée de l'ensemble des coûts que supportent les entreprises, mais bien par la productivité globale des facteurs (PGF qui inclut l'état des infrastructures publiques prises globalement, à savoir les industries de réseaux (routes, rail, air, télécommunications, eau, gestion des déchets), l'adéquation des dispositifs d'éducation/formation, l'efficacité de l'État via les e-procédures liées à l'échange international, la mobilité géographique de la main d'œuvre, le système fiscal, les frais inhérents à la lutte contre les pollutions – la Chine émet autant de CO_2 que les États-Unis, pour un PIB nominal trois fois moindre, etc.). En dépit – ou à cause – de sa richesse, la notion de PGF est très difficile à calculer dans les faits. À titre d'exemple, le rapport Dubois-Malinvaud, à l'aide d'une fonction Cobb-Douglas standard, montrait que la croissance en vigueur dans les années 70 en France (5 %) s'expliquait par la contribution du facteur travail (à hauteur de 1 %), du facteur capital (1.5 %) et d'un facteur « résiduel » pour 2 .5 %, soit la moitié du taux de croissance nominal. On le voit bien, il faut s'en remettre en la matière aux « dires d'experts », estimés grossièrement à partir de *benchmarks* internationaux. Par ailleurs, on peut noter à ce stade que les comparaisons et le clivage entre investissement public et privé perd sa signification, chaque pays étant amené à proposer à la demande mondiale qui lui est adressée sa productivité globale tous acteurs confondus. L'optimum est de fait maximal quand les entreprises arrivent à conjuguer avantages concurrentiels de la firme et avantages comparatifs du pays. Enfin, on peut avancer qu'en économie dirigée, les salaires nominaux chinois ont été fixés de telle sorte qu'ils compensent les retards observés en termes de PGF.

CHINE : QUELQUES CHIFFRES BRUTS 2014 DU FMI

Le FMI vient de sortir ses prévisions pour l'année 2014 (IMF Economic Outlook Database 2014, april). Il apparaît que le « compte 2013 » est en gros validé et le Fonds prévoit pour l'année en cours une croissance du PIB de 7.5 %, en ligne avec les estimations des officiels chinois. Compte tenu des tendances actuelles, et selon les experts du FMI, le PIB PPA de la Chine dépasserait celui des États-Unis entre la mi 2016 et la mi 2017. Il semble enfin se confirmer que la phase de rattrapage de l'économie chinoise est en voie d'achèvement et que le pays ait à affronter « une nouvelle donne », qui devrait être douloureuse sur bien des aspects.

La Chine a clairement changé de régime de croissance : alors que celle-ci avoisinait 9.6 % en moyenne de 2008 à 2011 (chiffre en volume en moyenne annuelle), elle s'établit à 7.6 % de 2012 à 2014 (dont 7.5 % en 2014). L'inflation a tendance à décliner sur les deux périodes, d'un rythme de 4 à 5 % (hormis l'année 2009 en déflation pour - 0.7 %), à un rythme à 2.5 % (3 % en 2014), ce qui prouve que l'économie n'est plus en surchauffe et que les tensions sur les capacités de production se sont réduites.

Entre 2008 et 2014, le PIB nominal en dollars courants a plus que doublé passant de 4 520 milliards US$ à 10 028 milliards (multiplicateur de 2.2). Il existe pourtant une grande disparité en termes de revenu/tête (ou de productivité du travail) puisque ceux-ci sont de 7 332 US$ pour la Chine en 2014, pour 51 248 US$ pour les États-Unis. Le PIB PPA s'élève à 14 625 milliards US$ pour la Chine, et sa part dans l'offre mondiale (ramenée au PIB PPA monde) passe de 11.4 % en 2008, à 16 % en 2014 et serait de 18.5 % à l'horizon 2019, soit une hausse considérable de 62 % en 10 ans, qui représente sans doute la plus forte et la plus rapide augmentation de richesses de l'histoire de l'humanité.

En moyenne, sur 2010-2014, le taux d'investissement de la nation atteint 48.2 % pour 50.9 % pour le taux d'épargne – 47.7 % et 50 % en 2014 (taux d'investissement de l'État, des collectivités territoriales, des entreprises et des ménages), chiffres qui n'ont pas d'équivalent dans le monde. L'investissement a surtout été porté par les deux premiers acteurs, et s'est essentiellement focalisé sur l'investissement immobilier et les grands travaux. En 2013, on avait déjà estimé que le BTP avait eu une contribution de plus du tiers à la croissance du PIB.

On imagine mal que le pays puisse se focaliser sur la consommation des ménages avant 4 à 5 ans – voire 10 ans, tant la tendance est lourde et fera preuve d'une grande inertie. Il ne s'agit pas moins de « transférer » 20 % à 25 % du PIB, la consommation des ménages chinois atteignant 30 % du PIB contre 55 à 60 % pour les économies avancées. Un telle « révolution » demandera en outre la création d'un système financier digne de ce nom, ce qui risque de prendre du temps. Fait remarquable, le taux d'épargne a été constamment supérieur à l'investissement, dont on retrouve les traces dans la balance des transactions courantes rapportée au PIB. La Chine exporte son épargne, notamment sur les actifs les moins risqués (bons du Trésor américains) et contribue à la liquidité des marchés financiers mondiaux. Elle a supplanté le Japon comme épargnant de dernier ressort en termes d'équilibre mondial ex-post entre l'épargne et l'investissement.

Le taux de chômage est forfaitairement fixé à 4.1 % de la population active, ce qui est contraire aux faits. Au début des années 2000, M. Maddison (économiste américain de renom spécialisé dans l'histoire économique chinoise) estimait à 100 millions le nombre de chinois « sur les routes », en recherche d'emploi et de nourriture. Il y a donc au bas mot près de 7.2 % de la population qui se trouve sans emploi. Ce diagnostic est confirmé par plusieurs experts : 12 à 13 % de la population active serait à la recherche d'un emploi. Plus inquiétant, la baisse ininterrompue depuis 3 ans de la croissance du PIB pourrait faire rentrer le pays dans une zone où les équilibres socio-économiques ne seront plus si aisément assurés. Le nombre de conflits du travail, qui a explosé au premier trimestre 2014 (+ 31 %) est peut-être un signe avant-coureur que la Chine va être confrontée à de forts bouleversements sociaux. Il ne faut cependant pas oublier que depuis des décennies, chaque année, des émeutes et des jacqueries ensanglantent les campagnes, sans que les media occidentaux n'en fassent le moindre écho.

Les finances publiques sont bien gérées. Le déficit public tourne autour de 2 % (- 2 % en 2014), mis à part l'année 2010 où il avait atteint 12.2 %, vite corrigé à la baisse à 3.2 % l'année suivante. Le ratio dette/PIB, de 16.8 % en 2008, s'est accru jusqu'à 33.5 % en 2010, pour redescendre en fuseau jusqu'aux 20.2 % actuels. La Chine n'a nul besoin de capitaux puisque son commerce extérieur dégage des surplus considérables.

Bien que fortement excédentaire, la balance commerciale chinoise a toujours été l'objet d'un décalage conjoncturel défavorable : la hausse de la demande intérieure en volume dépassant toujours l'augmentation de la demande mondiale en volume adressée à la Chine (somme des imports en volume de ses partenaires pondérée par la structure géographique des exports). L'indice base 1 en décembre 2011 montre que pour les importations, il s'élève à 33.5 contre 29.4 pour les exportations. Les excédents proviennent donc d'un effet de base (« marche d'escalier ») certaines années : en 2010 par exemple, le rebond technique des exportations (+ 27.8 %) a été bien supérieur à celui des imports (+ 20.1 %). En 2014, les imports devraient croître de 7.1 % pour 6.8 % pour les exports (excédent de 224 milliards US$).

La balance des transactions courantes/PIB a atteint des records en début de période : 9.6 % (!) en 2008, 5.7 % en 2009 et 4 % en 2010. Depuis lors, elle fluctue autour de 2 % (2.2 % en 2014). On peut en déduire que la croissance était encore plus largement extravertie qu'aujourd'hui et que la convergence axée sur un sentier de croissance plus équilibré est déjà en route depuis quelques années. Dans un article précédent, il avait été calculé que la somme des surplus commerciaux de l'Allemagne sur la période tangentait le PIB espagnol 2013 (1 350 milliards US$). Pour la Chine, la bonne comparaison est celle du PIB PPA de l'Italie en 2013 (1 779 milliards d'excédents cumulés pour un PIB italien de 1 836 milliards). En forçant le trait, la Chine et l'Allemagne ont la capacité de créer tous les sept ans une Italie et une Espagne additionnelles.

Concernant la structure géographique du commerce extérieur chinois, les flux sont bien modélisés par un petit « modèle de gravité » qui stipule qu'un pays A va exporter prioritairement à destination de B en fonction de la taille du pays B (PIB), de sa densité (PIB/tête) et du carré de la distance des deux capitales à vol d'oiseau. Au total, on commerce préférentiellement avec un pays gros, riche et proche. Ainsi, les 10 premiers clients de la Chine sont les États-Unis (16.7 %), l'UE (15.3 %), le Japon (6.8 %), la Corée (4.1 %), la Russie (2.2 %, ainsi que le Vietnam et l'Inde), la Malaisie et Singapour (2.1 %) et

Taiwan (1.8 %). Les fournisseurs sont les suivants : UE (11.3 %), Corée (9.4 %), Japon (8.3 %), Taiwan (8.0 %), États-Unis (7.5 %), Australie (4.7 %), Malaisie (3.1 %), Suisse (2.9 %), Brésil (2.8 %) et Arabie Saoudite (2.7 %).

Il va enfin sans dire que les 1 779 milliards US$ cumulés alimentent les réserves de change de la Chine qui s'élèvent à plus de 2 300 milliards US$. Un tel matelas met le pays à l'abri de tout inversement du cycle conjoncturel et fournit un « trésor de guerre » qui peut être utilisé dans d'éventuels plans de relance et ce sans dépendance extérieure. Seule ombre au tableau, la croissance démographique de l'empire du Milieu reste faible (+ 3 % sur la période). La fin de la politique de l'enfant unique devrait assurer les bases d'une croissance potentielle que le FMI chiffre à 6.5 % à l'horizon 2019.

Toutefois, si l'on adopte le raisonnement de Maddison (réfaction de 2 points de l'indice officiel du PIB), la croissance à long terme serait réduite à 4.5 %. Ce biais systématique affectant le taux de croissance s'est opéré au milieu des années 90, lors du basculement de la comptabilité soviétique de 1953 en 37 500 produits et sous-produits vers la comptabilité nationale occidentale. Inutile de dire que les inégalités chinoises n'y survivraient pas : inégalités villes/campagne, inégalités régionales, transferts de population, faiblesse du rendement des impôts locaux du fait de la corruption, etc.

L'APPORT DE LA CULTURE À L'ÉCONOMIE FRANÇAISE : UNE CONTRIBUTION IMPRESSIONNANTE

L'inspection générale des Finances a présenté le 3 janvier 2014 un rapport sur l'objet cité en titre. Il apparaît que le PIB culturel stricto sensu s'élève à 57.8 milliards d'euros en 2011, soit 3.2 % du PIB pour 670 000 employés (2.5 % de l'emploi total). L'État intervient à hauteur de 16.2 milliards d'euros, auxquels il convient d'ajouter les dépenses des collectivités territoriales pour 7.6 milliards (soit un soutien total de 41.2 %).

Avec une VA de 57.8 milliards, la culture génère autant d'activité que l'agriculture et l'agroalimentaire (60.4 milliards) et devance l'hébergement et la restauration (44.4), les télécommunications (25.5) et enfin l'automobile (8.6 milliards), qui est par ailleurs à ses plus bas niveaux.

Elle se compose comme suit : spectacle vivant 8.8 milliards, patrimoine 8.1, arts visuels 5.7 comme presse, livre 5.5, audiovisuel 5.1 milliards comme publicité, architecture 4.4, cinéma 3.6, image et son 3.4 et accès aux savoirs et à la culture 2.3 milliards. La distinction entre certaines des diverses catégories n'est pas toujours évidente pour un non-initié.

Son poids économique, après avoir cru de 1995 à 2005 (de 3.3 à 3.5 %), baisse depuis : 3.2 % en 2011. Pour les arts visuels, la presse et le livre, il faut y voir le début de la concurrence du numérique, auquel s'ajoute l'impact de la crise (publicité, architecture et patrimoine sont liés au cycle conjoncturel).

L' « apport de la culture à l'économie », qui inclut les effets induits (y compris les consommations intermédiaires), s'élève à 104.5 milliards d'euros en 2011, soit 5.8 % du PIB. Si cette fois on ajoute la VA du « rayonnement culturel » de 40.3 milliards : gastronomie (22.3 milliards), arts appliqués et décoratifs (6.8), mode (4.7) etc., – qui emploie 1 034 000 personnes, et les 870 000 personnes des professions culturelles (dans des entreprises non culturelles), l'apport global au sens très large donne une activité finale de 144.8 milliards d'euros, soit 8 % du PIB et 2.6 millions d'emplois, soit près de 10 % de l'emploi global, ce qui est considérable.

On peut rapprocher cette évaluation de l'importance du « culturel » au sens large, du poids de l'industrie manufacturière dans le PIB : soit 12 % en 2012 (après un pic de 24 % du PIB en 1980). La confrontation des données peut donner lieu à des appréciations divergentes. En théorie économique, il n'y a pas à priori de « bon » et de « mauvais » emploi. Tous répondent au jeu des facteurs de production, mais aussi à des choix collectifs : ainsi, les services financiers de la City représenteraient 10 % de la VA britannique. D'un autre côté, un emploi dans l'industrie est l'un des vecteurs de propagation des gains de productivité du et dans le secteur marchand, est riche en R&D et externalités positives, et fait partie du secteur exposé à la concurrence internationale, qui joue toujours les juges de paix quant à la compétitivité d'un secteur. En ce sens, l'évolution actuelle peut être envisagée de façon inquiétante, ou comme une dérive « à l'anglaise ».

Le total de l'intervention financière de l'État dans le domaine de la culture et de la communication représente 16.2 milliards d'euros, dont 13.9 au titre de subventions, 1.4 de dépenses fiscales et 0.9 de taxes affectées. 3.9 milliards relèvent du budget du ministère de la Culture, 1.4 est dédié à l'audiovisuel public et 0.9 au CNC. Les budgets culturels des diverses collectivités territoriales ressortent à 7.6 milliards (une manifestation culturelle est souvent « la danseuse » des élus locaux). Il est dommage que le rapport n'établisse pas un bref bilan comparatif des actions menées par les pouvoirs publics étrangers, ni un catalogue des « meilleures pratiques ».

Les jeux vidéo, la production audiovisuelle et la mode sont très insérés dans le commerce mondial, les exports représentant respectivement 31 %, 36 % et 28 % de leurs CA. Ce sont des postes d'excellence de l'économie française, notamment quand on les compare à leurs homologues américains, dont les « Majors » débauchent nos meilleurs dessinateurs et designers 3D. Il s'agit de start-up, de TPE et de PME très innovantes, à fort taux de *turnover*, et qui portent un soin tout particulier au respect des droits de propriété intellectuelle (piratage et contrefaçon).

L'impact économétrique d'une implantation culturelle sur l'économie d'un territoire donne des résultats incertains. Les auteurs ont analysé l'impact de court terme de cinq manifestations culturelles (« Blues Passion », Cognac 2011 ; « Vieilles Charrues », Carhaix 2011 ; « Django Reinhart » 2011 ; « Arts et traditions populaires », Confolens 2012 ; « Médiévales », Provins 2012). Il apparaît, sur cet échantillon réduit, que les dépenses d'un spectateur sur l'économie locale à court terme sont de 30 à 40 euros, que les retombées effectives totalisent entre le tiers et la moitié du budget de la manifestation, et qu'il faut prendre un coefficient multiplicateur compris entre 1.3 et 1.8 pour capter tous les effets indirects. Il est dommage que les auteurs n'aient pas analysé le cas du Louvre-Lens, qui semble impacter l'économie locale de façon très positive, d'après un travail préliminaire de l'INSEE.

Enfin, les auteurs ont isolé 43 « bassins de vie culturels », (plus petit agrégat pertinent possible défini par l'INSEE), où s'est implantée une offre culturelle pérenne. Les auteurs cherchent à tester s'il existe une corrélation structurelle de long terme, par rapport à des bassins « témoins » ayant les mêmes caractéristiques socio-économiques. Il apparaît que les premiers se distinguent à quatre titres : des créations d'entreprises supérieures, des évolutions marquées du prix du m^2, un taux d'activité supérieur et un salaire net horaire moyen plus élevé marginalement. Les corrélations restent toutefois faibles et peu robustes à ce stade de l'analyse.
À l'évidence, les économies occidentales, dont la France, sont entrées dans une phase ultérieure de la tertiarisation des activités. Les outils technologiques de l'économie numérique vont bouleverser les catégories traditionnelles, toutes les cultures étant appelées à vivre côte à côte dans la nouvelle intimité de l'imaginaire des individus. Cette évolution va mettre à mal la conception de notre « exception culturelle » défendue dans les instances multilatérales. Il n'y a pas de raison académique majeure de croire que l'objet culturel ne soit pas un objet économique comme les autres, soumis aux lois du marché, aux coûts relatifs et à des arbitrages multiformes. Si l'on voulait la « vendre » enfin aux américains dans les champs qui restent pertinents (audiovisuel public notamment), il faudrait la présenter comme une sorte de convention de la biodiversité – ils y sont très attachés – appliquée aux activités humaines artistiques qui ont toutes droit de cité (sur les tablettes).

DÉFLATION : DEUX EUROPE, UNE MENACE

La BCE semble avoir passé le risque déflationniste européen par pertes et profits. Pour Mario Draghi, la zone Euro est entrée dans une phase de basse inflation, qui s'explique par la faiblesse de l'activité et par la lenteur de l'assainissement des bilans bancaires. Le taux cible de 2 % d'inflation dans l'UE n'est donc pas compromis. Toutefois, une telle attitude ne discrimine pas selon les pays, est marquée par une incohérence interne et pourrait avoir des conséquences néfastes à moyen terme.

Bien sûr, un tel langage avait été tenu par les autorités nippones avant la décennie 2000, mais il est avéré d'après une discussion intervenue dans ces colonnes, qu'on se condamnait à ne rien comprendre si l'on raisonnait sans tenir compte de la décennie précédente, caractérisée par une forme d'hyperinflation (rien de commun donc dans les deux cas par voie de conséquence).

Deux Europe

Le rythme de la hausse des prix est revenu de 2 % à 0.7 % (l'inflation sous-jacente – hors énergie et produits agricoles de base, s'élevait à 0.9 % en décembre 2013). En Grèce, Chypre et Espagne, la déflation sévit déjà. La spirale « récessionniste » de ces petites économies est encore accentuée par les déflations des produits industriels échangés (dont ces pays sont *price-taker*), et l'appréciation de l'euro vient en outre compliquer la tâche. Au Portugal, en Irlande, en Slovénie et en Slovaquie, l'inflation se rapproche tendanciellement de zéro.

En revanche, l'Autriche, le Luxembourg, les Pays-Bas, la Belgique, la Finlande et l'Estonie enregistrent des taux proches de 2 %. Enfin, la France, l'Allemagne et l'Italie, se situent dans un régime de basse inflation avec des taux proches de 1 %, inflation de faible niveau retenue comme seuil minimal par la BCE, qui se trouve être également la moyenne des indices de l'UE.

Les pays dans le cycle

Ces écarts s'expliquent par l'avancée/retard des pays au sein du cycle. Si l'on prend le taux de chômage comme proxy du taux des capacités de production inutilisées, l'intensité des pressions déflationnistes est une fonction directe du sous-emploi. Dans des pays comme la Grèce, l'Irlande, le Portugal et l'Espagne, le chômage de masse et le blocage des salaires des fonctionnaires provoquent la chute des salaires nominaux, qui autoalimente la spirale autorécessive en cours. Une façon compliquée de dire que ces économies se heurtent à un chômage massif de régime keynésien d'insuffisance des débouchés globaux, à la fois sur leurs propres marchés intérieurs et à l'exportation.

L'indiscrimination…

…due à un taux d'inflation unique est préjudiciable, car elle ignore les pays qui subissent déjà des tendances déflationnistes, et qui ont à faire avec les effets pernicieux de la déflation : la valeur des revenus et de la production qui servent de base au remboursement des dettes diminue effectivement, de sorte que les ratios d'endettement s'accroissent. À ce titre, la contraction de 26 % du PIB en volume en Grèce explique à elle seule la totalité de la hausse de la dette publique de 130 % à 176 % du PIB.

Un cercle vertueux impossible

En matière de compétitivité-prix et coûts des pays faibles de l'UE, il faudrait que les pays du centre connaissent une inflation bien supérieure au 1 % actuel pour que les mécanismes connus puissent jouer pleinement en faveur de leur redressement commercial. Le dilemme pour les pays de la périphérie se résume à avoir des taux d'inflation très négatifs, qui rendent par ailleurs leur désendettement impossible (du fait des taux d'intérêt réels très élevés). Cette politique est par ailleurs non-optimale car elle laisse ouverts tous les effets de propagation de la déflation de la périphérie au centre de l'UE (l'Italie est en première ligne avec un effondrement du PIB en volume de 8 % en 2012-2013, et un endettement public et privé particulièrement important).

Des solutions peu satisfaisantes

L'élargissement d'une fourchette d'inflation (de 0 % à 4 % par exemple). Pour ce faire, la BCE doit réviser le fonctionnement de sa politique monétaire, pour que les opérations de refinancement illimité du système bancaire de décembre 2011 et février 2012 ne soient plus en grande partie inefficaces. Deux ans plus tard, le montant des crédits accordés au secteur privé par les banques continue de se contracter et se situe encore 10 % en dessous de son niveau 2007. La BCE doit donc mettre un terme à un *credit crunch* larvé mais constant, qui témoigne que la crise n'est pas derrière nous. De tels conseils de politique économique restent aussi valables valables pour les sorties respectives du QE de Ben Bernanke aux États-Unis que pour l'Abenomics en vigueur au Japon.

La BCE devrait s'inspirer du dispositif de la Banque d'Angleterre qui conditionne le refinancement des banques à l'octroi de crédits aux entreprises et aux ménages (soit pénalise la thésaurisation de leurs liquidités en appliquant des taux d'intérêt négatifs sur les réserves qu'elles déposent à la Banque Centrale).

La titrisation[1] *des créances à l'économie* est le troisième axe qui peut permettre à la BCE de se porter acquéreuse des lots de titres ainsi constitués. C'est une bonne solution car elle permet de stimuler la reprise du crédit par un assainissement des bilans bancaires (« défaisance » des créances anciennes et douteuses).

Conclusion

Il reste illusoire de croire qu'en Europe, seule la politique monétaire puisse « gagner la partie ». Ses coefficients multiplicateurs sont faibles et étagés dans le temps, alors qu'un accroissement des salaires a un impact fort et instantané. La solution passe à l'évidence par une politique massive de répartition des revenus généralisée. Le projet de SMIC allemand est bien là pour nous le rappeler.

---

[1] La titrisation vise à transformer des créances bancaires en titres négociables cessibles à des tiers.

DÉPENSES PUBLIQUES : ATTENTION AUX COMPARAISONS INTERNATIONALES

L'ensemble de la sphère publique française dépense chaque année 56 % du PIB (chiffre 2011), au deuxième rang de l'UE derrière le Danemark (57.6 %) et 6.5 points de PIB au-dessus de la moyenne de la zone Euro. Notre pays a opté pour une réponse collective et moins inégalitaire aux besoins sociaux, quand d'autres laissent faire le marché. Ainsi, plus de la moitié de cet écart provient du système de retraite, qui prend chez nous la forme d'un service public.

Une comparaison internationale ardue pour une série de raisons

En dépit de la nomenclature internationale Cofog (« Classification of the Functions of Government »), les conventions et imprécisions nationales de mesure peuvent expliquer à elles seules plusieurs points de PIB de divergence. Par ailleurs, il faut attendre trois ans pour avoir les résultats définitifs (36 500 communes en France par exemple). Enfin et surtout, ce qui détermine le niveau de vie d'un contribuable européen est ce qu'il va débourser pour tel ou tel service et non simplement son revenus après impôts.

Si un ménage est taxé, c'est aussi pour lui rendre des services ou des prestations. Ce qu'une famille anglaise verse en moins à la collectivité en termes d'impôts, elle le paye par d'autres canaux, pour la retraite et l'école des enfants. De fait, la charge publique en France est en l'occurrence une recette des ménages : allocations chômage, logement et familiales, minima sociaux, pensions de retraites.

Un écart qui se focalise dans quelques secteurs

Sur les 6.5 points d'écart à la moyenne européenne, 3.7 points viennent de la protection sociale et 2.8 d'autres dépenses publiques (éducation, logement, équipements publics et santé). On peut tirer quelques enseignements de cette ventilation :

Tout d'abord, au chapitre des Services généraux, la France dépense moins que la moyenne européenne (6.4 % du PIB contre 6.8 %). Ce n'est donc pas « le train de vie » de l'État qui fait la différence. En ce qui concerne les affaires économiques, le résultat est similaire (3.5 %

contre 4.1 %), ce qui en dit long sur l'interventionnisme supposé de l'État en France.

En second lieu, la France dépense plus pour sa défense (1.8 %), mais la contribution à l'écart est minime (0.5 points) et notre pays est loin derrière le Royaume-Uni (2.8 %).

Dans l'esprit général, la « dépense publique » est celle de l'État, or ses dépenses (22.4 % du PIB), sont inférieures à la moyenne de la zone Euro (22.6 %), bien moins par exemple qu'au Royaume-Uni (44.8 %) ou au Danemark (42.3 %). Le « gisement d'économies » peut donc être difficilement trouvé dans les dépenses de l'État.

Des choix différenciés en termes de protection sociale

La France consacre 23.9 % de sa richesse à la protection sociale, soit 480 milliards d'euros et huit fois le budget du ministère de l'Éducation nationale. Si on se concentre sur les douze pays européens les plus significatifs, l'évidence saute aux yeux : la France dépense plus dans un seul domaine, les retraites.

Elles représentent 13.5 % du PIB contre de 8 à 11 % dans les autres pays, sous l'effet de deux facteurs : l'ampleur et la durée inégalée du Baby-boom dans l'Hexagone et la forte hausse du taux d'activité féminin. Si l'on ne prend en compte que les systèmes de retraites obligatoires, le taux de remplacement est plus fort en France (60 %), qu'en Allemagne (54 %) ou au Royaume-Uni (37 %) selon l'OCDE. Mais si l'on intègre les systèmes volontaires, alors la France est en retard. Ce qu'un salarié paye en cotisations, il le verse en moins en épargne retraite.

Un autre point d'écart par rapport à la moyenne est celui de la santé (contribution de 20 milliards d'euros). Les services hospitaliers pèsent pour la moitié. Rapportés à sa richesse, la France fait jeu égal avec la Grèce, et affiche une performance deux fois moindre que le RU (nos voisins britanniques ont d'ailleurs un reste à charge d'hospitalisation plus élevé que nous). Les problèmes français viennent donc de la médecine ambulatoire et de la surconsommation de médicaments.

Les équipements collectifs représentent également un point d'écart. La France dispose d'infrastructures de transports parmi les plus modernes au monde, mais l'administration de celles-ci – dévolue généralement aux collectivités locales, s'avère extrêmement coûteuse comparée au reste de l'Europe.

Avec 0.9 points de PIB d'écart, la France creuse l'écart en termes d'éducation. L'Hexagone dépense moins que la moyenne dans l'enseignement primaire et supérieur. Le problème viendrait du secondaire, mais avec un montant de 10 800 euros par élève, elle se situe en septième position sur les 14 pays les plus développés de l'OCDE, loin derrière la Norvège, le Danemark ou les États-Unis. L'écart s'explique donc par la reprise notable de la natalité dès le milieu des années 90. On dépense en conséquence plus parce que notre fécondité est plus dynamique qu'ailleurs.

Conclusion

Comme le concluait le conseil des Prélèvements obligatoires, les écarts entre pays résident pour l'essentiel dans le niveau de protection sociale et le mode de financement public ou privé et il n'existe pas de « trésor caché ». Cela n'empêche pas des réformes bien conduites. La Cour des Comptes, dans son rapport de 2013 sur « La situation et les perspectives des finances publiques », énumère des pistes possibles : réduire les coûts d'administration des équipements collectifs, chasser les « doublons », réviser des contrats de commandes publiques très lucratifs pour le secteur privé, rogner certains avantages obsolètes (prime de retraite pour avoir élevé trois enfants, abattement de 10 % sur l'IRPP, suppression de bon nombre de niches fiscales – gisement d'économies potentielles à hauteur de 75 milliards d'euros), lutter contre la fraude fiscale, etc.

Ces réformes sont seules à même de se donner une marge de manœuvre pour créer davantage de place en crèches, construire des logements sociaux, investir dans l'éducation, accueillir dignement les personnes âgées dépendantes…, autant de domaines qui sont reconnus au-delà des clivages politiques.

Qu'en dit la population ? Le « baromètre de l'opinion des Français sur la santé et la protection sociale », réalisé par le ministère des Affaires sociales depuis plus de 10 ans, montre que la moitié de la population (53 % en 2012) estime que l'État n'intervient pas assez sur le plan économique et social (contre 20 % qui pensent l'inverse). Plus directement, 64 % jugent normal la part du revenu national consacré au financement de la protection sociale, contre 17 % qui le jugent excessif et 16 % insuffisant. Enfin, 92 % des français estiment que les systèmes de retraites ou d'assurance maladie doivent rester publics.

E-COMMERCE : LE RETARD FRANÇAIS

Plusieurs études récentes rendent compte du fait que quel que soit l'indicateur retenu, le commerce électronique hexagonal apparaît en retard par rapport aux pratiques en vigueur chez nos voisins européens. Ce phénomène n'est pas nouveau. Lorsque l'OCDE avait lancé ses travaux multidisciplinaires en 1998-1999 sur l'e-commerce, tant les officiels que les associations et entreprises françaises n'avaient marqué que peu d'intérêt sur ce thème, le jugeant en grande partie d'inspiration anglo-saxonne, et éloigné de la « mentalité française ».

En 2012, les ventes de biens et services du e-commerce se sont chiffrées à 53 milliards d'euros, soit une hausse de seulement 37 % par rapport à 2008, en provenance de 13 000 entreprises de plus de 10 salariés (source INSEE). Le marché est très concentré : 90 % des ventes web sont réalisées par 11 % des entreprises.

Les *pure players* (uniquement centrés sur l'activité de vente en ligne) représentent 52 % du CA, soit un doublement de leur part de marché de 2003.

57 % des français ont au moins acheté une fois sur le web en 2012, à comparer avec 74 % pour la Suède, 73 % pour le Royaume-Uni et 65 % pour l'Allemagne.

Le poids des ventes Internet dans le commerce de détail reste très faible avec 3.6 %. Il est de près de 22 % aux États-Unis et proche de 15 % en Australie/Nouvelle-Zélande.

L'e-commerce est par nature très internationalisé : 42 % du trafic des 1 400 principaux sites d'e-commerce d'Allemagne, des États-Unis, de France, des Pays-Bas, du Royaume-Uni et des pays scandinaves proviennent d'internautes étrangers à leur pays d'origine (source cabinet en stratégie OC&C).

La France compte pourtant d'illustres *pure players* : Cdiscount, Vente Privée, La Redoute, ou multicanaux comme la Fnac, Leroy Merlin ou Darty. Ils sont moins internationalisés que leurs concurrents : seulement 31 % de leur trafic proviennent de l'étranger.

Seuls quatre sites français figurent dans le Top 50 des *pure players* les plus internationalisés, contre 15 sites britanniques et 14 sites allemands.

Exportant pour 500 millions d'euros de produits via l'e-commerce, la France a accusé un déficit « e-commercial » de 700 millions d'euros en 2013.

Le baromètre établi par la société marketing digital E-mail Brokers relève que le nombre de sites web actifs a reculé en France en 2013, notamment celui des sites dynamiques où la différenciation est importante face à la concurrence.

Enfin, les entreprises françaises accroissent moins vite leur présence sur les réseaux sociaux, comme Facebook, que leurs concurrentes européennes.

DU CONTEXTE SOCIAL DES ÉCONOMISTES DE L'ÉTAT

Gardons-nous de dire du mal des économistes. À titre d'exemple, les macroprévisionnistes de l'INSEE comme du ministère des Finances ont pour difficile mission (entre autres), de confectionner les budgets économiques de la nation, qui fourniront les grands agrégats économiques nécessaires à l'élaboration du budget de l'État pour l'année N + 1.

Ce sont les Comptes techniques, tels qu'ils évolueraient spontanément en l'état de la conjoncture au jour J de l'année N. Bien sûr, et on le comprendra aisément, les gouvernements successifs depuis toujours et ce, de façon systématique, essaient d'en fournir une version plus optimiste (ce sont les Comptes normés). Ce n'est en rien une spécificité française. Elle est fondée et se pratique partout en Europe, puisque ce type d'informations rentre bel et bien dans les « anticipations rationnelles » des agents économiques.

Des simulations comme s'il en pleuvait

Toutefois ce serait une grave erreur de surestimer l'impact de telles simulations. À ce titre, et c'est peut-être mon écho au populisme ambiant, l'opinion publique sait bien ce qu'il en retourne. Prendre un taxi, faire ses courses chez le petit épicier arabe le soir, acheter un jeans, toutes ces professions ont leurs propres baromètre microéconomique et tableaux de bord à indicateurs de gestion intégrés, qui peuvent juger en instantané le volume de l'activité, son évolution, élaborer leurs propres prévisions. On serait étonné de la précision et de la pertinence de nos *homo economicus* non estampillés « experts ».

Ceci étant, la logique keynésienne étant tellement frustre qu'avec la seule connaissance de 12 à 15 grands agrégats économiques, en niveau ou taux de croissance, c'est selon, et un nombre équivalent d'élasticités, on arrive par simple règle de trois à se constituer son « compte personnel » qui en vaut bien d'autres. Mais j'entends que les médecins nous empruntent notre jargon : il faudrait surveiller les « fondamentaux », opérer un « différentiel »… Diable, ils avaient assez de soucis, sans capture de scientificité « bidon » en provenance d'une discipline au statut lui-même… incertain. Si le taux de mortalité baisse, tout le monde sera content.

Par voie de conséquence, je lis dans les gazettes que la croissance française, comme à son habitude, atteindrait généralement (on s'en éloigne depuis quelques années, crise aidant) 2.5 % en l'année X, soit « quelque part » entre 2 et 3 %, c'est-à-dire qu'elle s'approcherait de la « croissance potentielle » (notion en elle-même difficile à définir : soit la création de richesses nécessitant la pleine utilisation des facteurs de production – capital, travail ; soit la simple moyenne arithmétique des « crêtes de croissance » sur une très longue période ; soit d'autres approches alternatives encore plus complexes). Bien sûr, tous les ministres des Finances de tous temps et tous pays ont du mal à tenir de telles prévisions. Avec 2.5 % de « comptes normés », le compte technique doit avoisiner 1.5 %, et la réalité sera de 0.7 à 1.0 % en… N + 3, c'est-à-dire après révisions statistiques successives opérées par l'INSEE, dans un souci de précision qui l'honore. Qui s'en souciera alors ?

On ne doit pas se laisser impressionner non plus par la présentation d'allure plus scientifique des grandes organisations internationales (FMI, Banque Mondiale, OCDE…), avec leurs croissances de 2 ¼, 2 ½, ou 2 ¾. Même logique. À titre d'exemple, le modèle Interlink de l'OCDE est une maquette néo-keynésienne, dont l'architecture aurait pu être conçue il y a plus de 30 ans. L'habillage technique, pour atteindre un taux de croissance cible, ne pose pas de problèmes statistiques particuliers : exclusion des « points aberrants » de l'échantillon d'estimation ; section en deux (ou plusieurs) sous-périodes (si le test de Show le confirme) ; introduction de variables de « calage » ; formulation idoine d'hypothèses ad hoc ; insertion de *dummies* sur les trimestres ou années problématiques, etc.

Les bons économètres portent d'ailleurs moins attention aux valeurs statistiques indicatrices de la significativité et de la précision de leurs estimations, qu'à la conformité avec la théorie (coefficients affectés du bon signe), et surtout – tests qui valent règles d'or selon l'auteur, du bon sens et de résultats étayant l'intuition qu'on en avait ex-ante. Mais l'économétrie n'est pas une « science exacte », et on a souvent besoin comme raison d'adopter de telles spécificités, ne serait-ce que pour mieux décrire et modéliser une réalité aux particularités fines de pays, secteurs, ou type de périodes très différents (« balancement » décrit ailleurs entre « régime classique » et « régime keynésien » de M. Malinvaud explicité par ailleurs). En un mot, l'Allemagne n'est pas le Ghana.

Prérequis idéaux et variables subalternes

De façon presque ontologique cette fois, on considère au lycée, dans les cours de physique les plus basiques, qu'une masse m descend un plan incliné d'angle alpha retenue par une poulie, sans frictions ni résistances. Voilà, l'essentiel est posé. On se met dès le départ dans des conditions initiales similaires à celles de l'Optimum de Pareto de rang 1 (*first best*), que nous développerons plus loin, ou encore dans le monde des Idées de la caverne de Platon. Or, chacun d'entre nous fait l'expérience quotidienne que la « nature de la vie » ou la simple réalité sont précisément faites de frictions, résistances et toutes autres oppositions. Mais la physique revient au réel de diverses manières. À titre de seul exemple, le viaduc de Millau a été construit pour supporter un poids supérieur au double à ce que donne la valeur théorique (calcul de structures).

On notera que l'exécutif ne s'appesantit pour l'essentiel que sur des variables… « subalternes » de second ordre (c'est une litote) : taux de croissance, inflation, déficit budgétaire, endettement public, emploi, chômage… Aussi, il est profondément malhonnête de comparer réalité et comptes normés (comme le font quelquefois même les économistes du « consensus »). Quand on procède à la comparaison avec les comptes techniques, l'écart type s'avère in fine plutôt faible sur une longue période, ce qui illustre les très bonnes compétences mathématiques et économétriques de nos X-ENSAE.

Le seul vrai problème de la chose, c'est son « grégarisme », les prévisionnistes de toute obédience étant fortement averses au risque, et quitte à se tromper, il vaut mieux être nombreux. Si j'avais un conseil à leur donner, ce serait celui-là, qui aurait bien sa place dans le local abritant les consoles des « gros » systèmes de l'INSEE : Winston Churchill : « Je ne crois qu'aux statistiques que j'ai moi-même falsifiées ». Plus sérieusement cette fois, il y a vingt ou trente ans, M. Malinvaud et ses équipes s'étaient livrés à une approche par « la théorie du déséquilibre ». Outre les détails techniques et prérequis théoriques (équations non linéaires), une économie pouvait osciller en termes de probabilités, entre régime keynésien (contrainte par insuffisance de la demande globale) et régime classique (excès de salaires réels par rapport à la productivité marginale du travail). Ex-post, ce type de modèle était extrêmement séduisant et explicatif, puisqu'il corroborait l'intuition qu'on pouvait s'en faire ex-ante.

Des modélisations en partie dépassées ou des rendements décroissants

Si vous avez le loisir de lire toutes les prévisions de toutes les institutions économiques (FMI, Banque Mondiale, OCDE, INSEE...), ce sont toutes les mêmes (aux réserves déjà développées ci-dessus) : un compte central (moyenne des prévisions des autres, linéaire, 2-4 % par pays ou bloc) et des aléas à la hausse (ou à la baisse, et là, on énumère les divers facteurs). Certes ! Mais on était venu pour avoir le risque d'un choix, d'une tendance nette, et non une moyenne des facteurs positifs/négatifs que l'on a déjà préalablement discriminés. Déceptions supplémentaires : ni le cours du pétrole, ni les parités monétaires, ni les taux d'intérêts ne sont modélisés. On prend donc leur valeur du jour J de la prévision. Donc, le repas n'inclut ni le vin, ni le dessert et encore moins le café... Hé bien, non ! Personne n'en sait rien. Raisonnons à grands coups de serpe, et moyennant des hypothèses exorbitantes ; nos modèles économétriques rendaient compte de 90 % de la variance fin 70, 80 % fin 80, et donc, si on suit cette logique... environ 50 % fin 2010 ?! Cette plaisanterie n'en est moitié qu'une : il y a quelques semaines, le département ECO de l'OCDE a publié un encart méthodologique où il a l'honnêteté de reconnaître que la crise 2008-2013 a mis à mal ses prévisions (volatilité des variables). Il en conclut que le modèle utilisé a besoin d'innovations et d'avancées académiques, de raffinements statistiques et de découvertes empiriques afin d'améliorer très sensiblement la qualité comme la précision des résultats des estimations, travail de plusieurs années.

Leurs multiples archaïsmes ne sont plus de mise : aberrations du système statistique (savez-vous qu'un veau de moins de deux ans est considéré comme « consommation intermédiaire » par l'INSEE et la FBCF, et comme investissement au-delà ; ce système statistique n'est absolument pas fiable en Chine, et encore plus préoccupant au Japon, qui ne fait rien pour améliorer son système statistique – goût pour l'opacité oblige) ; discrimination entre les sphères réelle et financière et leurs canaux de transmission beaucoup trop frustres ; fonctions de production à rendements obligatoirement décroissants (si ce n'est pas le cas, on ne peut plus maximiser le profit, car l'Hamiltonien ou le Lagrangien des systèmes ne sont plus opératoires. Pourtant, il ne vous a pas échappé que l'Histoire montre que le capitalisme, c'est **d'abord** l'Histoire des rendements croissants) ; très insuffisante prise en compte des multiples spécificités des secteurs des services (80 % de l'emploi et 70 % du PIB des pays de l'OCDE). Là, il y a tout à faire, les économies étant restées polarisées sur le « manufacturé ».

L'ÉGYPTE AU BORD DE LA FAILLITE

Depuis le « printemps égyptien » de janvier 2011, l'Égypte a changé de régime de croissance. Une telle décrue agit sur les recettes budgétaires et la dette publique, qui ne sont plus contenues. La mise au ban des Frères Musulmans a entraîné un changement de créanciers brutal, l'Arabie Saoudite remplaçant en quelques semaines les fonds qataris. En s'éloignant des préceptes de médication prônés par le FMI, l'Égypte, aujourd'hui dans les mains du maréchal Sissi, conduit une politique populiste qui détourne le pays des vrais problèmes, et qui, pour le moins, « vit sous perfusion ».

Un essoufflement de la croissance

Alors que le pays croissait sur un *trend* de 5.7 % de 2008 à 2010, la croissance est tombée à 1.8 % en 2011, pour se stabiliser autour de 2 % par la suite (le FMI prévoit une croissance de 2.3 % en 2014, après 2.1 % en 2013), pour anticiper sur une croissance potentielle de 4 % en 2019, fondée sur la démographie galopante du pays. L'Égypte gagne 10 millions d'habitants de 2008 (75.2 millions) à 2014 (85.8), pour rééditer la situation en 2019 (94.8 millions). La productivité de la main d'œuvre reste très faible (3333 US$ en 2014), et le PIB PPA s'élève à 575 milliards US$ cette année-là.

Bien que forte d'un marché intérieur de 85 millions d'habitants, la croissance est articulée sur quelques pôles seulement : 1) économique (ressources en gaz naturel) ; 2) géographique (canal de Suez) ; 3) historique (tourisme) ; 4) stratégique (traité de paix avec Israël qui lui vaut une enveloppe de 2 milliards US$ par an en provenance des États-Unis) ; 5) migratoire : les immigrés transfèrent 4 % du PIB de revenus chaque année.

Le printemps égyptien et les désordres importants qui ont suivi ont fait que les réserves de change ont chuté de 36 à 12 milliards US$ (elles ne couvrent plus que 3 mois d'importations). Durant toute la période 2011-2014, le pays a dû faire face à un retrait des IDE en général, et à un effondrement des IDE de portefeuille (un vaste programme de libéralisation de l'économie avait été lancé en 2004, qui semble bien lointain maintenant). Aggravé par la baisse des recettes touristiques, le manque à gagner sur deux ans atteint 30 milliards US$, soit 12 % du PIB ou une année d'exportations.

Le pays s'enfonce dans la crise financière

Le niveau de la dette publique est alarmant (91.3 % du PIB en 2014) et n'a fait que croître depuis 2008 (il était de 76.7 %, soit une croissance proche de + 20 %). Sachant que l'emprunt obligataire long (10 ans) se négocie à plus de 16 % par an, et que les recettes fiscales sont en berne, le gouvernement est lancé dans une course contre la montre pour trouver des ressources hors marché. L'Égypte présente un ratio de dettes/PIB comparable à celui des pays développés (78 % en moyenne), et s'éloigne des standards des économies émergentes (35 % en moyenne), comme des pays à faibles revenus (42 % en moyenne).

Le déficit public est hors contrôle. De 2011 à 2014, le déficit budgétaire s'élève à 11.4 % (dont - 14.1 % en 2013, mais il reviendrait à - 11 % en 2014), alors qu'il était contenu à un niveau proche de 8 % les années antérieures. À l'inverse, l'inflation, qui atteignait 12.7 % sur la période 2008-2011, s'établit à un étiage plus bas – 8.8 % – sur la fin de la période, ce qui laisse croire que les tensions sur les capacités de production sont moins présentes. Une inflation plus faible ne va pas en revanche contribuer à alléger la dette.

L'investissement comme l'épargne publique se situent à des niveaux très faibles : 16.6 % pour le premier sur 2008-2014 et 14 .2 % pour le second. Les particuliers et les entreprises vont trop mal pour épargner. À ce titre, le FMI prévoit qu'à l'horizon 2019, le taux d'épargne de la nation serait de l'ordre de 8 %. Conséquence logique, la balance des transactions courantes ramenée au PIB offre en moyenne un déficit de 2.4 % (avec des hausses – 3.9 % en 2012 – et des baisses – excédent de 0.5 % en 2008). Phénomène très inquiétant, les exports en volume de biens et services se dégradent continûment soit - 15 % sur la moyenne de la période. Il faut y voir l'épuisement progressif des exportations de gaz. Le déficit de la balance des transactions courantes, d'un déficit moyen de 5 milliards US$ par an, devrait selon le FMI s'établir à 32.6 milliards dès 2019 (soit 6 % du PIB), ce qui sera catastrophique pour l'économie égyptienne. Sa croissance va donc rapidement devenir non-soutenable à plus court terme que l'on ne croit communément.

Enfin, l'Égypte assure les dernières places en ce qui concerne le capital humain. L'analphabétisme touche encore 28 % de la population de plus de 15 ans, et seul le très faible taux d'activité féminin (16 % en 2000), contribue à un chômage modéré. Ce dernier serait passé de 8.1 % en 2008 à 12.2 % en 2012 et 13 % en 2014. Les statistiques ne sont pas dignes de foi quand on sait qu'en 2010, il y avait 54 % de chômeurs parmi les jeunes de 15 à 25 ans.

Pour mieux illustrer ce point, le taux de croissance de la population d'âge actif 2000-2009 était de 2.7 %, alors que le taux de croissance annuel de l'emploi 2000-2008 s'élevait seulement à 1.5 %. La part des moins de 15 ans était en 2010 de 32 % (contre 23 % en Tunisie, 25 % au Liban et 28 % au Maroc). Enfin, le taux de pauvreté atteignait 18.5 % (2009) de la population, contre 12 % en Syrie (2007), 13 % en Tunisie (2000) et 14 % au Maroc (2007).

Le refus de l'aide du FMI et les créanciers de l'Égypte

Le FMI a négocié pendant plus de deux ans un prêt de 4.8 milliards US$ (qui ouvrait la porte à des financements de l'UE, la Banque Mondiale et la BAD), mais sous deux conditionnalités : l'augmentation des impôts et surtout la fin des subventions sur les hydrocarbures. Selon les calculs du FMI, la situation actuelle s'avère intenable. Son coût pour le budget de l'État est estimé à 18 milliards US$, soit 30 % des recettes fiscales ou encore 7 % du PIB. L'épuisement de la rente gazière égyptienne l'oblige à s'approvisionner sur le marché international, le différentiel de coût venant grever encore plus les recettes budgétaires. Le gouvernement persiste dans cette voie de peur d'un soulèvement massif d'une population qui doit subir une inflation à deux chiffres entamant gravement son pouvoir d'achat.

L'Égypte se montre ferme avec le FMI car elle sait pouvoir compter sur l'aide des pays arabes. Entre juin 2011 et juin 2012, 13 milliards US$ de la Libye, de la Turquie et du Qatar ont été transférés à l'administration Morsi. Une fois le président déchu et la lutte contre les Frères Musulmans entamée, l'Arabie Saoudite, le Koweït et les Émirats arabes unis mettaient moins d'une semaine pour élaborer un plan de soutien collectif au pays pour un montant de 12 milliards US$ sous forme de dons, prêts, dépôts et livraisons d'hydrocarbures (de quoi éviter une faillite immédiate) mais aussi en reportant à plus tard la résolution des problèmes les plus aigus du pays.

Conclusion

Les peuples faibles aiment les hommes forts. À l'issue d'une période de transition relativement courte, l'armée a accouché du nouvel homme fort de l'Égypte en la personne du maréchal Sissi. L'armée, de près d'1 million d'hommes d'active et de 500 000 réservistes, est un État dans l'État et contrôlerait, d'après des sources officieuses, près des deux tiers des grandes entreprises d'État. Il est évident que les coupures d'électricité et la pénurie d'essence provenaient d'elle, afin de faire monter d'un cran la colère contre le gouvernement Morsi quelques semaines avant son effondrement. Les attentes de la population à l'endroit du maréchal sont le redémarrage économique, la sécurité, l'ordre public et des rapports pacifiés avec ses voisins. Gageons que la seule « feuille de route » du nouvel exécutif sera de maximiser les statuts, profits et avantages de l'armée et ceux de ses bailleurs de fonds du Golfe. Une voie politique qui a déjà démontré que dire à un pays au bord du gouffre, qu'« un grand pas en avant réglera la situation » s'avère une direction suicidaire appellant une nouvelle guerre civile dans les mois ou années à venir.

PETIT BRÉVIAIRE DE L'ÉCONOMIE SOCIALE ET SOLIDAIRE (ESS)

L'ESS représente un secteur important en France, employant 10.3 % des effectifs salariés, soit 2.3 millions d'emplois. Elle est surreprésentée dans certains secteurs, offre des grilles de salaires plus resserrées, se caractérise par une bonne résistance dans la crise (secteur abrité de la concurrence internationale), mais connaît des effectifs vieillissants.

Les points communs des entreprises de l'ESS sont le primat de l'individu et de l'objet social sur le capital, une gouvernance collective, démocratique et participative, et une lucrativité nulle ou limitée, garantie par le statut juridique de l'entreprise.

En nombre d'établissements, l'ESS regroupe 166 442 structures (soit 8.8 % du total), soit 157 077 dans les associations (94.4 %), 8 016 coopératives (4.8 %), 913 mutuelles (0.5 %) et 436 fondations (0.3 %). En nombre d'emplois, le secteur compte 2 327 175 salariés (10.3 %), se ventilant en associations (1 818 328 salariés soit 78.1 %), coopératives (306 040 soit 13.2 %), mutuelles (137 017 ou 5.6 %), et 71 300 fondations (3.1 %). À comparer avec un secteur public, qui, en France, compte 5 789 619 travailleurs soit 25.6 % du total.

Contrairement à une idée reçue, les structures de l'ESS sont souvent des entreprises de grande taille : elles représentaient ainsi 19 % des entreprises de 50 à 249 salariés et encore 19 % des entreprises de plus de 250 salariés, contre 7.5 % seulement des structures de moins de 5 salariés. L'ESS est présente dans tous les secteurs d'activité, mais surreprésentée dans l'action sociale (62 %), la finance et l'assurance (30 % du fait de la présence de grandes mutuelles d'assurance et de banques mutualistes), les sports et loisirs (55 %), les arts et spectacles (27 %), l'enseignement (19 %), et la santé (11.5 %). En revanche, elle est peu présente dans le commerce (1.9 %), l'information et la communication (1.2 %).

Le rapport entre les 10 % de salaires les plus élevés et les 10 % de salaires les plus faibles représente un facteur 2.7 pour l'ensemble des ESS (contre 3.1 pour le secteur privé), dont 2.8 pour les associations, 2.7 pour les fondations, 2.6 pour les mutuelles et 2.5 pour les coopératives. Les parts de temps partiels dans l'emploi total en 2011 sont de 37.9 % pour l'ESS, 19.3 % pour le secteur privé, et 23.7 % pour le secteur public.

La répartition des emplois selon le type de contrats était en 2011 de 72.7 % de CDI pour l'ESS (85.2 % pour le secteur privé hors ESS), de 11.1 % de CDD (8.1 % privé) et de 16.2 % « d'autres » (6.7 % privé). Ces derniers concernent les contrats saisonniers, l'intérim, l'apprentissage et surtout tous les contrats aidés par l'État destinés à des publics en difficulté et partiellement financés par la puissance publique.

L'ESS a bien résisté à la crise. En 2012, les créations d'emplois en glissement se sont élevés à + 1.3 % (contre - 1 % pour le secteur privé), pour des chiffres respectifs en 2013 de - 0.25 % et - 2.8 %. Les facteurs de divergence peuvent être les emplois davantage liés aux marchés locaux et donc moins délocalisables ; une forte présence dans l'aide sociale dont la demande a crû pendant la crise ; des règles statutaires obligeant par exemple les coopératives à mettre une partie des bénéfices en réserve.

Enfin, l'ESS se caractérise par des effectifs vieillissants : les plus de 50 ans représentent 29.1 % des effectifs (contre 22.4 % pour le privé et 30.5 % pour le secteur public), les ratios pour les 40-50 ans étant respectivement de 28 %, 26.5 % et 28.3 %. Enfin, les moins de 40 ans se ventilent comme suit : 42.9 %, 51.1 % et 41.2 %.

On retiendra que 29 % des effectifs de l'ESS ont plus de 50 ans, contre 22 % dans le privé. Les prochaines années vont donc voir plus d'un quart des effectifs de l'ESS partir à la retraite. Une évolution qui a été très mal anticipée dans la plupart des structures. 38 % des chefs d'entreprise et des cadres de l'ESS, en particulier, ont plus de 50 ans.

La part des emplois aidés est forte dans l'ouest de la France (13.9 % en Bretagne, 13 % dans le Poitou-Charentes), et plutôt faible dans les régions plus « développées » : 7.1 % en Île-de-France, 9.8 % en PACA et 10.6 % en Rhône-Alpes.

Il est dommage que ces données ne donnent pas lieu à des comparaisons européennes et internationales. Nul ne doute que l'ESS soit développée dans les pays de l'Europe du Sud (Portugal, Espagne, Italie et Grèce) et probablement aux Pays-Bas où la fréquence des corporations dans l'économie reste plus développée qu'ailleurs pour des raisons historiques. L'ESS peut servir « d'amortisseur » aux fluctuations d'activité dans le secteur privé, et constituer un sas précieux pour les jeunes avant qu'ils prennent pied dans le secteur privé. Il offre de plus à l'État une alternative à l'emploi public pour déployer l'ensemble des emplois aidés financés par la puissance publique. Enfin ce secteur, que vise à renforcer la loi Hamon adoptée à l'Assemblée Nationale en première lecture le 20 mai dernier, s'avère riche en emplois, qui sont toutefois à faible valeur ajoutée.

EURO ET TZMO : UN MARIAGE DÉLICAT

Maastricht a mis en avant des critères nominaux. Enjeu en revanche crucial et majeur pour les pays de l'UE : la convergence réelle. On considérait, lors du « déclin américain » entre le milieu des années 70 et des années 80, que l'Europe convergeait vers le niveau de vie US, en étant en retrait de seulement 10 % en termes de revenu réel des ménages. En 2010, ce repli a triplé, passant à près de 30 %. C'est dramatique du fait que c'est la seule vraie mesure de l'offre en termes de part de marché « réelle » de l'UE à 28 au niveau mondial. Quant à la Grèce, moins de 7 ans après son adhésion, elle était le seul pays de la Cohésion à diverger déjà, en dépit de transferts keynésiens massifs, les Fonds structurels et le Fond de cohésion fonctionnant presque dès le départ à rendement financier décroissant pour ce pays. Pour le pire, ce pays a confirmé ses faibles performances, puisque son déficit budgétaire avait déjà atteint plus de 10 % du PIB depuis 2008, et que sa dette publique dépassait les 100 % il y a encore près de 15 ans. Les « mauvais élèves » le sont depuis bien longtemps, mis à part la Belgique (dette en partie résorbée de 110 % il y a 15 ans).

La rigidité à la baisse des salaires réels pointée du doigt

Une fois l'orthodoxie économique acceptée à droite comme à gauche, l'establishment économique et financier, appuyé par les conseils du FMI et de l'OCDE, s'est trouvé un coupable tout désigné : les rigidités du marché du travail. Les faits ne corroborent pas cette thèse. L'estimation du taux de chômage dit « structurel » (celui qui ne dépend pas de la conjoncture) n'est pas robuste économétriquement. À titre d'exemple, les experts de l'OCDE ont pu démontrer que ce dernier était passé de 6 % à 10 % en Finlande (pour un chômage global de 12 %) en l'espace de deux années (1990-1991), alors que le PIB de leur premier débouché à l'exportation, à savoir l'ex-URSS à hauteur de 40 % des exports, s'effondrait de près de 30 %, ce qui fournit une explication plus simple et surtout plus conforme à l'intuition.

CSU et investissements directs étrangers

Par ailleurs, on peut se demander pourquoi la France reste si attractive pour les investisseurs étrangers (elle occupe sur une longue période une place mondiale entre la deuxième et la quatrième), si son marché du travail était si rigide qu'on le prétend, sachant par ailleurs que le différentiel de coûts salariaux unitaires avec l'étranger est l'une des variables-clés du choix de l'allocation géographique des investissements internationaux. Toutefois, l'argument perd un peu de sa valeur quand on ne raisonne que sur les investissements *greenfield* (création de toute pièce d'une unité de production). En outre, le partage de la valeur ajoutée en France s'est opéré structurellement en faveur des profits des entreprises et au détriment des salariés, et ce depuis « le tournant » 1983. Les bénéfices record des entreprises du CAC40 sur une moyenne période – dont il faut se féliciter – confirment cette tendance.

Enfin, à partir du simple constat empirique observé auprès des chefs d'entreprises, il ressort que ces derniers savent parfaitement utiliser l'ensemble de la gamme des instruments à leur disposition. L'actualité en fournit un exemple éclairant. La Poste avait procédé à un renouvellement de CDD plus de 700 fois d'une de ses employés. Et on rappellera ici pour mémoire que les CSU horaires de la France et de l'Allemagne tournent grossièrement autour de 34 euros et sont similaires en montant absolu comme en évolution. Point saillant cependant de l'OCDE : le projet de « Stratégie pour l'emploi » 2008, document-phare de l'OCDE, commence un début de revirement à 180° de positions qu'on jugeait jusqu'alors robustes : les emplois aidés ne sont plus bannis (sous conditions), le « traitement social du chômage » se voit en partie réhabilité, le besoin de régulation pour les plus fragiles du marché de l'emploi devient légitime, les critiques habituelles de l'hypertrophie des « dépenses sociales improductives » sont amodiées et relativisées. Une telle volte-face a été confirmée par l'OCDE de M. Angel Gurria, ancien ministre de l'Économie et des Finances du Mexique, qui succédait à M. Donald Johnson, plusieurs fois ministre libéral du Canada.

L'euro et la TZMO (Théorie des Zones Monétaires Optimales)

La définition des critères de Maastricht et le passage à la monnaie unique faisaient aussi consensus. Il convient de se rappeler que la monnaie unique avait, dans l'esprit des plus hauts dirigeants politiques de l'époque, un seul objectif stratégique et politique à savoir arrimer l'Allemagne à l'Ouest après la chute du Mur de Berlin. Les critères de convergence nominale n'avaient en soi aucun fondement économique étayé, si ce n'est et ce n'est pas à négliger, un alignement tiré de l'expérience sur les « meilleures pratiques » en la matière, ce qui en soi n'est toutefois pas rien.

De plus, l'Union Européenne n'est pas une zone monétaire optimale, contrairement aux États-Unis d'Amérique, comme l'ont abondamment démontré ailleurs en leur temps les travaux de Mundell (1960), Mac Kinnon (1973) et Meade (1980). Un détour simple par un exemple ad hoc peut le montrer. En cas de choc asymétrique (soit à titre d'hypothèse une baisse brutale de la demande mondiale en textile/habillement qui touche prioritairement les pays du sud de l'Europe), l'Union Européenne ne remplit pas les deux conditions impératives pour la création d'une monnaie unique : le budget communautaire est insuffisant pour opérer les transferts nécessaires (budget de 1.14 % du PIB), et la mobilité géographique de la main d'œuvre au sein des pays européens, ou son dual, la flexibilité à la baisse des salaires réels, est très faible (contrairement aux États-Unis). Ainsi la FED estime-t-elle qu'un choc asymétrique pour la plupart des États américains est résorbé en moyenne en moins de trois ans pour plus de neuf ans et demi pour l'Europe.

Maastricht : des vertus toutefois incontestables

Il convient toutefois de relativiser les remarques théoriques émises ci-dessus. D'abord, il faut reconnaître que les critères de Maastricht ont de fait contraint les politiques budgétaires des États-membres (mais l'actualité en montre les limites de façon éclatante) au sein de disciplines communes « vertueuses ». En second lieu, le Marché Unique et la création de l'euro sont devenus avec le temps des biens publics par ailleurs très précieux économiquement. Il n'en est pas moins vrai que les surcroîts de croissance attendus lors de leur mise en place n'ont jamais été vérifiés a posteriori. (Ainsi, la création du Marché Unique en Europe en 1993 a malheureusement coïncidé avec une récession importante, due aux désordres monétaires dans la zone). Il n'en est pas moins surprenant que les décideurs publics s'exonèrent d'une discipline élémentaire en vigueur dans les entreprises privées. En effet, leurs équipes dirigeantes exigent de leurs contrôleurs de gestion qu'ils justifient en permanence des écarts budgeté/réalisé et formulent des recommandations correctrices.

Il faut toutefois souligner le fait que la Commission de l'UE joue pour l'heure parfaitement son rôle de « gendarme systémique », en adoptant toutefois des règles trop strictes dans l'ajustement budgétaire. L'étalement dans le temps des plans de redressement des finances publiques, conformément aux avis du FMI depuis le début de la crise, rend compte pour sa part de la relative embellie conjoncturelle qu'a enregistrée l'UE au second trimestre 2013. À contrario, une remarquable étude du CEPII de Jean Pisani-Ferry montrait que, sur 22 ajustements budgétaires opérés en Europe depuis 60 ans, la moitié qui avait été couronnée de succès (prévalence de l'équivalence ricardienne) se caractérisait par les traits suivants : action sur la dépense, brutalité, grande ampleur, effet de surprise et ferme tenue de cap pendant les deux premières années.

Les conditions d'une Union monétaire, comme les enseignements de la TZMO ne forment pas la base d'opinions, favorables ou défavorables, encore moins un « avis » positif ou négatif, mais bien un corps de doctrines « scientifiques », ou à tout le moins théoriques comme empiriques très abondamment documentées, au moins chez les Anglo-Saxons et plus particulièrement les Américains.

Un paradoxe de taille

Mais ce n'est pas le moindre des paradoxes de la crise de 2007-2013 que de remarquer que l'UE, quoique ne figurant pas « sur le papier » comme une Zone Monétaire Optimale, s'est pourtant comportée dans les faits comme telle. Les crises des dettes souveraines (choc asymétrique qui affecte les pays latins de l'UE + l'Irlande), sont en train de se résoudre par un assouplissement des dates de retour aux critères de Maastricht (soit l'équivalent ou le dual en opportunité d'une intervention du budget fédéral aux États-Unis), joint à une baisse drastique des salaires réels, notamment en Grèce (- 25 % en un an), Espagne (- 20 %) et au Portugal (- 15 %). Ce pays, selon une source officieuse, enregistrerait près de 150 000 départs de (jeunes) travailleurs vers le Brésil depuis le plus fort de la crise. En l'absence de la manipulation des taux de change, ce sont les salaires réels qui font le poids de l'ajustement (thèse de la dévaluation interne chère à M. Ordonneau – dual de la mobilité géographique de la main d'œuvre insuffisante.

QUELLE FRANCE DANS 10 ANS ? : QUELQUES DONNÉES CHIFFRÉES DE *FRANCE STRATÉGIE*

M. Jean Pisani-Ferry, commissaire de France Stratégie, vient de remettre son rapport au président de la République, commandité depuis près d'un an. Bien au-delà de la réflexion économique, France Stratégie s'interroge sur le modèle productif français, sur son modèle social, et sur ses modèles européen, citoyen et institutionnel.

Le rapport innove par trois de ses caractéristiques : préférence pour le long terme (10 ans), démarche ouverte qui a conduit à consulter tous les acteurs de la société française et détermination d'objectifs concrets et opérationnels de suivi des recommandations. Tous les acteurs ont été consultés : huit débats régionaux, associations, ONG, Assemblée Nationale et Sénat, confection d'un sondage, milieux universitaires, ciblage sur un public jeune, etc. 1 700 contributions écrites ont été formulées.

Le rapport énonce 33 objectifs-cibles quantifiés, en se donnant pour but de revenir dans le club des 10 pays où l'on vit le mieux (à la 18e place de l'OCDE aujourd'hui), et qui figure dans le premier tiers des pays européens en termes d'emploi et de chômage.

Le diagnostic économique fait apparaître quatre faits saillants : a) depuis 25 ans, la croissance du PIB de la France a décroché de 6 % par rapport à la moyenne européenne ; b) le taux de chômage n'a jamais baissé en dessous de 7 % ; c) les enquêtes PISA de l'OCDE sur la France indiquent une dégradation continue des performances scolaires ; d) la R&D française a décroché par rapport à ses principaux partenaires économiques. Par ailleurs, le taux d'emploi est médiocre, la productivité par tête s'est érodée, et le niveau des dépenses publiques (57.1 %) a débouché sur une dette de 95 %. Le niveau de celles-ci, qu'il faut ramener à 75 %, fait douter de la pérennité du modèle social français.

Pourtant, la France ne manque pas d'atouts : a) un territoire national exempt de fracture (Nord/Sud ou Ouest/Est) ; b) un pays bien équipé dans ses infrastructures collectives ; c) une main d'œuvre mieux formée (40 % des 30-34 ans ont fait des études supérieures contre 28 % dans l'UE) et plus jeune (l'âge médian est de 43 ans contre 50 en Allemagne, en Espagne et en Italie) ; d) une puissance scientifique qui fait de la France le 6e pays au monde et le 4e en termes de publications ; e) des entreprises championnes au niveau mondial (CAC 40) ; f) la ville de Paris est la seconde du continent, après Londres.

Le pays est confronté à trois problèmes majeurs : clarifier ses choix collectifs, arrêter une méthode (ambition/gradualisme) et tenir ses engagements à l'horizon de 10 ans, ce qui implique une « réingénierie » du modèle français.

Les 33 objectifs quantitatifs sont regroupés dans trois axes majeurs. Faire le choix d'une « économie du mouvement » qui joue à plein le jeu de la « 2e mondialisation », celle des consommateurs via l'émergence d'une classe moyenne mondiale. À ce titre, la France doit créer 1 000 ETI supplémentaires (4 300 aujourd'hui), 30 000 PME exportatrices, la croissance étant le fait de 12 à 13 métropoles régionales. On doit se préoccuper de la qualité de la croissance, suite aux travaux de la Commission Stiglitz/Sen, et le rapport formule 7 indicateurs de qualité basés sur la notion de stock (de capital physique, de capital humain, etc.).

« Une société décloisonnée » : réduire par 3 le nombre de « décrocheurs » (170 000 jeunes qui quittent le système éducatif sans aucun diplôme) ; réserver la quart des postes de directeurs d'administrations centrales à des non-fonctionnaires (5 aujourd'hui) ; engager des réformes institutionnelles (viser un taux de participation aux élections législatives de 70 %), etc.

« Établir une démocratie de responsabilité » : mettre fin aux mille-feuilles administratifs en faisant coïncider les cartes administratives avec les cartes économique et sociale ; non-cumul des mandats ; après les demi-échecs du marché unique et de la monnaie commune européens, instituer un Acte Unique pour le travail (SMIC européen, accords de branches) ; « faire de nouveau école » et réconcilier les Français.

Le rapport vise des débouchés concrets : susciter un débat public en profondeur et être présenté par le président de la République lors de la conférence sociale des 6 et 7 juillet. Ce dernier devrait ouvrir des « grands chantiers », comme les services publics dans 10 ans et lancer la réflexion collective sur des indicateurs annuels de suivi.

Enfin, il s'interroge sur la réindustrialisation du pays en avançant que le clivage passe maintenant autour des notions de biens échangeables/non-échangeables. L'Australie, à titre d'exemple, exporte son enseignement supérieur (MOOC), l'éducation, la médecine étant appelées à rentrer dans l'économie marchande à terme. Par ailleurs, le principe de précaution ne doit pas paralyser le progrès technique (gaz de schiste). Enfin, à l'horizon de 10 ans, 50 % des dépenses locales devraient revenir aux intercommunalités (contre 20 % aujourd'hui).

À l'évidence, ce travail échappe aux travers des travaux « d'experts en chambre », pour s'être largement ouvert aux membres de la société civile. Au mieux, il peut égaler la portée du « Standort Deutschland » de 1994-1995 qui avait remis l'Allemagne sur le chemin des réformes suite à la réunification, et au pire rejoindre la liste impressionnante des si nombreux rapports antérieurs, avantages comparatifs de l'administration française. Si certains objectifs semblent irréalistes (élections législatives), d'autres apparaissent comme ambitieux (tissu productif français, « décrocheurs », intercommunalités, etc.). In fine, le rapport se garde bien d'examiner et d'auditer certains dispositifs publics (Pacte de responsabilité notamment) et on peut le regretter.

COMMENT LE COUPLE FRANCO-ALLEMAND A-T-IL PASSÉ LA CRISE 2008-2013[1] ?

Des divergences de taille et de poids

Au-delà des aléas conjoncturels, l'Allemagne « pèse » un tiers plus lourd que la France, que ce soit en matière de PIB (31.4 % en 2013 à 3 598 milliards US$ courants pour l'Allemagne contre 2 739 pour la France), de population (28.2 %, soit 81.7 millions/63.7 millions), et beaucoup plus en termes d'emploi (62.7 %, soit 41.5 millions/ 25.5 millions). Les emplois industriels s'élèvent à 10.3 millions (soit 24.8 % de la main d'œuvre), contre 3.1 millions en France (12.1 %). Les productivités apparentes du travail sont similaires (44 040 US$ pour l'Allemagne et 43 000 pour la France). En revanche, les revenus par actifs sont à l'avantage de la France (107 412 US$ pour 86 700 soit un écart de 23.9 %).

PIB et marché du travail

La croissance en volume du PIB allemand est de 6.2 % sur la période, alors que la France revient à peine à son niveau de 2008 (0.5 % de croissance). Le corollaire se retrouve dans les évolutions de l'emploi : l'Allemagne affiche des créations d'emplois nettes de 1 250 000 postes de travail en six ans (+ 3.1 % de ses effectifs totaux), alors que dans le même temps, la France enregistre 360 000 destructions nettes d'emplois (- 1.4 %). Le taux de chômage allemand passe de 7.7 % en 2009 à 5.6 % en 2013 (respectivement 9.5 % en France à 11.2 % en 2013). La croissance est plus riche en emplois outre-Rhin, du fait du cumul de nombreux « petits boulots » permis par les réformes du marché du travail Hartz I,II et III adoptées sous le gouvernement Schrœder.

En 2009, l'Allemagne a enregistré une forte contraction de l'activité (- 5.1 % du PIB), soit le double de l'indicateur français (- 2.6 %), et le commerce extérieur a été sérieusement impacté (baisse des exportations en valeur de biens et services de - 13.6 % pour - 12.2 %). Toutefois, l'Allemagne regagne des parts de marché dès

[1] Les prévisions 2013 du FMI sont celles délivrées en juillet 2013 (0.1 % du PIB pour la France et 0.5 % du PIB pour l'Allemagne).

2010 (exports de + 13.7 %), alors qu'il s'agit plus d'un rebond technique en France (+ 9.3 %). Rappelons que la demande mondiale a chuté de 13 % en volume en 2009. L'Allemagne, troisième puissance commerciale, est traditionnellement beaucoup plus sensible à l'environnement international et à ses fluctuations.

Le taux d'emploi (emploi/population totale), comme le taux d'activité (emploi + chômage/emploi total) restent très différents : respectivement 40 % et 45.1 % en France, contre 50.7 % et 53.6 % en Allemagne.
Cet écart de 10 points tient aux comportements des actifs extrêmes : taux d'activité des jeunes de moins de 25 ans supérieur outre-Rhin et rétention des seniors dans l'appareil productif. La date légale de départ à la retraite est de 68 ans. Les allemands rentrent plus tôt, ont plus de contrats de travail alternatifs à leur disposition et sortent plus tard du marché du travail.

Comportement des agents économiques

Le taux d'investissement de la nation (20 % du PIB en moyenne annuelle en France contre 17.5 % en Allemagne) n'est pas couvert en France par le taux d'épargne (taux d'épargne des ménages +/- EBE des entreprises +/- solde budgétaire), puisqu'il se situe à 18.3 %. L'épargne allemande couvre en revanche, et bien au-delà, le taux d'investissement (épargne de 24.5 % du PIB). Le corollaire se retrouve dans le solde des transactions courantes, excédentaire à hauteur de 6.2 % du PIB moyen sur la période, contre - 1.9 % pour la France. L'Allemagne exporte son épargne nette à l'étranger, mais investit moins que la France.

Le solde cumulé des excédents allemands (1 301 milliards US$ courants 2008-2013 soit un excédent annuel moyen de 217 milliards), est similaire au PIB espagnol de 2013, soit 1 388 milliards (à hauteur de 94 %). À l'inverse, le montant cumulé des déficits français (291 milliards soit 48.5 milliards en moyenne) excède de 19.3 % le PIB grec 2013 (244 milliards). Du fait de la forte contraction des échanges en 2009, la moyenne de la croissance en valeur des exports n'est que de 3.1 % en Allemagne (pour 2.8 % pour les imports), les chiffres pour la France se montant à 1.4 % et 0.7 %. Le décalage conjoncturel (croissance en volume de la demande mondiale adressée à un pays/croissance en volume de la demande intérieure), reste donc très légèrement positif pour les deux pays, qui ont donc moins cru que la moyenne du reste du monde sur la période.

La politique économique

L'inflation moyenne reste remarquablement contenue des deux côtés du Rhin (1.7 % en Allemagne et 1.8 % en France).

Le déficit budgétaire atteint ses plus hauts niveaux en France en 2009 à - 7.5 %, contre - 3.3 % en 2010 en Allemagne. En moyenne annuelle, le déficit français s'inscrit à - 5.2 % contre - 0.9 % en Allemagne. Dès 2011, il devient excédentaire outre-Rhin à 0.8 %, tandis que le déficit français se réduit continûment en fuseau : - 7.1 % en 2010, - 5.2 % en 2011, - 4.6 % en 2012 et - 3.6 % en 2013. Les modes de l'assainissement budgétaire sont toutefois très distincts dans les deux pays. Alors que l'Allemagne stabilise ses prélèvements obligatoires (de 44 % en 2008 à 44.7 % en 2013), la dépense publique y est particulièrement maîtrisée (+ 1.8 % sur la période). À l'inverse, la France accroît ses recettes fiscales de 6.9 % (p.o. de 49.5 % à 52.9 %) et augmente parallèlement ses dépenses à la même vitesse : + 7.0 % sur la période.

De ce fait, le ratio dette/PIB passe de 57.8 % du PIB en France en 2008 à 86.5 % en 2013 (augmentation de 49.6 %), et la dette allemande de 49.7 % du PIB à 56.2 % (soit 13.1 %). À noter que l'endettement diminue en Allemagne depuis 2010, où il culminait à 57.5 %.

En conséquence, le solde budgétaire primaire (hors charge de la dette) est excédentaire en Allemagne sur la période (0.9 % après - 2.1 % en 2010), alors qu'il se monte à - 2.9 % (dont - 5.5 % en 2009) pour la France. La balance budgétaire structurelle (apurée du cycle conjoncturel) épouse le même profil : excédentaire en Allemagne dès 2012 à hauteur de 0.2 % du PIB (- 0.7 % en moyenne annuelle), et déficitaire sur toute la période pour la France - 3.3 % après - 4.8 % en 2009 et - 4.6 % en 2010. Quelle que soit la mesure retenue, l'Allemagne arrive à générer des excédents dès le milieu de période.

À plus long terme (horizon 2018), le FMI affiche une croissance potentielle de 1.2 % pour l'Allemagne, du fait de la démographie déclinante (80.9 millions d'habitants en 2018 contre 82 millions en 2013), et de l'amortissement des gains de productivité. Le potentiel est de 1.9 % pour la France (65.2 millions en 2018 contre 62 millions en 2008). En termes de « pertes de part de marché » (PIB PPA/PIB PPA Monde), l'Allemagne passe d'un poids de 4.2 % de l'offre mondiale en 2008 à 3.1 % en 2018 (- 24 %). Les chiffres correspondants pour la France sont de 3.1 à 2.3 % (soit - 26 %). Il est clair qu'à terme, le « cœur de l'Europe » ne sera plus un foyer de croissance forte, à l'inverse de la plupart des pays émergents. Il apparaît enfin que, structurellement, c'est plutôt la France qui tirera l'activité de la zone. Ce résultat ne reste vrai que si le solde migratoire allemand reste inchangé.

LANCEMENT DE LA « FRENCH TECH » ET EXPÉRIENCES ÉTRANGÈRES

Mme Fleur Pellerin, ministre déléguée aux PME, à l'Innovation et à l'Économie numérique, a présenté le 27 novembre en Conseil des ministres la *French Tech*, un grand mouvement de mobilisation collective pour la croissance et le rayonnement des start-up numériques françaises. Celle-ci vise à s'inspirer des « meilleures pratiques » en vigueur à l'étranger (118 « Silicon Valleys » de tailles diverses au niveau mondial).

Quelques chiffres-clés généraux

Aux États-Unis, le numérique a généré plus d'un point de croissance annuelle sur les trente dernières années, et moitié moins en France. En prenant ce virage, le numérique a le potentiel d'apporter 1/2 point de croissance annuel au PIB français. Trois millions d'emplois ont été créés par les start-up aux États-Unis entre 1992 et 2005.

Les entreprises françaises du web réalisent en moyenne 39 % de leur chiffre d'affaires à l'international contre 3 % pour les autres PME. Dans les start-up numériques en France, 87 % des contrats sont des CDI. Dans la Silicon Valley, 54 % des créateurs de start-up sont étrangers.

La France occupe le 16e rang dans le classement mondial de l'innovation alors que sa recherche est positionnée entre la 6e et la 8e place. 51 % des innovations n'intègrent aucune dimension technologique et relèvent de l'usage des produits et services, ou des modèles d'affaires.

La France compte aujourd'hui 8 000 Business Angels, mais le potentiel est énorme : 350 000 individus ont la surface financière suffisante pour apporter des fonds propres aux start-up. Ceux-ci sont capables de fournir 100 000 euros au capital d'une entreprise sans s'exposer à plus de 5 %. L'industrie française du capital investissement est le 2e marché européen.

En quoi consiste la *French-tech* ?

La *French-tech* est un grand mouvement de mobilisation collective des écosystèmes territoriaux les plus dynamiques de France pour la croissance de leurs *start-up* et entreprises numériques. Concrètement, elle consiste à identifier et valoriser une « équipe de France » des écosystèmes numériques métropolitains français porteurs du plus fort potentiel de croissance et d'attractivité internationale.

Analyse des expériences étrangères

Parmi le Top 10 des *Hot High-tech Towns*, on trouve bien sûr la maison mère : la Silicon Valley (SV) de la région de San Francisco ; puis la Silicon Alley (Manhattan, Brooklyn) ; la Silicon Wadi (Tel Aviv, Haïfa, Jérusalem) ; la SV de Bangalore (Inde) ; la Silicon Roundabout, M4 Corridor et Tech City (Londres et Londres-Reading) ; la Silicone Alley (Berlin) ; la SV de Boston et les SV de Moscou, Chicago et Houston.

Plus généralement cette fois, la distribution des villes épouse de près la géographie économique mondiale actuelle et future. Les États-Unis comptent 22 villes référencées comme Villes-Pôles *High-tech* (soit les capitales des *Keys States* et d'autres capitales fédérées importantes) ; l'Inde (12) ; la Chine et le Canada (6) ; la Corée du Sud, le Brésil et l'Allemagne (5) ; Taiwan et le RU (4) ; Israël, l'Afrique du Sud, l'Australie, la France, le Japon, l'Espagne et les E.A.U. (3) ; les Pays-Bas, la Russie, HK, le Mexique, la Thaïlande et le Pakistan (2) ; l'Autriche, l'Irlande, la Finlande, la Birmanie, Singapour, les Philippines, le Vietnam, le Qatar, l'Iran, la Malaisie, la Bolivie, l'Algérie, le Kenya, Maurice, le Maroc, la Zambie (1).

Toutes ces « *Silicon Valleys* » présentent des caractéristiques communes :

Ouverture large à l'immigration : C'est le cas de New York (plus de 120 peuples et minorités concernés). Par ailleurs 55 % de la main d'œuvre de la SV Californie est étrangère (avec les plus gros contingents de Chinois, d'Israéliens, d'Indiens, de Pakistanais… et de Français), et enfin des Israéliens à… Ramallah en Palestine.

Une croissance exponentielle des incubateurs, start-up, *et autres « accélérateurs » :* La SV californienne compte 2 millions d'habitants pour un PIB comparable à celui du Chili (270 milliards US$), avec 6 500 start-up et des créations d'emplois annuelles depuis 2006 comprises entre 10 à 30 000 postes de travail (outre Internet, biotechnologies, nanotechnologies, énergies renouvelables).

Les *High-tech* représentaient 0.8 % du PIB en 2008 pour 5 % en 2010 en Palestine. Israël (Silicon Wadi) a quant à lui développé 3 850 start-up depuis 2006 soit une jeune pousse pour 2 000 habitants (concentration la plus élevée du monde). Le pays consacre 5 % de son PIB en R&D, 35 000 salariés travaillent dans 700 laboratoires de recherche, les *High-tech* représentent 50 % des exports israéliennes, et les investissements opérés en 2012 pour un milliard et demi de US$ ont engendré un bénéfice net de 12.5 milliards US$.

Par ailleurs, la Silicon Alley de NY représentera en 2015 25 % du PIB de la ville (290 milliards US$ en 2013). Enfin, Bangalore compte pour sa part 6.5 millions d'habitants, est le 4e pôle technologique au monde, exporte 36 % des logiciels indiens, dénombre 550 *start-up* réparties en deux hubs (*Electronic City et International Tech Park*), rassemble 35 % et 10 % respectivement des salariés et des ingénieurs informatiques (essentiellement chez les deux leaders « géants » nationaux : Infosys – 155 000 employés pour un CA de 5.2 milliards US$ et Wipro – 135 000 employés avec un CA de 4.2 milliards). Les start-up de Bangalore ont des chances supérieures de 24 % par rapport à celles de leurs concurrentes d'être cotées au NASDAQ.

Un noyau dur d'entreprises-phares : Le « premier cercle » est constitué d'Apple, Adobe, Cisco, eBay, Facebook, Twitter, Google, Yahoo, Microsoft, Nintendo, Netscape, Sony, Amazon, SAP AG, Hitachi, Fujitsu, auxquelles viennent s'adjoindre Hewlett-Packard, Siemens, Philips, Marvel, GE, Alcatel, Intel, Motorola, IBM. Ces 25 majors diversifient leurs investissements sur les pôles mondiaux les plus innovants, absorbent quantités de *start-up* prometteuses (M&A), créent des filiales, sous-traitants et succursales régionales. On estime à 65 % la part du CA mondial de la *High-tech* détenue par 70 multinationales et leurs 500 filiales.

Un tissu d'universités de renom international : Stanford/Berkeley pour la SV californienne ; Cornell/Columbia à Manhattan (projet de la Brooklyn Island de M. Bloomeberg) ; MIT/Harvard à Boston ; les deux Écoles de « l'insolence » : Technion de Haïfa et université Ben Gourion à Tel Aviv ; le plateau de Saclay pour un site à venir en France (X, HEC, Supelec, centres de recherche, Centrale pas très éloignée) ; etc.

Des spécificités nationales extrêmement accusées : La SV californienne s'articule autour d'Internet et des secteurs préalablement cités ; Silicon Wadi sur les logiciels de cyber-défense (en lien avec l'armée et les deux autres leaders : Finlande et Suède) ; sur la finance et les services financiers (Silicon Roundabout de Londres avec le *Google campus* fort de ses 1 300 *start-up*). Au RU, l'économie digitale est passé de 2.8 % du PIB en 2008 à 4.5 % PIB en 2013. Le gouvernement intervient en matière d'exemptions fiscales et de la création d'un « visa d'entrepreneur » ; la « Silicone Alley » de Berlin, à partir de ses quatre incubateurs, auxquels s'ajoutent le groupe OTTO (1er groupe de e-commerce en Europe), est connue pour son organisation « industrielle » qui va du financement, aux locaux, aux relations/presse, au recrutement, aux ressources techniques et marketing, résolument tournée vers les projets « à grande échelle » européens et mondiaux. L'Allemagne traite les *High-tech* avec la même rigueur que les secteurs de l'automobile, de la machine-outil et des énergies renouvelables.

…et un immeuble symbole : Sièges sociaux d'Apple, Twitter et Facebook de San Francisco, siège de Google/Europe sur le *Google campus* à Londres, Halle Freyssinet (100 000 m^2) dans le 13e arrondissement de Paris, *Flat Iron Building* à Broadway, etc.

Comme on le voit, la *French Tech*, portée financièrement à hauteur de 90 % par M. Xavier Niel, patron de Free, et de 10 % par l'État et la CDC aura du chemin à rattraper avec son projet « 1 000 *start-up* » à l'horizon 2016.

L'ÉCONOMIE INDIENNE : UN GÉANT AUX PIEDS D'ARGILE

Pays de 1.2 milliard d'habitants et « pharmacie du monde », l'Inde est en 2013 à la dixième place mondiale en termes de PIB en US$ courants (1973 milliards), et le troisième en PIB PPA (5 032 milliards). Sa part de marché en termes d'offre au niveau international (PIB PPA/PIB PPA Monde) s'élève à 5.8 %, après les États-Unis (18.6 %) et la Chine (15 %), mais devant le Japon (5.5 %) et l'Allemagne (3.6 %). Le pays compte 305 millions de pauvres (28 % de la population) – vivant avec un revenu inférieur ou égal à 1 US$/jour – et 39 % des enfants souffrent de malnutrition. À l'autre bout du spectre, la classe moyenne compte également 300 millions d'habitants dont 70 millions vivent selon les standards occidentaux (revenus supérieurs à 25 000 US$ PPA/tête/an). 12 habitants/1000 possèdent une voiture, pour un marché automobile de moins de 2 millions de véhicules par an.

L'agriculture pèse 18 % du PIB de l'Inde en 2013 pour 52 % de la population active (et 70 % pour la population rurale) ; les chiffres respectifs pour l'industrie étant de 26 % et 14 %, et pour les services de 56 % et de 34 %. Ces deux derniers secteurs affichent de bons niveaux de productivité. Les taux de croissance annuelle sur moyenne période sont de + 2 % pour l'agriculture, + 7 % pour l'industrie, et de + 10 % pour les services (services informatiques, services financiers, commerces, tourisme, transports et télécommunications). Si le « grand tournant » vers l'économie de marché date de 1978 pour la Chine, ce n'est qu'en 1991 que l'Inde s'est démarquée du modèle soviétique. Il en reste toutefois des séquelles en matière d'un fort interventionnisme de l'État dans l'économie, qui suit des « plans quinquennaux » la plupart du temps irréalistes et est souvent tentée par la voix du protectionnisme.

Une conduite à risques de la politique macroéconomique

Le PIB indien a connu une évolution hiératique sur la période 2008-2013. Après une croissance d'environ 9.3 % de 2005 à 2008, la croissance du PIB croît en moyenne annuelle de 7 %, soit 7.3 % en 2008, 6.7 % en 2009, année de la récession mondiale, 10.4 % en 2010,

7.7 % en 2011, 4 % en 2012 (soit la croissance la plus faible depuis plus de 20 ans). Elle serait de 5.7 % pour 2013 selon les prévisions du FMI. Sa croissance potentielle ressort à 7 % à long terme (2018).

L'économie est face à trois périls majeurs. La moyenne annuelle de l'inflation sur la période considérée est de 10.2 %, avec des pics de 10.9 % en 2009, 13.2 % en 2010 et 10.8 % en 2013. La maîtrise des tensions inflationnistes reste au cœur de la politique macroéconomique de court, moyen et long terme. L'arbitrage entre croissance et inflation s'avère une constante de la vie économique. À titre d'exemple, la Banque Centrale a relevé 13 fois ses taux directeurs en 2013 dans le double but de ralentir la hausse des prix et de remédier à la dépréciation continue de la roupie (- 20 % vis-à-vis du US$ de juin 2011 à juin 2012) depuis deux ans, renforcée récemment, à l'instar du réal et du rouble, par des anticipations de relèvement des taux aux États-Unis (ralentissement potentiel et vraisemblable à court terme du « QE » relatif à la politique monétaire en vigueur outre-Atlantique).

La balance des transactions courantes affiche un déficit moyen de 4.5 %, (dont - 5.8 % en 2009, - 5.1 % en 2012 et - 4.9 % en 2013). Le pays reste très dépendant de ses importations en pétrole, produits agricoles (blé, maïs, viande bovine) et biens manufacturés. Le taux d'investissement de la nation ressort comme très élevé (36.6 % en moyenne), pour une épargne de seulement 32.1 %. Le pays est donc dépendant des mouvements de capitaux à court terme, les flux d'IDE ne représentant qu'une contribution marginale par rapport aux autres grands émergents. La croissance moyenne des exports n'atteint que 5.7 %/an et 7.2 %/an pour les imports, en ligne avec la croissance de la demande intérieure. Un plan à moyen et long terme (fondé sur une augmentation des subventions) s'est donné comme objectif un taux de croissance annuelle des exports de + 15 % jusqu'en 2020 et de + 25 % pour la suite. À terme (2010-2020), l'Inde veut doubler ses parts de marché à l'international.

Enfin, le déficit budgétaire moyen s'élève à 8.7 %, ce qui est difficilement soutenable (avec - 9.5 % en 2009, - 9 % en 2010, pour se contenir à - 8.3 % en 2012 et 2013). Toutefois, la conjonction d'une croissance soutenue et d'une inflation importante fait que le pays enregistre un ratio dette/PIB moyen quasiment stable autour de 68 %

(71.1 % en 2008, contre 66.4 % en 2013). Il se désendette à la marge continûment sur la période, ce qui est rassurant pour les investisseurs internationaux.

Un soutien keynésien à la demande via des « plans de relance » fréquents et ambitieux

Les quatre plans de relance d'octobre, novembre, décembre 2008 et janvier 2009 ont été chiffrés par le FMI à 60 milliards US$, soit 4.8 % du PIB. Ils anticipent la crise de 2009, où l'Inde a craint un temps qu'elle allait lui coûter des destructions nettes de 10 millions d'emplois parmi les 150 millions dédiés à l'exportation (call centres, services informatiques « délocalisés »). Ces plans avaient essentiellement un quadruple objectif : une relance de la consommation (soutien direct et indirect accru à l'agriculture) ; des mesures sociales (à hauteur de 9 milliards US$, destinées à la fois à un programme de sécurité alimentaire (1.5 % du PIB) et à un plan de lutte contre la pauvreté des castes intérieures, des tribus, des femmes et enfants et des personnes âgées et handicapées) ; des dépenses en infrastructures (pour 19 milliards US$) ; et des aides à l'export et favorables en termes d'IDE (souscriptions à des emprunts privés pour remédier à la baisse de 78 % des IDE de juin 2011 à juin 2012). Plus précisément, les quatre plans ont visé à augmenter le plafond des investissements de portefeuilles étrangers (il passe de 6 à 15 milliards), à recapitaliser les banques (6 milliards) pour qu'elles investissent dans les projets d'infrastructures ; à baisser leur taux de réserve obligatoire de 5.5 % à 5 % ainsi qu'à diminuer leur taux d'escompte de 6.5 % à 5.5 %.

En septembre 2012, et sous la pression de l'UE (accord de libre-échange UE/Inde), le plan Singh, du nom du Premier ministre, consent à l'ouverture du commerce de détail à la grande distribution étrangère à hauteur de 51 % (il compte 12 millions d'entreprises employant 40 millions de personnes pour un CA de 400 milliards US$), après les décisions des provinces fédérées (9 provinces favorables, contre 6 défavorables). Il ouvre également l'aviation civile indienne à la concurrence étrangère à hauteur de 49 %, et s'apprête à en faire de même pour les assurances. Il augmente également le plafond du droit de vote des actionnaires pour promouvoir les IDE. Enfin, il s'engage dans un programme de vente des participations de l'État dans l'industrie (NMDC, 1er producteur de minerai de fer).

Plus récemment et en premier lieu, en février 2013, M. Singh, dans le cadre de la Loi de finance 2013-2014, annonce une hausse de 16 % des dépenses publiques avec pour objectif un déficit budgétaire de 4.8 % du PIB, et une nouvelle recapitalisation des banques publiques – le niveau des prélèvements obligatoires étant seulement de 18 % du PIB. En septembre 2013, est également présenté un plan pour 41 milliards US$ portant sur 36 projets d'infrastructures de réseaux (routes, rail, ports, aéroports, télécommunications, etc.) pour « relancer l'économie ». 13 milliards US$ iront aux projets énergétiques, et 28 milliards aux industries de réseaux. Cet effort s'inscrit dans le 11e plan quinquennal 2012-2017 doté d'une enveloppe de 1 000 milliards US$.

Des signaux contradictoires en termes de politique commerciale

Entre les deux examens/pays de l'OMC 2006/2007 et 2010/2011, le droit de douanes (d.d.) moyen de l'Inde est passé de 15.1 % à 12 %, pour une tarification moyenne de 8.9 % pour les biens industriels et de 33.3 % pour l'agriculture/agroalimentaire. Le droit de douane moyen entre 5 % et 10 % concerne 71 % des lignes tarifaires (et 13 % à taux inférieur à 5 %). Conformément à la philosophie de l'OMC, le pays s'est lancé dans « la facilitation du commerce » (e-procédures) et la gestion des risques en douanes. Toutefois, ses échanges extérieurs sont jugés peu transparents (système de permis et licences, nombreuses exemptions, droits « aléatoires », surtaxassions de certains imports – d.d. standard + droit compensateur + droit additionnel spécial). Les IDE sont aujourd'hui totalement libéralisés (aucune restriction ni plafond sectoriels), sauf en ce qui a trait aux services financiers.

Par ailleurs, pour le secteur « textile/habillement », qui emploie 35 millions de personnes, 685 lignes tarifaires sont frappées par des taux alternatifs. Les pics tarifaires dans ce secteur et pour les produits agricoles/agroalimentaires peuvent s'élever à 150 % voire 600 %. Plus inquiétant, en 2010/2011 l'Inde avait diligenté 209 enquêtes anti-dumping (207 impositions de droits sur la chimie, les plastiques, le caoutchouc, les métaux, les textiles, etc.) contre 34 partenaires. L'Inde est le troisième utilisateur mondial de cet outil de défense commerciale (derrière les États-Unis et l'UE). Le chiffre n'était que 176 en 2006/2007. L'Inde a aussi recours à des clauses de sauvegarde qui instaurent des Restrictions quantitatives (RQ). Elle peut avoir recours au « principe de précaution », notamment eu égard à la Loi sur la sécurité sanitaire des produits alimentaires (accord SPS). L'agriculture reste régie par un système de soutien direct et indirect – prélèvements/restitutions, à l'instar de la PAC européenne, soutien qui est également en vigueur pour le diesel, les engrais, et les services de base : éducation, santé, électricité, eau. Une loi de 2002 a créé la Commission indienne sur la concurrence, qui examine les projets majeurs en termes de fusions-acquisitions. Les marchés publics sont fermés (80 % se font au niveau des provinces subfédérées), et le respect des droits de propriété intellectuelle est également du ressort des provinces. À ce titre, l'Inde figure sur la « liste noire » américaine des 13 États ayant le plus recours à la contrefaçon.

À l'inverse du Brésil, l'Inde ne s'est que peu lancée dans une politique d'accords de libre-échange. Si Nehru avait initié le mouvement des non-alignés (G77), la politique commerciale avec les États-Unis s'inscrit dans le programme NSSP « Next Steps in Strategic Partnership », lancée par le président Bush, qui donne des résultats peu substantiels. Vis-à-vis de la Chine, elle vise avant tout à trouver une issue honorable à un conflit territorial vieux de 50 ans. Elle a toutefois conclu un ALE avec l'ASEAN, au sein de son programme « Look East », et un autre avec le Mercosur, ses deux blocs étant des partenaires marginaux de ses échanges, exceptés pour les produits agricoles. Elle a aussi signé des accords bilatéraux ponctuels avec le Chili, la Corée, l'Afghanistan, le Japon, la Malaisie et Singapour.

La grande affaire demeure la négociation de l'accord de libre-échange UE/Inde. Entamée depuis juin 2007, les deux parties prenantes ont repris le 15 avril 2013 une négociation de dernière heure (les législatives en Inde doivent avoir lieu début 2014). Les échanges bilatéraux sont passés de 92 milliards d'euros en 2005 à 237 milliards prévus en 2015. Les points majeurs de l'accord en sont la libéralisation des IDE dans le secteur de l'assurance (passage d'un plafond de 26 % à 49 %) ; l'accès au marché des vins et spiritueux et des voitures de luxe (diminution tarifaire) ; et enfin, les brevets sur les produits pharmaceutiques (l'Inde est le troisième producteur mondial).

Le sujet est chaud car il advient après que Novartis ait été débouté en justice à cause d'un brevet « insuffisamment novateur » en ce qui concerne un médicament anti-leucémique. Devraient également figurer des coopérations stratégiques sur les énergies renouvelables, un projet-pilote eau/bioressources, et d'autres sur des secteurs porteurs comme l'énergie nucléaire civile, la santé et les NTIC.

« Filière nationale » et politique autocentrée privilégiant la demande intérieure

L'Inde est, selon une expression convenue, la « pharmacie du monde ». Elle s'est spécialisée sur les médicaments génériques à destination du tiers-monde en général et de l'Afrique en particulier. 50 % des médicaments dispensés par l'Unicef proviennent d'Inde. Elle produit environ 35 000 médicaments et détient des parts de marché substantielles pour les antirétroviraux (93 %), les anticancéreux (62 %), le SIDA, la tuberculose et le paludisme (supérieures à 50 %). L'Inde produit à très faibles coûts : le rapport prix américains/prix indiens va de 1/10 voire de 1/50 pour certaines classes de médicaments. Le quart des produits pharmaceutiques validé par la FDA américaine est indien. Le marché intérieur, de 10 milliards d'euros en 2010, a atteint 14 milliards en 2012 et devrait être de 25 milliards en 2017 (taux de croissance de + 17 % par an). Forte de plus de 500 laboratoires et de 750 000 médecins, l'Inde est la proie des grandes multinationales occidentales (Roche, Lily, Merck, etc.) qui mènent une politique de fusions-acquisitions très agressive. Parallèlement se développe le marché des biotechnologies : 2.5 milliards US$ en 2011 pour une croissance annuelle de + 35 %.

Sectoriellement, l'Inde est le premier producteur mondial de millet, de lait, de noix de coco, de thé, de bananes et de poivres ; le second en ce qui concerne le riz, le blé, la canne à sucre, les arachides et le troisième pour le caoutchouc, le coton, les ovins et le tabac. 36 % des imports agroalimentaires viennent de l'Argentine et d'Indonésie et 60 % du Brésil, de Birmanie, des États-Unis, du Sri Lanka. Les exportations agroalimentaires vont aux États-Unis, en Arabie Saoudite, au Japon, dans les Émirats arabes unis, et au Bengladesh. Au niveau industriel, l'Inde est le troisième producteur de charbon et de lignite, le 4e pour le fer et le 8e pour l'acier. Pour ce qui est des immatriculations automobiles, Suzuki détient une part de marché de 43 %, 18 % pour Hyundai, 4 % pour Toyota et 3 % pour Honda.

Les exportations se font à hauteur de 12.8 % vers les États-Unis, de 12.4 % pour les E.A.U., de 5.1 % vers la Chine, de 4.7 % à destination de Singapour et de 4.1 % vers Hong-Kong (le Royaume-Uni est assez loin derrière avec 2.8 %, comme l'Allemagne – 2.5 % – et le Japon – 2.2 %). Les importations viennent de Chine (11.1 %), de Suisse (5.9 %), des États-Unis (4.9 %), d'Allemagne (3 %) et d'Indonésie (2.9 %). Les autorités mènent une politique de diversification en matière d'importations d'hydrocarbures (7.7 % en provenance des E.A.U., 6.7 % d'Arabie Saoudite, 4 % d'Irak, 3.6 % du Koweït et 3.4 % du Qatar).

Par secteurs, les exportations proviennent des huiles de pétrole et autres bitumineux (18.2 %), des diamants (7.7 %), de la bijouterie (6.3 %), des médicaments (2.9 %), du riz (2.1 %), de l'automobile (1.5 %) et des pièces détachées. Côté imports, les achats à l'étranger portent sur les hydrocarbures (30.4 %), l'or (10.8 %), les diamants (4.3 %), la houille (3.1 %), le gaz (2.9 %), les appareils de radio (1.1 %), la bijouterie (1.1 %), et l'électricité et le téléphone (1 %). Comme on le voit, les principaux produits agricoles où l'Inde détient une place déterminante comme producteur, ne figurent pas au rang des principales exportations, ce qui signifie qu'ils sont entièrement absorbés par le marché intérieur. Enfin, les échanges commerciaux indiens gardent en partie les traces de la Renaissance, voire de l'Antiquité (or, diamants, bijoux), quand les flux à destination de Rome passaient par la Route de la soie en provenance de Chine.

Enfin, l'Inde monte en puissance très rapidement en ce qui concerne les dépenses pour sa défense. Les achats du budget militaire étaient de 3.5 milliards US$ pour 2004-2005, 11 milliards pour 2008-2009, de 28 milliards pour 2009-2010 et devrait atteindre 50 milliards en 2020, ce qui en ferait le premier importateur mondial à cette date. Son premier fournisseur est de très loin la Russie, mais la France a décroché la commande de 150 « Rafale ».

Au total, l'Inde est un pays dual où coexistent les technologies les plus sophistiquées (région de Bangalore), et la misère la plus noire. Le parti du Congrès, qui dirige depuis 2009 la coalition de l' « Alliance progressiste unie » est très soucieux d'opérer la transition du pays vers l'économie de marché selon le rythme qui lui semble adapté à ses fortes contraintes sociales. Il est toutefois souvent frappé d'immobilisme, de clientélisme et de corruption et manque du courage nécessaire pour imposer les réformes. On l'a bien vu lors des sept années de négociations de l'accord UE/Inde, où les annonces n'étaient pas suivies d'effet, comme lors de l'ouverture à la grande distribution étrangère du commerce de détail, où il a transmis pour décision le dossier aux provinces.

L'INDONÉSIE DANS L'ASEAN : LE RETOUR D'UN GÉANT

Faisant partie des « cinq grands », conjointement avec le Brésil, la Russie, la Chine et l'Inde, pays avec lesquels l'OCDE avait développé une coopération et un partenariat renforcés, l'Indonésie disparaît des écrans radar lors de la « crise asiatique » de 1998/2000. Son PIB en volume sur les trois années s'effondre de 17 %, l'ampleur du choc initial ayant été amplifiée par les recommandations inadaptées administrées par le FMI.

Dès lors, le pays se remet lentement de ce traumatisme, la croissance accélérant progressivement de 2/3 % en rythme annuel jusqu'à 2004, puis 4 % jusqu'à 2007. La politique économique adoptée dès lors est remarquablement maîtrisée et dégage de bons résultats sur toute la période 2008-2013, opérant une « sortie de crise » exceptionnelle. La fin de l'année 2013 alimente toutefois une certaine inquiétude, caractérisée par une nette dégradation des fondamentaux, qui jointe à la dépréciation de la monnaie peut faire craindre des sorties de capitaux d'ampleur variable.

En tout état de cause, ce pays revient à toute vitesse parmi les BRICS, et est considéré à nouveau comme un grand émergent, comme en atteste le flux d'articles dans les journaux spécialisés, et la multiplication des analyses de risque/pays qui lui sont consacrés. À cet égard, peut-être sommes-nous à l'orée d'un risque indonésien pour 2014.

Le retour d'une croissance forte et pérenne

Le PIB indonésien en volume croît annuellement de 6 % par an à compter de 2008 et ce résultat la situe parmi les plus fortes croissances mondiales sur la période 2008-2013, derrière les performances de la Chine (10.5 %) et du Laos (7 %). Le PIB en US$ courants passe de 511 milliards US$ à 946 soit un quasi-doublement (+ 85 %), alors que le PIB en US$ PPA augmente de + 44 %. La part de l'Indonésie dans le PIB PPA mondial croît de 1.3 % en 2008 à 1.55 % en 2013, ce qui est considérable sur une période si courte.

Le taux d'investissement et le taux d'épargne se maintiennent à des niveaux très élevés : 33.3 % en moyenne annuelle pour le premier et 32.8 % pour le second, soit des taux de « tigres asiatiques ». La balance des transactions courantes, excédentaire entre 2008 et 2011, fait place à de faibles déficits (- 2.7 % en 2012 et - 3.4 % en 2013). L'investissement est autofinancé sans apport d'épargne nette de l'étranger, la fin de période mise à part. Le niveau très élevé du taux d'épargne de la nation s'explique par la neutralité du budget de l'État (proche de l'équilibre sur l'ensemble de la période), une épargne nette des entreprises abondante et un accroissement de l'épargne de précaution de la part des ménages, échaudés par une crise asiatique qui reste toujours dans tous les esprits.

En 2009, année de la crise, la croissance décroche modestement (croissance du PIB de 4.6 %), ce qui rend compte de la baisse violente des imports (- 15 %). L'ampleur du décalage conjoncturel explique bien que les imports croissent de 8.5 % en moyenne annuelle, alors que les exportations n'augmentent qu'à un rythme de 4.3 % sur la période.

La politique économique suivie est un succès. Les tensions inflationnistes restent contenues (6 % en moyenne annuelle avec une baisse régulière : 9.8 % en 2008, 5.1 % en 2010 et 4.2 % en 2012). Porté par la forte croissance, le chômage enregistre également un recul lui aussi régulier : 8.4 % en 2008, 7.1 % en 2010, 4.2 % en 2012, pour une moyenne annuelle de 7 % sur la période. Le déficit public est à l'équilibre jusqu'en 2011, pour nouer avec un faible déficit en 2012 (- 1.7 %) et 2013 (- 2.2 %). Le ratio dette/PIB baisse continûment de 32.2 % en 2008 à 24.4 % en 2011, pour s'accroître un peu en 2012.

Si le bilan d'ensemble est très satisfaisant, l'année 2013 marque un début de détérioration : décélération du PIB à 5.3 %, diminution du taux d'épargne de la nation à 31.2 %, résurgence de l'inflation à 7.2 %, extrême modicité de la croissance des exports à 1.1 % par manque de compétitivité des entreprises, remontée du ratio dette/PIB à 26.2 %, détérioration de la balance des transactions courantes qui fait place à des déficits les deux dernières années (24 milliards US$ en 2012 et 30 milliards en 2013). Comme il est dit plus haut, l'ensemble des fondamentaux enregistre de nettes dégradations qui augurent mal pour 2014.

L'Indonésie est relativement peu ouverte à l'international. Son taux d'ouverture, proche de 30 % est deux fois moindre que celui des autres partenaires ASEAN (moyenne proche de 55/60 %). L'évolution de la conjoncture internationale se résume pour l'Indonésie à trois pays et un bloc : le Japon, premier client avec une part de marché de 16 % et second fournisseur (14 %) ; la Chine, second client (12 %) et premier fournisseur (17 %) ; les Etats-Unis, troisième client (8 %) et quatrième fournisseur (6 %) – l'évolution du bloc ASEAN dépendant de ces trois pays également. Si l'évolution de la conjoncture en Chine, Japon et États-Unis revêt une importance toute particulière, l'Indonésie restera malgré tout dépendante du dynamisme de sa demande interne, et en premier lieu de la consommation des ménages, qui subit un arbitrage défavorable en direction de l'épargne de précaution.

L'Indonésie et l'ASEAN

L'ASEAN est un groupement de pays fondé en 1967 à l'initiative de la Thaïlande. Il s'est doté d'une zone de libre-échange qui regroupe 10 pays : l'Indonésie (PIB 2013 US$ courants de 946 milliards et population de 248 millions d'habitants) ; les Philippines (284 milliards et 97 millions) ; le Vietnam (156 milliards et 91 millions) ; la Thaïlande (319 milliards et 65 millions) ; le Myanmar (60 milliards et 65 millions) ; la Malaisie (328 milliards) ; Singapour (287 milliards) ; le Cambodge (15.7 milliards) ; le Laos (10.3 milliards) et le Brunei (16.4 milliards).

En 2005, l'ASEAN générait un PIB de 862 milliards US$ courants et comptait une population de 558 millions d'habitants. En 2013, les flux passent respectivement à 2 422 milliards (multipliées par un facteur 3), et 624 millions (+ 12 %). C'est donc une zone de grand dynamisme économique.

En 2013, l'ASEAN considérée dans son ensemble pesait un PIB de 2 422 milliards US$ courants, soit autant que le Royaume-Uni (2 423), ce qui le plaçait au 7e rang mondial. En US$ PPA, le PIB 2013 était de 3 770 milliards, c'est à dire plus que celui de l'Allemagne (3 383), soit à la 5e place mondiale. On voit ainsi que ce groupement a atteint un seuil critique pour peser sur les négociations mondiales (chaise unique pour les « rounds » de l'OMC).

55 % des échanges commerciaux se font à l'intérieur de l'enceinte du dialogue ASEAN10 + 3 (Chine, Japon, Corée), soit beaucoup plus que le commerce intra-zone du Mercosur (ancien périmètre) (13 %), que celui de l'ALENA (8 %), mais moins que l'Union Européenne (62 %). De plus, 70 % des investissements directs étrangers (IDE) se font en intra ASEAN10+3 + Hong-Kong + Taiwan, ce qui ressort comme une performance supérieure à celle de l'UE. Comme on le voit, la zone est fortement intégrée tant du point de vue du commerce que de l'investissement, et dépend de façon cruciale du comportement des entreprises japonaises et chinoises.

La répartition des poids des pays de l'ASEAN est stable dans le temps, et ne dépend que peu de l'indicateur choisi (US$ courants ou US$ PPA). L'Indonésie représente 37 % du PIB de l'ASEAN, la Thaïlande 14 %, la Malaisie 13 %, les Philippines 12 % comme Singapour, le Vietnam 7 %, le Myanmar 3 %, le Brunei et le Cambodge 1 % et le Laos 0.5 %. Pour utiliser une comparaison européenne, l'Indonésie ressort comme « l'Allemagne » de l'ASEAN, les quatre autres pays étant respectivement « la France », « le Royaume-Uni », « l'Italie » et « l'Espagne ».

Quand on s'intéresse cette fois à la croissance du PIB en volume, l'Indonésie rejoint le groupe de tête (croissance annuelle moyenne de 6 % sur la période 2008-2013), formé du Laos (6.9 %), du Vietnam (5.75 %), du Myanmar et du Cambodge (5.5 % chacun). La Thaïlande, la Malaisie et les Philippines, groupe intermédiaire, ne croissent qu'aux alentours de 4 %, les pays restants ne progressant que faiblement. L'Indonésie, pourtant membre fondateur depuis 1967, enregistre une croissance de « rattrapage » au même titre que les quatre derniers arrivants (ASEAN4) – le Cambodge, dernier arrivant, ne s'est intégré à l'ASEAN qu'en 2009. La comparaison en valeur à partir des PIB en US$ courants donne des résultats similaires : croissance 2008-2013 de 100 % pour le Laos, de 85 % pour l'Indonésie, de 94 % pour le Myanmar, et de 73 % pour le Vietnam.

Si l'on s'intéresse enfin aux performances en termes d'exportations en volume des biens et services, l'ASEAN4 forme le groupe de tête : croissance annuelle moyenne de 13.4 % pour le Cambodge, de 10 % pour le Vietnam, de 9.7 % pour le Laos et de 9.5 % pour le Myanmar.

Les exports indonésiennes n'augmentent que de 5.5 % et les autres pays enregistrent un faible accroissement compris entre 1.5 % et 3 %.

Au total, l'Indonésie est revenue dans le jeu des grands acteurs au sein de l'ASEAN. Avec un poids de 37 % de l'économie de la zone, elle est à même de faire valoir ses vues, notamment en termes de négociations commerciales multilatérales à l'OMC (elle fait en outre partie du groupe de Cairns qui prône un démantèlement intégral des subventions en matière agricole). Elle s'intègre enfin à l'extrême dynamisme des pays de l'ASEAN4, que ce soit en matière de croissance du PIB ou d'exportations, mais de manière moindre cette fois. L'Indonésie se voit donc comme une puissance régionale à un emplacement géostratégique crucial, à l'intersection de l'océan indien, de la mer de Chine et de l'océan Pacifique, où elle tisse des liens spécifiques avec l'Australie et la Nouvelle-Zélande.

UNE COMPARAISON INDUSTRIELLE FRANCE-ALLEMAGNE : POURQUOI UN TEL DÉCLIN RELATIF ?

Sur une longue période, alors que la France se désindustrialise en termes d'offre industrielle, perd des parts de marché mondiales du fait d'un appareil exportateur faible en « grosses » PME, se positionne sur le moyen de gamme et est très sensible à la variation de son taux de change effectif réel (euro à compter de 2000), l'Allemagne offre un tableau presqu'inverse. Paradoxalement, les délocalisations vers les pays émergents seraient toutefois comparables en termes relatifs.

Les comparaisons France-Allemagne sur la période 1995-2012 se présentent comme suit :

Désindustrialisation

L'emploi manufacturier en pourcentage de la population totale est passé en Allemagne de 24 % à 19 % contre respectivement 17 % et 12 % en France. On sait plus globalement par ailleurs qu'en 37 ans (1980-2007), la France a perdu 36 % de ses effectifs manufacturiers, soit de 5.3 millions à 3.4 millions en 2007, ce qui correspond à une destruction nette de 1.9 million de salariés, dont 1.5 million au titre de l'*outsourcing* (tertiarisation de l'emploi industriel). Alors que la valeur ajoutée de l'industrie par rapport au PIB est restée stable sur la période outre-Rhin (21 %), cette part s'inscrit sur un trend baissier en France (de 15 % à 12 %), après avoir culminé en 1980 à 24 % du PIB national, date où notre pays était en droit d'attendre une convergence d'avec les performances allemandes.

Pertes de parts de marché mondiales

L'Allemagne conserve sa part de marché globale sur la période de 11 % à 10.5 % alors que le décrochage français est massif : de 6.2 % à tout juste 4 %.
Coûts salariaux unitaires (CSU) : Entre 2002 et 2012, les salaires horaires bruts ont crû de 23 % en Allemagne, soit un chiffre inférieur à la progression de la productivité apparente du travail. Le chiffre s'inscrit à 38 % pour la France. Néanmoins, il n'y a pas de

divergences notables dans les CSU en niveau. Ils sont de 33.1 en euros en 2010 en Allemagne contre 34.2 en France. Entre 1993 et 1995, l'Allemagne a réfléchi au Standort Deustchland (ou comment préserver l'attractivité internationale du territoire allemand après la réunification), vaste exercice collectif qui a rassemblé l'ensemble des parties prenantes (églises comprises). L'un de ses résultats est d'avoir facilité la maîtrise des coûts salariaux unitaires. Dans la même veine, les réformes du marché du travail (réformes Hartz I, II, III), adoptées par le gouvernement Schröder entre 2003 et 2008 – période où le taux de chômage allemand était supérieur à son homologue français – ont visé à libéraliser considérablement les règles antérieures prévalant sur le marché du travail et à modérer l'inflation salariale outre-Rhin (absence de SMIC, prévalence donnée aux contrats « courts » (CDD, intérim, stages…).

Marges : À l'inverse la profitabilité des exportations diverge de 30 points entre les deux pays. En base 100 en 1995, la marge brute des exports décline de 15 % en variation 1995-2012 en France, contre l'exact opposé en Allemagne (+ 15 points). Une telle divergence de comportement tient au positionnement en gamme des deux pays. Les performances exportatrices de notre pays sont directement corrélées avec l'évolution du taux de change effectif réel, alors que l'Allemagne est franchement price-marker au sein de l'environnement international. Notre pays enregistre donc un gros handicap de profitabilité de ses exports, qui n'est pas compensé par des avantages comparatifs en termes de compétitivité hors coûts et hors prix (qualité, notoriété des produits, efficacité dans l'organisation des réseaux de distribution…).

Appareil industriel : La démographie des firmes est parlante. En 2009, la France comptait 91 900 entreprises exportatrices, contre 239 437 outre-Rhin, dont les 4/5 composées de « grosses » PME (250 à 2000 salariés). La hausse de la production manufacturière de l'Allemagne a été sensible sur la période, comme l'atteste la vigueur de l'investissement productif outre-Rhin, en phase avec la demande mondiale (indice 140 pour une base 100 en 1995), alors que l'indice français n'augmentait qu'à la marge (indice 105). Les exportations en volume ont connu un quasi quadruplement outre-Rhin (indice 280), alors qu'elles ne faisaient moins que tripler en France (indice 180). Ceci explique le différentiel du taux d'utilisation des capacités de production entre nos deux pays. De fait, l'Allemagne est plus tributaire que la France de la conjoncture mondiale, c'est l'une des raisons du rôle clé de son positionnement sur les secteurs intensifs en R&D (machines-outils, automobiles, chimie/pharmacie/engrais, matériels électriques et électroniques – dans l'électroménager notamment ...). Phénomène pérenne : la balance courante allemande a été continûment excédentaire depuis 1952, représentant de 4 % à 5 % du PIB certaines années.

Enfin, et paradoxalement, **les délocalisations semblent avoir eu le même impact dans les deux pays en termes relatifs**. Il peut exister bien des manières pour appréhender ce phénomène. Quand on rapporte les importations de biens intermédiaires à la valeur ajoutée industrielle en valeur, on passe de 28 % en Allemagne à 60 % en 2012 (doublement), les indices respectifs pour la France étant de 44 % à 82 %, soit un ratio de différentiel proche. De même, les importations des émergents hors Russie et OPEP sur le PIB manufacturier quadruplent grossièrement : de 12 % à 42 % pour l'Allemagne et de 9 % à 38 % pour la France.

La Direction de la Politique Économique (DPE) du ministère de l'Économie et des Finances avait procédé dans le milieu des années 2000 à une estimation des délocalisations en France. À partir d'un niveau très fin de la nomenclature douanière (NAP 20 000) avaient été isolés les secteurs connaissant à la fois une augmentation de plus de 10 % de leurs imports par an sur trois ans, et qui enregistraient dans le même temps des pertes d'emplois de plus de 10 % sur la même période. La DPE obtenait in fine un majorant des pertes d'emploi à hauteur d'un flux annuel de l'ordre de 20 000 salariés. Si l'on pose comme hypothèse que ce phénomène n'a agi pleinement qu'à partir d'il y a 20 ans, on obtient bien les 400 000 destructions nettes d'emplois – bien que le phénomène ne soit pas linéaire, mais plutôt exponentiel (1.9 million – 1.5 million d'*outsourcing*). En niveau, et si on applique le même ratio par rapport à l'emploi industriel total (soit 12 %), l'Allemagne aurait subi à ce jour près d'un million d'emplois net dû aux délocalisations (sur une population industrielle 1995 de 10 257 600 salariés).

Cette estimation est à rapprocher des conclusions d'une étude conjointe FMI/Banque Mondiale de 2007, où il apparaît que la globalisation de l'économie-monde a sorti du seuil de pauvreté en 20 ans 800 millions d'individus, concentrés pour les ¾ sur la Chine. Les deux institutions ont réitéré leurs calculs en 2011 et tiré comme enseignement majeur que l'acmé de la crise en 2008 et 2009 avait eu comme conséquence de ramener 150 millions de travailleurs sous le seuil de pauvreté, soit malgré tout un solde sur la période très nettement positif. Si l'on pose comme hypothèse que les parts de marché au niveau mondial reflètent les différentiels de l'offre productive industrielle (27.5 % pour l'Europe (a), 12 % pour la Chine, 10 % pour les États-Unis (b) et 8 % pour le Japon (c) en 2010), et que l'Allemagne a une part de marché de 11 %, le nombre total des délocalisations dans les pays de l'OCDE ((a)+(b)+(c)) atteindrait une fourchette de 6 à 7 millions de postes de travail déplacés dans les pays émergents, ce qui n'est pas considérable et en ligne avec les comportements observés en France.

Parallèlement, il est logique que de telles délocalisations aient un impact en termes d'emplois bien supérieur chez les émergents, une partie de la différence résultant de l'écart des productivités globales des facteurs (PGF) entre pays de l'OCDE et ces derniers. Même si une estimation soit impossible à formuler « scientifiquement », on a en tête des facteurs de 1 à 5 jusqu'à 1 à 10, ce qui ramène d'autant à la baisse le différentiel de CSU nominaux. À retenir enfin que les États-Unis ont déployé des implantations industrielles à la fois anciennes (Amériques centrale et du Sud selon la « doctrine Monroe » au XIXe siècles), massives, en Europe à partir de la fin de la seconde guerre mondiale (en 1995, le SESSI du Ministère de l'Industrie estimait à 1/3 le nombre de salariés travaillant pour des sociétés mères américaines), et offensives, au Japon et en Corée dans les années 60 et 70, et enfin en Asie du Sud-Est à compter des années 80 et 90. Au milieu des années 90, on évaluait que le chiffre d'affaires consolidé des entreprises américaines représentait les 2/3 du commerce mondial (soit 5 000 milliards de US$ à l'époque).

L'IRAN ENTRE ARCHAÏSME ET MODERNITÉ

L'Iran demeure un important producteur mondial de pétrole et de gaz. Cette rente de situation est mise à profit par un État omnipotent et archaïque qui freine tout développement domestique, et reste attaché à une planification quinquennale dont les objectifs ne sont jamais atteints. L'Iran, qui s'est mis au ban des nations, est contraint à une politique extérieure et commerciale des plus restreintes.

Avec un PIB nominal de 405 milliards US$ prévu (FMI) pour 2014, L'Iran figure à la 21e place mondiale en termes de PIB, et à la 17e place en PIB PPA (974 milliards). Elle figure au troisième rang pour le Proche et Moyen-Orient, derrière la Turquie et l'Arabie Saoudite, ce qui en fait une puissance régionale de poids.

L'Iran est le 2e État producteur de pétrole de l'OPEP, et détient la troisième place pour les réserves confirmées (10 % du total). Il possède également un rang important pour le gaz (2e réserves mondiales avec 15 % du total). La production a culminé en 1974 avec une production de 6 millions de barils/jour. Les hydrocarbures totalisent 80 % des exportations du pays et plus de 50 % des recettes de l'État. En 2011, les exportations étaient de 2 millions de b/j en 2011, mais elles chutent à 800 000 en septembre 2012 du fait de l'embargo européen inhérent au problème du développement de l'industrie nucléaire civile. L'Iran importe plus du tiers de son carburant, du fait de la destruction partielle des raffineries inhérente à la guerre avec l'Irak (1980-1988).

Fin novembre 2013, un accord préliminaire sur le nucléaire a été trouvé grâce à l'élection du président Rohani entre l'Iran et le groupe des 5 + 1 (États-Unis, RU, France, Chine, Russie et Allemagne). Le nouveau gouvernement s'est engagé à l'arrêt de l'enrichissement de l'uranium et à une surveillance accrue de l'AIEA.

Une montée des périls macroéconomiques

L'Iran a dégagé une croissance faible de 0.9 % par an sur la période 2008-2013. Elle devrait atteindre 1.5 % en 2014. En 2010, le revenu/tête restait encore inférieur à ce qu'il était dans la décennie 70, du fait du doublement de la population. L'embargo européen de janvier 2012 a été redoutablement efficace, puisque le PIB se rétracte de 5.6 % pour - 1.7 % en 2013. En 2012, les exports se sont effondrées de près de 26 % et le rapport balance des transactions courantes/PIB est passé de 12.5 % en 2011 à 6.6 % en 2012. Le PIB par habitant s'est rétracté de 6 697 US$ en 2008 à 5 193 en 2014 (soit - 22 %).

Le pays doit affronter trois problèmes majeurs. L'inflation peine à descendre en dessous du seuil de 20 %, pour s'inscrire à 22.7 % en moyenne sur la période, après 30.5 % en 2012 et 35.2 % en 2013 (le FMI affiche une prévision de 23 % en 2014). Elle érode le pouvoir d'achat des ménages mais allège la charge de la dette et facilite la distribution des revenus.

Le chômage est sur une pente croissante : il passe de 11.4 % en 2009 à 12.9 % en 2013 pour atteindre 14 % en 2014. Le FMI le voit s'accroître à terme : 16.2 % en 2019. C'est un chômage à la fois keynésien (récession de 2012 et 2013), et « classique », les rémunérations octroyées étant supérieures à la croissance de la productivité marginale. Il alimente les difficultés d'accès au logement et fait croître la pauvreté (de 18 % de la population selon les sources officielles et de 40 % pour le *CIA World Factbook*).

Le creusement du déficit public est également inquiétant : à l'équilibre sur la période 2008-2010, il se creuse tendanciellement pour atteindre 2.5 % en 2014, après - 1 % en 2013. En période de récession, le pouvoir augmente ses subventions aux plus pauvres sous la forme de baisse des prix de l'essence, des denrées alimentaires de base et des contributions des services publics.

Le pays garde encore des atouts. L'investissement brut reste à un niveau élevé en moyenne annuelle sur la période (38.9 %), financé et au-delà par l'épargne brute intérieure (45.8 %), soit des niveaux « à l'asiatique ». Concomitamment, le pays dégage un excédent d'épargne, puisque le ratio balance des paiements/PIB atteint en moyenne 6.9 %, après 7.2 % en 2008, 12.5 % en 2011, 8.1 % en 2013 pour une prévision de 5.2 % en 2014. Le pétrole compte pour 80 % de ces montants. Enfin, la dette publique est quasiment inexistante puisqu'elle passe de 8.8 % en 2009 à 10.6 % en 2013 et 10.8 % en 2014.

Ces résultats sont obtenus en dépit de la croissance démographique galopante. Alors que le pays comptait environ 10 millions d'habitants en 1910, le chiffre pour 2014 s'inscrit à 78 millions. Le nombre d'enfants/femme, de 8 à cette époque, et passé à 5 dans les années 70, pour être aujourd'hui de 1.85. La population est alphabétisée à hauteur de 80 %, la scolarité moyenne est de 12 ans. Les démographes s'attendent à une stabilisation autour de 100 millions d'habitants à l'horizon 2030. La population active n'est en conséquence que de 24.3 millions de personnes (soit un rapport de 31 % de la population totale). Le pays garde la structure d'une économie en voie de développement : les secteurs primaire, secondaire et tertiaire sont de respectivement 10 %, 45 % et 45 % en termes de VA, et de 25 %, 31 % et 45 % en termes de population active.

Une théocratie monolithique et omnipotente

Le président de la République (Hassan Rohani), n'est que le cinq ou sixième personnage de la vie politique. Le Guide de la révolution (Ali Hossein Khamenei) est le premier d'entre eux, nommé par l'Assemblée des Experts (86 membres du clergé élus au suffrage universel). Cette dernière supervise la politique menée par le Guide. Celui-ci est chef des armées, à la tête du pouvoir judiciaire, responsable des bonyads (système de coopératives), et nomme les patrons des médias (presse, radios, TV).

Le conseil des gardiens (12 juristes dont 6 sont nommés par le Guide Suprême, et 6 par le pouvoir judiciaire, lui aussi du ressort du Guide) détient une place centrale. Il examine la recevabilité des prétendants au siège de président, ainsi que de tout membre du corps législatif (290 députés à la Majles – le parlement). Enfin, 10 membres religieux du Conseil des Gardiens forment le Comité de discernement (de l'intérêt supérieur du régime), qui est un corps consultatif auprès du Guide et veille à la médiation des problèmes entre le parlement et le Conseil des Gardiens.

Chaque instance « civile » de la République est doublée par les religieux. L'armée (738 000 hommes dont 550 000 pour l'armée de terre), est doublée par les Gardiens de la Révolution (155 000 hommes). De même, chaque tribunal civil est doublé par les tribunaux révolutionnaires. Une telle partition des tâches rappelle mutatis mutandis le fonctionnement des institutions de l'ex-URSS.

Elle explique, au moins en partie, l'intensité de l'économie informelle, qui représenterait le quart du PIB. Toutefois, 137 agences gouvernementales spécialisées, œuvrent au piratage des dons d'organes (le prix d'un rein avoisinant 2 400 euros). Le totalitarisme clérical donne peu de poids au respect des droits de l'homme : lapidation pour adultère, travail des enfants, répression des homosexuels et travestis, premier pays au monde pour les exécutions sommaires (317 en 2008 selon Amnesty International).

Le peuple essaye de s'échapper de ce climat de plomb via les moyens de communication et Internet. En 2000, on comptait déjà 252 radios, 158 TV, 219 lignes téléphoniques et 110 PC pour 1 000 habitants. Le pays figurerait au 9e rang au monde en termes de nombre de bloggers (ils seraient plus de 100 000 en 2010). Cette liberté inquiète le pouvoir en place. Ainsi, la police a saisi en mars 2009 125 000 antennes paraboliques à Téhéran.

Une omniprésence de l'État dans la vie économique

Après l'annulation de la « Révolution blanche » du Shah d'Iran (vaste plan de réformes visant à moderniser l'économie et la société iranienne à marche forcée), l'appareil productif est divisé en trois classes. Le secteur public couvre le pétrole et le gaz (nationalisés par le premier Ministre Mossadegh en 1951), les mines, l'industrie lourde (pétrochimie, chimie, sidérurgie, métallurgie, etc.), les banques et les assurances, les chemins de fer, les ports et aéroports, les routes, les télécommunications et les postes, etc.

Le secteur coopératif (bonyads), entre les mains des fondations religieuses est en charge de la redistribution des ressources (essence, produits alimentaires, logement) et rend compte au Guide Suprême. Enfin, le secteur privé qui regroupe l'agriculture et l'élevage, ce qui reste de l'industrie, et les services, est réduit à la portion congrue. On considère ainsi que 90 % des travailleurs sont rémunérés par l'État.

Le secteur privé compte l'industrie automobile. Elle produisait encore plus d'un million de véhicules en 2008, pour décroître en 2010 et suivantes à 750 000 unités. Elle est le fait de quelques marques : PSA, Renault, Nissan, Kia, Mercedes. L'industrie agroalimentaire s'est restructurée autour de quelques produits exportés (dattes, pistaches, fleurs), mais est souvent handicapée par les sécheresses récurrentes.

Celle de 2007-2008 (après celle de 1999-2001) a contraint le pays à acheter 1.18 million de tonnes de blé au « Grand Satan » américain. Le secteur de l'armement regroupe 60 000 salariés et exporte dans 48 pays via un système de licences, de copies pures et simples et d'un (petit) développement local (armes russes pour la plupart : chars T-72, missiles). Le commerce avec la Corée du Nord est essentiellement polarisé autour d'échanges de matériel militaire, suite à la guerre Iran/Irak de 1980-1988 et il en va de même pour la Russie. Les industries tierces restent les textiles, l'artisanat et les tapis persans.

L'Iran essaye d'attirer les flux d'investissements directs étrangers dans tous ces secteurs, mais ne fait pas recette. À titre d'exemple, le prêt sur intérêts est prohibé par la Charia, l'article 14 de la Constitution stipule que celle-ci est totalement et en tout point conforme au Coran, et le tourisme de masse se heurte à de nombreux interdits et prescriptions : port du voile, non-consommation d'alcool, etc. L'embargo américain de décembre 1996 (loi d'Amato-Kennedy) porte sur le pétrole, le gaz et sur tous les autres produits (à part le caviar et les tapis). En janvier 2012, l'UE a adopté des mesures analogues, qui se joignent au gel des avoirs bancaires de la Banque d'Iran et à une politique restrictive en termes de visas. Il semble que les multinationales françaises aient profité de l'absence des États-Unis puisqu'elles auraient investi de 20 à 25 milliards d'euros d'IDE de 1990 à 2006.

Plus globalement cette fois, le problème commercial majeur de l'Iran reste son absence de respect des droits de propriété intellectuelle (contrefaçon à grande échelle). De l'avis des analystes, les entreprises, ministères, universités et centres de recherche utilisent quotidiennement des logiciels occidentaux piratés. Il en va de même en matière culturelle (films américains et musiques du monde entier).

Des échanges limités avec le reste du monde

Il existe deux mouvements de fond dans l'idéologie de l'Islam des Ayatollahs : une tendance modérée (celle du président Rohani) qui fait que l'Iran se trouvera à la tête d'une islamisation totale du monde via l'éducation et l'exemple, et celle, extrémiste des « durs » du régime (celui de l'ex-président Ahmadinejad), qui prône l'emploi de la force sur tous ses modes. De fait, l'Iran a créé le Hezbollah, qui œuvre en Syrie et au Liban, et finance le Hamas Djihad islamiste qui opère en

Palestine et dans la bande de Gaza. L'Iran finance en outre tous les mouvements chiites en Irak, en Arabie Saoudite, en Afghanistan et à Bahreïn, ainsi que dans les Émirats arabes unis, qui lui opposent un différend territorial (les îles Thun dans le golfe Persique).

Corporation a signé un contrat sur 25 ans prévoyant la livraison de 110 millions de tonnes de gaz naturel liquéfié (GNL), et l'entreprise chinoise Sinopec a signé elle aussi un contrat de 100 milliards US$ sur 25 ans pour la livraison cette fois de 250 millions de tonnes de GNL.

Conclusion

Il serait hasardeux de se livrer à un diagnostic quant à l'évolution du régime iranien, c'est-à-dire du fondamentalisme religieux au XXIe siècle. Certains observateurs voient les choses de manière plutôt optimiste. D'abord, une bonne partie de l'élite iranienne a fait ses études dans des universités anglo-saxonnes. D'autre part, les technologies liées à l'Internet ne sont plus contrôlables comme la radio et la TV autrefois. Ensuite, l'intransigeance du président Ahmadinejad a mené à une impasse sur le dossier du nucléaire. Enfin, le pays s'est doté avec l'élection de Rohani du président le plus modéré qui soit. Tous ces facteurs vont dans le sens d'une réduction des tensions. Mieux, à l'heure où l'Ayatollah Rafsandjani n'écarte pas une coopération avec les États-Unis pour traiter la situation inquiétante de l'Irak (début d'installation du califat de Al Baghdadi), tout semble possible. Toutefois, en aparté du cadre des négociations de Genève en cours sur le nucléaire civil iranien, le Guide Suprême Khamenei vient de faire savoir que l'Iran avait besoin de 190 000 centrifugeuses pour enrichir l'uranium de ses 20 futures centrales, ce qui prend toute la communauté internationale de cours. Si des conversations bilatérales sont prévues avec certains des membres du groupe 5 + 1, l'ambition reste de parvenir à un accord définitif avant le 20 juillet, ce qui demeure fort improbable. À plus long terme, l'Iran pourra décider de revenir dans le jeu international en rompant les liens qui l'unissent au Hezbollah et au Hamas pour reconnaître l'existence d'Israël. Ce qui parait impensable aujourd'hui ne l'est pas forcément demain. Rien ne prédestine l'Irak à demeurer dans « l'Axe du Mal » du « Grand Satan » Bush.

RETOUR SUR LES PRINTEMPS ARABES : COMBIEN DE DIVISIONS ?

Un survol des grands agrégats macroéconomiques semble utile pour estimer l'impact des « printemps arabes » sur ces pays eux-mêmes. En incise, aucune donnée du « World Economic Outlook » d'avril 2013 du FMI ne permet de se faire une idée du drame syrien, les séries étant interrompues depuis 2011, date du début du conflit. Cette béance de données vides donne une image saisissante du « trou noir » que traverse le pays depuis cette date.

Les Proche et Moyen-Orient vont mal : violences en Irak, guerre civile meurtrière en Syrie et débordement du conflit au Liban, désespoir croissant en Égypte, répression à Bahreïn, manque d'autorité centrale en Lybie, impasse du processus de paix israélo-palestinien, basculement de l'État prodige en Turquie forment une toile de fond dramatique. Partout, le grand mouvement libérateur et réformateur, le « réveil arabe », semble s'être embourbé dans les violences fratricides, les conflits religieux, l'usurpation de pouvoir et l'incompétence.

La Lybie

Ce pays dont le PIB dépend essentiellement des exports d'hydrocarbures, a le profil le plus original et le plus heurté. Le PIB, en baisse de 62 % en 2011, connaît l'euphorie l'année suivante (+ 105 % du fait de la hausse 2012 du prix du baril), pour se stabiliser pour le FMI en 2013 (+ 20.2 %). L'inflation serait contenue sur la période (15.9 %, 6.1 % pour 2.0 % en 2013). Petit pays de 6.4 millions d'habitants, l'État y est omniprésent puisque les dépenses budgétaires représentent 66.6 % du PIB en 2011, 51.4 % en 2012 et 52 % en 2013. Le pays est créancier net à hauteur de 202 % du PIB en 2011, pour revenir à 99 % en 2013. Conséquence des caractéristiques de la Lybie, la balance courante ramenée au PIB est très fortement excédentaire : respectivement 9.1 % en 2011, 35.8 % en 2012 et 25.8 % en 2013. La guerre n'a eu donc que peu d'impact sur la vie économique du pays, focalisée autour de quelques villes, jadis limite de l'empire Romain, et loin des tribus qui vivent dans le désert une vie de nomades peu influencés par les fluctuations conjointes du prix du baril et de la parité du US$.

Le choc sensible en Tunisie

Les évènements ont vu le PIB 2011 se rétracter de 1.9 %, pour rejoindre en tendance son potentiel (7 à 8 %) les années suivantes selon le FMI (respectivement 3.6 % et 4 %). L'investissement a connu une pause à environ 25 % du PIB sur la période, financé par une hausse marginale de l'épargne (de 17.6 % à 18.4 %). La Tunisie est également un petit pays (10.7 millions d'habitants), et le taux de chômage s'est nettement inscrit à la hausse : 13 % en 2011, 18.9 % en 2012 pour revenir à 16.7 % en 2013. L'inflation reste sous contrôle autour de 5.5 %, alors que le pays voit une croissance de ses revenus pétroliers, à hauteur de 3 milliards d'US$ en 2013. Si l'engagement de l'État dans l'économie reste fort (dépenses publiques d'environ 35 % du PIB), le pays paie le prix d'un tarissement relatif des dépenses touristiques et le déficit de sa balance des paiements se creuse de 7.3 % en 2011, pour atteindre 8.1 % en 2012 pour voir cette tendance inversée en 2013, à - 7.3 %. Les efforts continus pour promouvoir l'offre touristique du pays ne sont pas sans rappeler ceux du Maroc, qui est toutefois resté stable sur la période en se tenant éloigné du souffle des printemps arabes.

L'économie du Liban en grande partie sinistrée

La position géostratégique mitoyenne du Liban avec la Syrie va encore fragiliser une économie à bout de souffle. On voit mal comment ce pays pourrait financer sur le moyen terme des camps de réfugiés syriens qui seraient de l'ordre de 300 à 400 000 personnes aujourd'hui. Le pays croit faiblement : 1.5 % en 2011 et 2012, pour connaître un léger rebond en 2013, à 2 %. Alors que l'investissement reste élevé sur la période (de l'ordre de 25 %), la baisse du taux d'épargne ne laisse d'inquiéter (de 14.1 % en 2011 à 7.9 % en 2013). État de 4 millions d'habitants, les dépenses budgétaires sont à un étiage faible (d'environ 28 %). Ni le déficit budgétaire (respectivement - 13.6 % du PIB 2011, puis - 19.1 % et - 14.3 %), ni la dette publique ramenée au PIB : 132 %, 134 % et 136 %), ni le déficit de la balance courante (- 12.6 % du PIB pour - 16 % et - 16.5 %), ne sont soutenables à terme. Il est probable que les revenus de la diaspora tendent à minimiser encore ces performances dramatiques. Israël serait bien inspiré d'investir dans un pays qui fut la « Suisse » du Moyen-Orient il y a peu, et la responsabilité de la

France est pour partie engagée dans une bataille économique qui fait écho à celle des armes. Un peuple prospère est un meilleur garant de stabilité que l'occupation du Golan.

L'Égypte, superpuissance de la région

Avec 84.1 millions d'habitants en 2013, l'Égypte est affectée par un taux de croissance faible : de 1.8 % en 2011 à 2 % en 2013. L'investissement décroît inexorablement : respectivement 17 %, 16.5 % et 15.5 % financé par une épargne faible sur la période, de 14.5 % à 12.2 % en 2013. L'inflation, pour cause de pénurie croissante de denrées alimentaires et de fin de l'aide alimentaire américaine de plus d'un milliard d'US$/an connaît une résurgence à 11.1 % en 2011, 8.9 % en 2012 et 8.2 % en 2013. Bien que ce pays connaisse une augmentation de ses exportations d'hydrocarbures (de 10.2 milliards d'US$ en 2011 à 13.6 milliards en 2013), le déficit de la balance courante ne cesse de se dégrader du fait du tarissement de la manne touristique (de - 2.6 % du PIB en 2011 à - 3.2 % en fin de période). Fort heureusement, le déficit budgétaire reste contenu bon an mal an aux alentours de 10 %/an, et la dette publique se maintient à un niveau soutenable (respectivement 64.3 %, 68.8 % et 75.1 %), ce qui laisse au pays la latitude de s'endetter encore en cas de coups durs. Nul doute que l'actualité (lutte fratricide autour de la place Tahir entre pro et anti-Morsi, sur fond d'intervention de l'armée durable dans la société civile) amènera le Fonds à revoir ses prévisions de 2013. La croissance pourrait être nulle et se solder par une augmentation sensible du taux de chômage, d'environ 21 % aujourd'hui. Les militaires ne sont pas reconnus comme de bons gestionnaires. Le pays ne semble toutefois pas à ce stade de l'information économique profondément impactée, car les Frères Musulmans ont exercé leur pouvoir pendant moins d'un an.

Comme dans tous les pays arabes, **l'armée jouit d'un statut spécial** et constitue un État dans l'État. Celle de l'Égypte compterait près d'un million d'hommes (soit la première armée d'Afrique), dont 20 000 dans la marine et 30 000 dans l'armée de l'air. Selon certains experts occidentaux, l'armée gérerait et superviserait environ le quart du PIB du pays, ce qui est en soi considérable.

La Turquie

L'autre puissance régionale, la Turquie (76 millions d'habitants en 2013) **a connu une chute de sa croissance** entre 2011 et 2013, soit 8.5 %, 2.6 % et 3.4 % sous l'effet de quatre facteurs : le maintien d'une dépression pérenne de son voisin européen, la Grèce où le PIB a reculé de quelques dizaines de points en cinq ans ; le recul comme ailleurs des recettes touristiques ; l'enfoncement récent de la région dans une crise ouverte à ses portes (Syrie, Liban, Jordanie) et le coût d'hébergement des réfugiés syriens (ils seraient près de 800 000 à avoir opté pour ce pays) ; enfin et surtout la baisse de la demande mondiale et la récession en Europe, la Turquie étant une puissance émergente avec des échanges commerciaux tournés à hauteur de 60 % vers l'UE. Le corrélat de cette baisse est la montée concomitante du taux de chômage de 9.8 % en 2011 pour 9.4 % en 2013. Les taux d'investissement et d'épargne sont à un niveau bas à hauteur respectivement de 20 % et 14 % sur la période. En dépit d'une croissance de ses exports d'hydrocarbures (de 6.5 milliards d'US$ à 8.4 milliards), le pays connaît une dégradation sérieuse de sa balance des transactions courantes pour - 9.7 % en 2011, - 5.9 % en 2012 et - 6.8 % en 2013. Alors que l'État intervient massivement dans la vie économique (dépenses publiques à 38 % du PIB en 2013), la configuration des finances publiques est satisfaisante : 3 % de déficit budgétaire sur la période, auquel s'adjoint une dette en voie de réduction : 31.2 % en 2011, 27.8 % en 2012 et 27 % en 2013. Ce pays continue donc de constituer un bon risque pour les investisseurs internationaux. La situation politique n'est pas sans rappeler celle en vigueur en Égypte. La dérive autoritaire et liberticide du président Erdogan, mâtinée d'un retour vers des valeurs musulmanes en dépit de l'héritage kémaliste, a mis la jeunesse du pays dans les rues à quelques reprises de façon massive. Phénomène émergent via Internet et les réseaux sociaux, les jeunesses brésilienne et turque se sont inspirées réciproquement et mutuellement dans leurs attitudes, alors que les revendications au Brésil n'avaient rien à voir avec le cas turc : demande d'une baisse des coûts de transports *paulolistas* , accès à l'éducation et à la santé d'un bon niveau de professionnalisme, et colère devant les sommes pharaoniques englouties dans la préparation du Mondial de football, au mépris de la satisfaction des besoins de base du peuple.

L'armée turque est la seconde de l'OTAN derrière celle des États-Unis et la sixième armée au monde. Forte de 720 000 hommes et de 450 000 réservistes, elle occupe également une place de choix dans la société via deux holdings militaro-industrielles. L'OYAK, fonds de pension des forces armées, contrôlerait une quarantaine d'entreprises dans tous les secteurs pour 30 000 salariés. L'OYAK Banque figure parmi les tous premiers établissements financiers du pays. La fondation pour le renforcement des forces armées, (TSKGV) administrerait quant à elle une trentaine d'entreprises pour un effectif de 20 000 salariés. Ces deux sociétés enregistreraient, selon les estimations, un CA compris entre 6 et 8 milliards d'US$.

Cinq raisons de se désespérer de la situation arabe

Dans un article de « Foreign Policy » (*think tank* de Washington), l'éditorialiste américain David Miller voit cinq raisons majeures de se désespérer de la situation arabe.

La première tient au statut des femmes. Partout, une régression de très grande ampleur est à l'œuvre car on se souviendra que l'instauration des partis bassistes (socialistes) en Irak et en Syrie il y a plus de cinquante ans mettaient comme l'un de leurs objectifs centraux l'émancipation féminine (dans leur comportement, leur habillement et leur accès au marché du travail). Ce n'est par ailleurs pas un hasard si l'Afrique subsahélienne connaît des taux de croissance annuels de 5 à 6 %. Outre l'extraction des ressources minérales, et le poids de certaines grandes multinationales, priorité a été donnée il y a bien des années à la promotion de l'entreprenariat féminin sous la forme de microprojets de proximité cofinancés par la Banque Mondiale, le FAO et la BAD.

L'absence de séparation entre la religion et l'État est également une évidence, bien que la configuration marocaine, où le roi est aussi le Commandeurs des croyants de la monarchie chérifienne, a engendré une grande stabilité politique. Le Maroc est ainsi en passe de devenir la troisième économie émergente d'Afrique, après l'Afrique du Sud et l'île Maurice.

Les propagations des « théories du complot » (colonialisme, sionisme, impérialisme, communisme, laïcisme, islamisme) entravent ces peuples dans l'appropriation et la prise en charge de leur destin.

La région se remet mal de ne plus figurer dans la fresque de la grande martyrologie mondiale comme victime toutes désignée de « l'impérialisme » israélien, et la période d'extension maximale de l'empire des Omeyades, de Grenade à Constantinople, remonte au XVe siècle.

Enfin, le manque d'autorité est surprenant. Il est paradoxal, compte tenu des élans démocratiques du printemps arabe, que les dirigeants qui se sont le plus longtemps maintenus au pouvoir soient des monarques autoritaires. Les rois Abdallah de Jordanie et d'Arabie Saoudite apparaissent comme de véritables hommes d'État à côté de l'égyptien déchu Morsi ou de l'Irakien Nouri Al-Maliki.

Israël, cas polaire

En ne retenant cette fois que des données « structurelles » cette nation affiche des performances inégalées. En dépit d'un climat de guerre permanent (les dépenses militaires représentent près de 40 % du budget), de conflits armés, d'attentats à répétition et d'insécurité généralisée, Israël sera passé en moins de vingt ans d'un statut de « pays émergent » à celui du 32e État-membre de l'OCDE. Un des États le moins peuplé (7.4 millions d'habitants 2011) de l'Union pour la Méditerranée (UPM), il se situe au 22e rang au regard de l'Indicateur de développement humain de l'ONU, au 24e rang en termes de PIB mondial. Les entreprises israéliennes sont les troisièmes au monde à être classées au NASDAQ (98 firmes), derrière les États-Unis et la Chine (116 entreprises). Israël abrite le plus grand nombre de « start-up » au monde. Il a compté quatre prix Nobel depuis 2002. Le nombre de publications scientifiques est de 109 pour 10 000 habitants, un ratio plus que cinq fois supérieur à la performance française. Il figure au 4e rang mondial en termes de dépôts de brevets en 2010. Enfin, les dépenses de R&D sur une longue période représentent 4.7 % du PIB.

L'armée israélienne, forte de 175 000 soldats professionnels et de 460 000 réservistes (immédiatement) opérationnels a pu montrer sa valeur militaire aux cours de six conflits israélo-arabes.

LIBRE-ÉCHANGE

Ce serait une erreur historique que de croire que les 40 États-nations qui gouvernaient le monde en 1910 (apogée du colonialisme européen)[1] étaient moins ouverts à l'international qu'aujourd'hui.

Le taux d'internationalisation des échanges (à hauteur de 15 % du PIB) est revenu à son étiage d'avant la première guerre mondiale au milieu des années 80 seulement. Ne disons rien des marchés de capitaux mais on se souviendra de « l'emprunt russe » et de l'appel de fonds pour les canaux de Panama et de Suez. Seulement, environ 2/3 des échanges mondiaux se faisaient avec les colonies. On a aucun mal à imaginer que l'Empire britannique pouvait s'approvisionner au Canada, en Afrique de l'Est et du Sud, en Inde et Pakistan, et en Australie et Nouvelle-Zélande, en n'oubliant pas Hong-Kong et les « légations », ce qui est peut-être (sans doute) à l'origine de leur libéralisme commercial.

Cette montée de la « fragmentation nationale » est visible partout. En France, la commission Balladur prône la disparition du Département au profit d'un renforcement de la Région. En Europe, elle avance également beaucoup – à titre d'exemple, l'Écosse et la Generalitat de Catalogne sont à deux doigts de faire sécession. De fait, elle adopte la version allemande de la nationalité repliée sur l'ethnie, la langue et la culture au détriment de la volonté des individus de se lier à un destin national.

Elle a été rendue possible par trois séries de facteurs : la décolonisation après-guerre ; les succès du libre-échange et de l'économie de marché à l'échelon mondial (phénomène marqué dans l'UE qui permet les quatre libres circulations des biens, des services, des capitaux et des personnes) ; la montée parallèle et concomitante de l'Internet et des réseaux sociaux sur le mode exponentiel depuis 15 à 20 ans.

[1] Ils sont plus de 210 aujourd'hui à siéger à l'ONU. Combien seront-ils en 2050 où à la fin du siècle : 500 ?, 1 000 ?

La tentation protectionniste

Le problème le plus sérieux réside clairement dans la tentation protectionniste, comme l'en a averti de façon récurrente l'ex-directeur Général de l'OMC Pascal Lamy. Considéré selon la logique inverse, les Départements ECO & TRADE de l'OCDE avaient chiffré au début des années 2000, le surcroît de bien-être mondial en cas de libéralisation totale des échanges à environ 380 milliards d'USD. À l'échelle mondiale, c'est peu (soit le PIB de l'Argentine – 365 milliards – avant la crise de 2001, pour un PIB mondial de l'ordre de 42/45 000 milliards d'USD), mais c'est crucial & déterminant pour les 42 PMA et autres PVD, puisque les 4/5 des gains proviennent de la libéralisation des échanges agricoles, seul secteur « exportable » pour eux, avec le textile.

Second facteur, tous les États-membres de l'OCDE, (traditionnellement car historiquement), mais aussi aujourd'hui toutes les puissances émergentes et la plupart des PVD en voie de « décollage économique » se sont dotés d'instruments de défense commerciale autorisés par l'OMC : mesures de sauvegarde, procédures antidumping/antisubventions. Ce serait une grave erreur de croire que le protectionnisme ne peut venir que « des riches ». Une remarquable et inédite étude du TRADE Département de l'OCDE de 1999 démontait l'évidence : des pics tarifaires d'une ampleur inimaginable (de l'ordre de 150 jusqu'à 450 %), des quotas et contingents tarifaires, etc. de la plupart des PVD sous revue (Inde, Pakistan, Bengladesh, Bolivie, Équateur, Roumanie avant l'UE… soit 22 pays émergents) sur les seuls produits agricoles et agro-alimentaires.

Par ailleurs, les États-Unis ne « lâcheront » jamais leurs « massues » des Sections 301 et Super 301 du « Trade Act » (qui autorisent une ouverture unilatérale des marchés) ; de même que l'UE s'est dotée anciennement du ROC (Règlement d'Obstacles au Commerce, censé jouer un rôle analogue).

Le coût du protectionnisme est depuis longtemps évalué

…et aussi documenté que les « relances keynésiennes » selon sa nature, soit globale (voir FMI, OCDE, OMC, Banque Mondiale, travaux des grandes universités américaines qui possèdent un centre de recherche en économie théorique et appliquée : Harvard, MIT, Princeton, Yale, Berkeley, Columbia… En aparté, de telles disciplines sont bien enseignées en finance dans nos grandes écoles, mais pas en économie – le cas notable de l'INSEAD mis à part, qui lui vaut sa notoriété internationale), ou locale (monographies du Centre de Développement de l'OCDE, trois banques régionales, CEPII, CAE).

En dépit d'hypothèses théoriques sous-jacentes sensiblement différentes, de spécifications économétriques diverses, comme d'échantillonnages de pays hétérogènes, il s'avère que les approches convergent (ce qui est en soi plutôt curieux « scientifiquement » parlant) autour du constat très global que la hausse des barrières tarifaires et non-tarifaires « on the border » (droits de douane, contingents, restrictions quantitatives (RQ), droits anti-dumping/subventions, « zones grises » comme les VRA (Voluntary Restraint Agreements)), ferait plus que doubler très grossièrement l'impact macroéconomique initial récessif des crises, et dans le cas de figure qui nous occupe, irait jusqu'à annuler les mesures de relance conjoncturelles.

Le protectionnisme de fait plus grave dans ses conséquences que la récession elle-même

Ce qui explique notamment le fait que la crise de 1929 n'éclatera vraiment que lorsque les pays d'Europe, France en tête, augmenteront massivement leurs droits de douanes en 1931/32, ce qui précipitera le monde entier dans la dépression. Un recensement réalisé par une administration des Finances en 2004 montrait que les États-Unis restaient en tête des mesures AD (de tête, encours de plus de 140 procédures). L'UE suivait avec près de 115, mais c'était le renversement des postures du Japon et de la Corée qui était surprenant puisqu'ils passaient de la situation de dumper toutes catégories, à celui de victimes. À cette époque, la concurrence « déloyale » venait majoritairement des PECO et des États de la CEI (sidérurgie, métallurgie, engrais,etc.).

Le libre-échange mondial enfin réalisé sans en parler

En tout cas, ne sachant par qui (les chefs d'États et de gouvernements du G8, on peut le supposer), ni sur quels critères ont été choisis les nouveaux membres du G20, ce dernier, outre qu'il couvre 90 % du PIB mondial, assure une couverture quasi universelle – soit un libre-échange mondial de fait – en termes de commerce multilatéral et de régionalismes commerciaux. Sont consolidés à l'OMC (ancien GATT et GATS 1995) la plupart des droits de douane sur les produits industriels (à hauteur de 2 % à 3 %). Après l'échec des négociations multilatérales du Cycle de Doha, les pays ont eu tendance à redonner vie aux régionalismes commerciaux déjà engrangés par ailleurs antérieurement : Afrique du Sud (exemplarité de l'Accord de libre-échange UE/Afrique du Sud, pays moteur de la SADC – Communauté de Développement de l'Afrique Australe) ; Arabie Saoudite (OPEP) ; Argentine et Brésil (Mercosur mais échec de l'Accord de libre-échange UE/Mercosur I) ; Australie (ANZAS et APEC) ; Chine et Corée (Dialogue structurel ASEAN10+3 et APEC) ; Indonésie (ASEAN10 & APEC) ; Turquie, candidate à l'adhésion à l'UE. Depuis, la Commission s'est lancée dans la négociation d'accords de libre-échange régionaux avec les plus grands émergents : UE/Inde, UE/Mercosur II via le Brésil, UE/Russie, UE/Corée, UE/Ukraine, UE/Colombie, UE/Maroc et dernièrement UE/États-Unis.

UNE ÉRADICATION PROBABLE DE LA PAUVRETÉ À L'HORIZON 2030

Une étude de la Banque Mondiale d'octobre 2013 prévoit une évolution très favorable quant à la pauvreté dans le monde. En 1990, les populations vivant sous le seuil de pauvreté (revenu inférieur ou égal à moins de un US$/jour) s'élevaient à 1.9 milliard d'individus (soit 43 % de la population mondiale). Ces chiffres ont décru avec le temps. En 2013, elles ne seraient plus que 964 millions (13.5 % de la population), pour 342 millions en 2030 (4 %, avec un revenu à moins de 1.25 US$). Malheureusement, l'Afrique subsaharienne ne suit que lentement cette évolution.

Des efforts considérables à l'échelon planétaire

Les « Objectifs du millénaire pour le développement » (OMD) fixés en 2000 par 147 pays au monde n'ont globalement pas atteint leurs cibles (réduction des 3/4 de la mortalité maternelle, et des 2/3 de la mortalité infantile, etc.), mis à part pour l'extrême pauvreté qui a été divisée par plus de deux – et ce, cinq ans avant l'échéance prévue.

Une première étude conjointe du FMI et de la Banque Mondiale faisait valoir en 2007 que 800 millions de personnes avaient été sorties du seuil de pauvreté par vingt ans de mondialisation (1987-2007). En 2012, ils rectifiaient en partie le tir en estimant que la crise de 2008-2012 avait eu pour effet de replonger 150 millions d'entre eux en deçà du seuil.

De fait, cette nouvelle étude donne toutefois des résultats encore plus favorables. La réduction massive enregistrée tient essentiellement à deux pays principaux. L'agrégat « Asie orientale et Asie-Pacifique » (de fait la Chine et les pays de l'ASEAN) montre un recul spectaculaire entre 1990 et 2013 : les pauvres y reculent de 813 millions (soit de 926 millions à 113 millions). Parallèlement, « l'Asie du Sud » (Inde + Pakistan et Bangladesh), voit quant à elle passer ses effectifs de 617 millions en 1990 à 415 millions en 2013, soit - 202 millions. On voit que le « bloc indien » réagit avec retard sur le monde chinois mais la population pauvre ne devrait plus compter que 46 millions d'individus en 2030, la Chine ayant pour sa part totalement éradiqué ce fléau au même horizon.

Pour que le taux de pauvreté diminue de 1 % par an, il faut maintenir une croissance très forte (de l'ordre de 10 % à 11 % annuelle pour la Chine pendant la double décennie 1990-2010 et 7-8 % pour l'Inde). Le plus dur reste donc à faire jusqu'à 2030, la seule extrapolation des tendances passées n'étant pas robuste, tant les prévisions à long terme sont sujettes à caution.

Les autres foyers de pauvreté, mineurs à l'échelle planétaire, sont également en voie d'attrition. Les pauvres d'Amérique latine passent pour leur part de 53 millions en 1990, à 29 millions en 2013 et à 14 millions en 2030, ceux d'Europe et Asie centrale respectivement de 9 à 3 et 1 million, et ceux du Moyen-Orient et de l'Afrique du Nord de 13 à 10 et 3 millions. Selon le consensus des économistes dans ce domaine, la réduction durable de la pauvreté est imputable pour 2/3 à la croissance économique et pour un tiers à des politiques volontaristes visant une plus grande égalité dans la distribution des revenus.

On peut penser à cet égard au grand succès de la politique brésilienne de *Bolsa Familia* qui aurait tiré de la pauvreté entre 18 et 45 millions de personnes (les sources divergent à ce sujet). Dans le même registre d'amélioration du capital humain, on peut mettre en avant l'action très efficace du Fonds mondial contre le SIDA, la tuberculose et le paludisme, qui a investi près du tiers de son enveloppe budgétaire (sur 21 milliards US$ depuis sa création) à l'endiguement de la pandémie de VIH/SIDA en Afrique australe. Celle-ci est aujourd'hui contenue, mais il reste 19 millions de Sud-Africains porteurs du VIH.

Le grand maillon faible de ce constat reste l'Afrique subsaharienne. Les populations concernées sur la période d'estimation et de prévision s'élèvent respectivement à 394 millions d'individus, puis 290 et pour finir de 275 millions, en dépit d'un taux de croissance d'environ 6 % sur la dernière décennie et malgré l'ampleur de la crise de 2008. En termes relatifs, l'Afrique, qui ne présentait que 19.5 % du total de la pauvreté mondiale, monte à 33.7 % en 2013 et s'élèverait à 77.5 % de celui-ci en 2030.

Beaucoup d'Africains resteront sous le seuil de pauvreté : on estime que dans les 35 PMA d'Afrique noire, plus de 55 % de la population continuera à vivre avec des revenus entre 0.5 et 0.7 centimes par jour.

À titre d'exemple, les données compilées par la Banque Mondiale de 2005 à 2012 montrent que les populations concernées seraient de 87 % de la population totale du Burundi, 67 % en Tanzanie, 40 % au Kenya et au Rwanda et 38 % en Ouganda. La croissance y est particulièrement inégalitaire et très peu gagnent des fortunes. La revue nigériane « Venture Magazine » compte 55 milliardaires africains en US$ (pour un patrimoine estimé à 145 milliards US$ (105 milliards d'euros)) – pour 33 milliardaires d'Afrique du Sud, d'Égypte et du Nigeria. Selon une enquête Afrobarometer menée auprès de 50 000 personnes dans 34 pays africains, plus des 9/10e de la forte croissance enregistrée à ce jour bénéficie à une toute petite élite et de fait les inégalités de revenus continuent à croître. Le calcul de l'IDH du PNUD vient accréditer cette thèse pour 2013.

Quelques réflexions un peu iconoclastes sur le retard africain

Quand on demandait à Michel Rocard pourquoi ce continent n'avait vu naître que deux pays émergents (Afrique du Sud et île Maurice), il citait pêle-mêle la colonisation, des frontières aberrantes héritées du passé, de graves carences en matière de système éducatif de base et d'infrastructures, les conséquences de la « fracture numérique », l'enclavement de beaucoup de pays (pas d'accès à la mer), etc. Certes, ce sont là de très bonnes raisons, mais elles souffrent toutes à mon sens d'un dénominateur commun défavorable qui en limite singulièrement la portée, à savoir leur nature presqu'exclusivement projective (c'est toujours, et de façon constante, la faute aux autres).

Dans *Le regain démocratique*, Jean-François Revel avait posé un diagnostic à la fois plus pertinent et plus simple, à savoir que l'absence de développement est due pour une bonne part à l'insondable profondeur de corruption des élites africaines (sans doute quelques centaines de milliards de FF constants en 1960, selon les estimations les plus modestes, les ont fait prospérer depuis 60 ans, soit un large multiple du PIB du continent). On sait déjà que le président de la République française dispose de pouvoirs discrétionnaires très étendus quant à la nomination de quelques centaines d'emplois-clés. Dans ce prolongement, le lecteur se reportera avec profit aux constitutions malienne ou tchadienne (la liste n'est bien sûr pas limitative), qui se sont inspirées de notre modèle pour l'amplifier encore. S'est donc constituée au cours du temps, toute une chaîne politico-administrative qui irrigue le tissu social de haut en bas.

Les organisations internationales ne s'y sont pas trompées. Depuis plus de 20 ans, la Banque Mondiale comme la Banque Africaine de Développement, censées ne rien connaître des besoins « essentiels » des populations, essaient de financer des projets à chef de file bien identifié (filière sectorielle porteuse), à des publics cibles (clubs et associations de femmes) et à des acteurs internationaux reconnus (ONG, fédérations et associations culturelles, caritatives ou religieuses). À l'inverse, l'aide publique au développement (APD) bilatérale française continue, et on peut le regretter, d'être encore distribuée d'État à État pour des rendements toujours plus décroissants.

Par ailleurs, certains citent souvent la richesse du continent en matières premières minérales de base comme un vecteur potentiel de développement de taille. Là encore, il ne faut pas se méprendre et rester d'une grande prudence. Un des enseignements majeurs de l'Histoire force à constater que les pays disposant d'une rente sont paradoxalement ceux qui ne se sont pas développés ou dont la croissance a été durablement et souvent considérablement retardée (échec du mercantilisme : Espagne des XVIe et XVIIe siècles avec l'or des empires aztèque, maya et inca ; pays du Golfe actuellement, à l'inverse du Royaume-Uni, de Gènes et de Venise comme des villes hanséatiques qui n'avaient au départ aucune dotation factorielle favorable).

Changeons maintenant totalement d'optique. M. Helmut Schoerck, grand anthropologue et sociologue allemand (inconnu en France comme il se doit), s'est servi dans un ouvrage majeur (*L'envie : Une histoire du Mal*), d'un concept-clé de la psychologie anglo-saxonne. Pour lui, la psyché africaine se caractérise, entre autres, par une envie archaïque très forte. En termes imagés, cela peut être résumé par l'adage « Qui m'aide est mon ennemi ».

Synthétisant la somme de ces réflexions, n'est-ce pas ce que disait déjà Lévi-Strauss dans *Tristes tropiques*, distinguant entre civilisations « chaudes » (ou les conditions internes comme externes à l'individu sont réunies pour l'accumulation et l'enrichissement par strates successives de toutes les sortes de savoir, qui débutent pour le monde occidental dès la « révolution néolithique » et culminent dans la Grèce du Ve siècle), et civilisations « froides », chez lesquelles rien n'est contenu. Ce qui est « admissible » par les intellectuels dépend-il de l'étiquette idéologiquement correcte des auteurs ? Ou encore, ce qui est détestable et raciste chez un ex-conseiller du président de la République (bien que quelques éléments de cette sorte soient effectivement présents) serait forcément admirable chez Lévi Strauss ?

À coup sûr, il existe bien une « question africaine », dans le sens ou l'entendait Marx sur la « question juive ». Pourquoi autant de particularismes de tout bord ? On se souviendra pour mémoire que le thème de l'Africain « hors de l'Histoire » trouve un écho bien antérieur dans l'anhistoricisme des peuples africains énoncé par Hegel.

RETOUR PHILOSOPHIQUE VERS L'ALLEMAGNE (ET LA FRANCE)

Alors que l'Allemagne essuie un vent inaccoutumé de critiques – justifiées aux yeux de l'auteur – pour ses excédents commerciaux excessifs (environ 6 % du PIB en 2013), tant de la part du Secrétaire d'État au Trésor US, du FMI, dernièrement de la commission de l'UE, et, dans ses colonnes, de la prose talentueuse de M. Ordonneau[1], il n'est pas inintéressant de se donner un peu de recul critique pour prendre la juste mesure des conceptions et traditions philosophiques séculaires en vigueur des deux côtés du Rhin. Celles-ci s'avèrent prégnantes et connaissent une pérennité certaine, surtout durable et perceptible en Allemagne.

Cet article, outre un bref exposé des notions philosophiques les plus répandues de chacun, aborde également les grandes étapes et dates qui ont scandé l'histoire de l'Allemagne.

« Destruction créatrice »

Il est pertinent de relever que le clivage idéologique entre nos deux pays débute sur le plan intellectuel par Descartes (premier « moderne » en philosophie – l'homme seigneur et maître de la nature – et dernier « classique » en sciences) et Leibnitz (opposition de phase épistémologique entre les deux termes, celui-ci étant le premier moderne en sciences – inventeur du calcul infinitésimal avec Newton – et le dernier classique en philosophie – monades). Pour faire court, le premier sera lié indéfectiblement à la flèche du temps inhérente à un progrès technologique vécu comme continu et linéaire

[1] Un point sur l'argumentaire de M. Ordonneau. S'il s'agit bien outre-Rhin d'une « dévaluation interne » d'ensemble, conduite par un dumping salarial orchestré, ce dernier n'est pas le fait du secteur exposé à la concurrence internationale. L'industrie manufacturière affiche des deux côtés du Rhin, à la fois un niveau absolu, comme une évolution tendancielle de leur compétitivité-coût (CSU) si strictement similaires que la comparaison apparaît comme un peu stupéfiante. Le raisonnement est « remis sur ses pieds » quand on raisonne une fois les marges prises en compte (Hegel et Marx me collent à la peau), et le différentiel Europe/économies émergentes intégré. Vous pourrez trouver ces réflexions amplement développées, et bien d'autres, dans un essai *D'un génie, l'autre* disponible sur Amazon.com.

et qui se conçoit sans retours en arrière, prémisse de notre actuel réflexe de « défense des droits acquis », alors que l'Allemagne se montrera toujours prête aux nécessaires compromis et accommodements imposés par la réalité.

De fait et de façon régulière, cet écart substantiel ira grandissant. Ainsi, le *Cogito* cartésien n'a que peu de chose à voir avec *La critique de la raison pure et La critique de la raison pratique* d'Emmanuel Kant. Toutefois, c'est avec Hegel, héritier de la grande tradition classique de l'idéalisme philosophique néo-platonicien, d'Aristote jusqu'à Heidegger, que tout se joue. Pour lui, le « positif » n'est défini que comme la négation du négatif, qui est premier dans la nature et chez l'homme (soit ce que la néguentropie est à l'entropie en termes d'astrophysique). De là vient le concept de « destruction créatrice », qui n'a jamais été si présent, de façon éminemment consensuelle, dans les discours des hommes politiques, de la haute fonction publique, des partis, des syndicats, ONG et Églises que lors de la formulation du *Standort Deutschland* de 1993 à 1995, exercice unique de réflexion collective d'une nation entièrement mobilisée (qui porte sur l'« attractivité du territoire allemand », après le choc de la réunification). Celle-ci aura représenté sur cinq ans environ 300 milliards de DM 1993, surcoût dû essentiellement au maintien de la parité 1 DM de l'Ouest = 1 DM de l'ex-RDA, pari risqué, averse et peu orthodoxe économiquement parlant, mais imposé « politiquement » et symboliquement par le Chancelier Kohl, qui a eu le mérite de réussir. Cette réflexion devait également aboutir par la suite aux vagues de réformes structurelles du marché du travail des gouvernements Schröder, qui font aujourd'hui question, le *Standort* faisant la première place à la perte de compétitivité de l'Allemagne et aux moyens pour la rétablir.

De fait, la « destruction créatrice » aura été intensément imposée aux allemands plus qu'à tout autre peuple au cours du XXe siècle. Après l'armistice de novembre 1918, l'Allemagne paie le coût exorbitant – voire délirant, des « réparations », immédiatement sous le feu de la critique de Lord Keynes, et qui feront le lit de l'hitlérisme. Après la déroute de la République de Weimar, période de dépression et d'hyperinflation, ces deux phénomènes traumatiseront profondément le vécu comme l'imaginaire allemand jusqu'à la caricature, encore prégnante aujourd'hui. Après le second conflit mondial, la RFA devra reconstruire totalement le pays avec l'aide du Plan Marshall mais sera définitivement écartée de la gouvernance mondiale (pas de siège au Conseil de Sécurité de l'ONU). Enfin, le choc de la réunification sera tel qu'il aurait mis « à genoux » tout autre pays, mais qu'il sera par la suite valorisé. En effet, et à titre d'exemple, dans le cadre de la livraison d'une ligne à grande vitesse à la Corée du Sud, l'Allemagne sera prête à vendre à ce pays un « kit réunification » améliorant substantiellement l'offre de Siemens, soit un avantage comparatif important vis-à-vis des autres compétiteurs (TGV français, Pendolino italien et Shinkanzen japonais). Comme on le voit, la gestion des crises est comme génétiquement intégrée outre-Rhin, ou pour le moins relève des possibles inhérents à la réalité comme à la vie collective et individuelle.

***Il existe un lien ontologique entre l'âme allemande et la technologie*, Martin Heidegger**

Une telle assertion, d'essence purement raciste, voire pour le moins xénophobe, a été pensée une fois que ce grand philosophe a pris sa carte du parti nazi au milieu des années Trente. Pour lui au demeurant, rien n'était advenu de remarquable depuis les présocratiques, soit une manière de renfermement identitaire entre la Grèce antique et l'Allemagne contemporaine, qui ressemble fort à un protectionnisme que nous retrouverons. Cette croyance sera l'une des forces du régime hitlérien, habitué à des guerres rapides, des Sudètes à la Pologne, et qui se joindra au Japon et à l'Italie pour former le « Pacte d'acier » (on reste dans « le complexe charbon-acier » de la Ruhr). En ce sens, les statures, postures et marketing-mix des trois constructeurs automobiles allemands actuels, concentrés dans le haut de gamme, (Mercedes, BMW et Audi, auquel il faut ajouter à l'occasion VW qui se fixe comme objectif de détenir la place de premier constructeur mondial en 2020), sont sans équivalent dans le monde. Peu importe si d'autres pays ont développé des véhicules à forte composante d'innovations technologiques embarquées (on pense à la DS5 de Citroën), le modèle allemand reste une référence symbolique incontournable – à la base de la compétitivité hors coûts et de l'inélasticité des volumes aux prix. Le premier chef de produit que vous rencontrerez vous dira que celui qui tient l'imaginaire détient les clefs de la réalité. À ce titre, combien est illustrative la publicité pour une Opel plutôt bas de gamme (Ford, délocalisé en Allemagne), où l'on voit un conducteur au look plutôt « écolo » vanter en allemand la *Deutsche Qualität* en tapotant un tableau de bord des plus frustes – c'est le seul message intelligible pour des non-germanophones du modèle présenté ! Si même les États-Unis « baissent pavillon » !

Tout se joue entre Sadowa et Zollverein (1833 et 1866)

Le Zollverein, créé en mars 1833 et étendu à d'autres États et principautés germaniques entre 1842 et 1854, qui est tout à la fois une union douanière (protections des industries lourdes naissantes théorisées par l'économiste List contre l'hyperpuissance industrielle de l'époque – le Royaume-Uni et l'Empire britannique), un marché unique et un processus d'harmonisation économique, fiscale et normative très poussée, arrivera à fédérer la mosaïque de territoires encore en vigueur sous Napoléon. Qui prétend qu'une union douanière et qu'un marché unique ne puissent déboucher à court terme sur une grande nation !? Pour reprendre le clivage de Hegel « positif/négatif », on pourra noter toutefois que *cette toute première « unification » est dirigée et se fait « contre » le libéralisme anglo-saxon.* La zone attendait un homme d'État de génie qui viendra sous le nom de Bismarck. Sur le front extérieur, la victoire décisive de Sadowa en juillet 1866 par les armées du général Von Moltke contre les troupes austro-hongroises, marque la fin des rêves de Metternich et clôt la domination de l'Empire sur la Mitteleuropa. Celle-ci sera donc prussienne et allemande de 1866, mais acquise par le fer et le feu… jusqu'à nos jours, avec toutes les conséquences historiques, économiques et commerciales que cela signifie.

Comme on le voit, l'histoire des idées de chaque côté du Rhin parcourt même aujourd'hui la vie des « affaires franco-allemandes ». L'aphorisme qui court dans les milieux diplomatiques (comme quoi nous sommes d'accord sur l'essentiel mais divergeons sur les détails avec l'Angleterre, pour une position inverse avec l'Allemagne) a sa part de pertinence et de résilience dans le temps. On ne peut à ce titre que se féliciter qu'une telle divergence de fond n'a pas pu empêcher pour l'heure nos deux peuples de se lancer et de développer un lien communautaire que l'état du monde rend quoique l'on fasse incontournable.

Finissons d'un mot sur « l'utilitarisme » anglo-saxon, tant méprisé des deux côtés du Rhin depuis toujours par les esprits « supérieurs ». Il survit à notre sens dans les pensées de grands économistes américains de renom comme Joseph Stiglitz ou Jeffrey Sachs, qui se méfient à titre d'exemple des arguments abstraits (« les marchés veulent que…, c'est contraire aux anticipations (auto-réalisatrices) des marchés…»), pour leur préférer le constat empirique qu'il s'agit en fait que d'une quarantaine d'Hedge Funds qui ont des noms, des dirigeants, des domiciliations bancaires, des centres de décisions et qui posent des problèmes majeurs en termes de liberté et de responsabilité collective et individuelle, de développement durable, et de soutenabilité à terme du capitalisme mondial tel qu'il existe aujourd'hui.

LE CAPITAL AU XXIe SIÈCLE DE THOMAS PIKETTY : UN GRAND BOND EN AVANT

L'ouvrage de Thomas Piketty fera date sans doute possible. S'appuyant sur des données inédites et calculées de façon ad hoc par l'auteur et certains de ses disciples, et sans recours à des outils quantitatifs économétriques, l'auteur s'émancipe des travaux antérieurs sur le sujet, et aussi de beaucoup de préjugés sur le thème brûlant des inégalités. Quatre équations « comptables » prennent un pouvoir explicatif remarquable et, alliées à de nombreux graphes particulièrement parlants, mettent en exergue les quelques enseignements forts qu'on peut tirer à l'échelle historique concernant les inégalités.

Des informations nouvelles de première main

Tout d'abord, l'ouvrage de Piketty est remarquable par la mise au jour, la collecte, la classification, la récupération et la mise à plat de milliers de données (du XVIIIe siècle à nos jours), et ce pour plusieurs pays. De fait, les séries les plus complètes concernent au premier chef la France et le RU (depuis l'Ancien Régime), puis les États-Unis (depuis le milieu du XIXe siècle), et enfin pour l'Allemagne, l'Italie et le Japon essentiellement depuis 1913. De fait, ce livre n'est pas à proprement parler un recueil d'économie, mais plus un ouvrage d'histoire comparative des inégalités au fil du temps, éclairée par quelques insights économiques.

M. Piketty assume cette particularité et dénonce le surcroît d'abstraction mathématique en vigueur dans cette discipline. Il met en avant, concernant la fiscalité et la levée de l'impôt, le primat du politique et le poids déterminant de l'Histoire (deux guerres mondiales, krach de 1929), qui valent pour l'avenir : ainsi de la mise en place d'un impôt progressif sur le patrimoine à l'échelle mondiale. Ce débat tombe à pic aux États-Unis où le président Obama peine à mettre en place un impôt sur le revenu d'un taux maximal de 40 %, contre les avis et humeurs du Congrès.

Une courbe en U de caractère quasiment ontologique

L'ouvrage peut se résumer à un graphique en U, valable pour tous les pays et pratiquement tous les indicateurs : revenus, patrimoines, héritages. Les variables sont étales jusqu'en milieu du XIXe siècle : le rendement du capital n'excède pas 1 voire 2 %, pour une croissance économique mondiale de l'ordre de 0.2-0.3 % par an (sous l'effet de l'inégalité r – rendement du capital – continûment supérieur à g – croissance du PIB), pour culminer en 1913 à la Belle Époque. L'écart r > g fait boule de neige au cours du temps, si bien que le rapport patrimoine/années de revenu atteint des valeurs de 6 à 7, ratios qui caractérisent ce qu'il y a de plus sauvage dans le capitalisme. Lorsqu'il a été créé en 1914 en France, le taux le plus élevé de l'impôt sur le revenu était de seulement 2 %. Il est monté à 60 % dès 1920 pour faire face aux conséquences de la guerre.

En revanche, la période 1913-1945 voit le patrimoine s'effondrer à 1 ou 2 fois le revenu sous l'effet des deux conflits mondiaux et du krach de 1929 (destructions, désorganisations des sociétés et inflation record). De 1945 à 1948 en France, la moyenne annuelle de l'inflation est de l'ordre de 50 %, ce qui a le mérite d'effacer l'endettement de la nation (et de mettre à mort la société de rentiers). C'est ainsi que la France liquide son endettement (alors que le RU efface ses dettes de 200 %, accumulées pendant les guerres napoléoniennes, sur 100 ans, via une politique d'austérité : soit la nécessité d'un excédent primaire constant et un rationnement des fonctions régaliennes de l'État, comme l'éducation publique, entre autres).

Les années 1950-1970/1980 sont marquées par des hausses considérables des prélèvements obligatoires (pour solder le passé et alimenter la croissance de l'État social, qui correspond aux vœux des habitants de l'époque). Aux États-Unis par exemple, le taux marginal maximal d'imposition est de 82 % (voire de 98 % sur certaines sous-périodes) de 1930 à 1980 (soit des taux plus que confiscatoires). Le rapport patrimoine/revenu tend à se stabiliser autour de 2.5 à 3 fois.

La révolution thatchero-reaganienne n'aura de cesse de renverser totalement cette logique en allégeant les impôts des plus riches. En 2000-2010, les 10 % les plus riches aux États-Unis concentrent 60 % du revenu, les 1 % 20 %, les 0.1 % 8 % et les 0.01 % 3 %. Le patrimoine atteint à nouveau les taux records de la Belle Époque et du capitalisme sauvage (6 à 7 fois le revenu) et même plus de 10-15 fois pour les plus fortunés (le rendement de leur patrimoine atteint 8 à 10 %, contre 3-4 % pour l'ensemble de la population, puisque constitué d'actifs à fort rendement : *private equity* nationaux et étrangers, indices de matières premières, etc.). En dépit de ces inégalités criantes, M. Piketty met toutefois en avant l'autre fait majeur de l'époque caractérisée depuis les années 60 par l'émergence d'une vraie classe moyenne patrimoniale en économie mondialisée, où 40 % de la population détient de 30 à 40 % du revenu national, et ce dans tous les pays développés sous revue.

Un impôt progressif sur le patrimoine à l'échelle mondiale

Une telle remontée massive inspire à M. Piketty des propos alarmants. Ces inégalités menacent selon lui « l'intégration, la digestion et la percolation sociétale » de la société américaine, et apparaissent de fait comme un grand danger d'affaiblissement, voire de destruction larvée de la démocratie américaine même, qui voit le pouvoir concentré dans quelques mains seulement (il rappelle l'idéal égalitaire des Pères fondateurs de la première Constitution de la nation, comme Jefferson).

Un impôt progressif sur le patrimoine semble donc à ce stade avoir de l'avenir. Conscient qu'une application mondiale serait de fait infaisable, il propose de l'appliquer à la zone Euro qui jouit déjà d'un niveau élevé d'intégration. Il plaide pour un document fiscal déjà prérempli sur le mode existant actuellement, grâce à une coopération étroite entre le fisc et les réseaux bancaires européens, qui délivreraient de façon automatique et informatisée les informations demandées. Bien sûr, ce document inclurait toutes les classes d'actifs financiers ventilées de manière précise. Les taux de départ seraient faibles : franchise de droit pour les patrimoines inférieurs à 1 million d'euros, 1 % de 1 à 5 millions, 2 % pour les patrimoines supérieurs à 5 millions d'euros. Conçu de cette manière, le rendement annuel de l'impôt atteindrait 2 % du PIB des membres de la zone Euro, ce qui n'est pas négligeable.

Des multiples émancipations de l'auteur

L'auteur s'émancipe des approches traditionnelles du capital et du travail (marxistes, keynésiens, néo-classiques). Concernant la troisième démarche, Piketty se moque à juste titre des fonctions de

Cobb-Douglas, et des spécifications des élasticités des facteurs, qui ont donné lieu à d'innombrables travaux et empoignades théoriques et empiriques.

Il s'émancipe aussi de beaucoup de préjugés. À titre d'exemple, le désendettement public se fait soit par l'austérité et le remboursement exhaustif des sommes dues (RU du XIXe siècle), soit par l'impôt (voie française), soit par l'inflation, qui reste le moyen le plus simple et le plus indolore. Prévoyant les contraintes budgétaires futures liées à la problématique de développement durable et de lutte contre le changement climatique, « biens publics », l'introduction d'une « quatrième ressource » : l'impôt progressif sur le capital apparaît comme une idée optimale économiquement, surtout si elle se veut à terme pratiquée à l'échelle mondiale.

Autre exemple : l'idée qu'une croissance de 1 % est appréciable sur échelle historique. Le monde avant la Belle Époque connaissait des taux de progression de 0.2 ou 0.3 % annuels, qui fait que les revenus comparés comme les parités entre devises entre 1800 et 1914 étaient grossièrement semblables, et démontre également l'absence d'inflation. Avec 0.2 %, le monde ne change pas : la France des *Plaisirs et des jours* de Marcel Proust ressemble à s'y méprendre à celle du *Père Goriot* de Balzac, du point de vue économique, financier et monétaire. Avec 1 % de croissance au contraire, c'est un nouveau monde toutes les deux générations.

À ce titre, la croissance des Trente Glorieuses semble plus l'exception que la règle. De fait, M. Piketty adopte pour ses projections 2010-2050 des taux compris entre 1 et 1.5 %, du fait du vieillissement géographique et de l'épuisement des gains de productivité. Un des reproches que l'on peut lui faire est d'avoir un fondement de pensée assez mécaniciste, le progrès technique étant appelé à diminuer avec le temps. Il est vrai que les Révolutions industrielles authentiques sont rares. L'auteur n'aborde pas explicitement et dans le détail l'avenir de la Chine, mais il qualifie les taux de croissance records comme un simple phénomène de rattrapage, et plus le pays approchera la frontière technologique des pays les plus performants, plus la Chine connaîtra des problèmes similaires aux nôtres en terme de *fine tunning* d'une croissance pérenne.

Dernier exemple, le libéralisme fiscal américain est une pousse tardive, le pays ayant connu des périodes de grand interventionnisme fiscal. On rappellera que le taux d'imposition marginal maximal du dernier centile des revenus américains en 1970 était encore de 98 %. Fait nouveau aujourd'hui, pour les 10 % les plus riches, ce sont les revenus du travail qui représentent la source prioritaire des revenus. Il faut monter au plus haut de l'échelle sociale (les 0.01 % qui représente 5 000 personnes en France), pour que les revenus du capital représentent un peu plus de 30 % en Espagne, en Italie ou aux États-Unis et presque 60 % en France.

Une économie de moyens élégante en termes de formalisation

Elle se résume à quatre équations « comptables » : 1) r > g soit le taux de rendement du capital est toujours supérieur au taux de croissance de l'économie ; 2) b = s/g la part du capital dans le revenu est égale au taux d'épargne divisé par le taux de croissance ; 3) a = r * b le stock de capital est le produit du rendement et de la part ; 4) Le flux économique annuel des successions et des donations/revenu = u (mesure le rapport entre le patrimoine moyen au décès et le patrimoine moyen des vivants) + m (taux de mortalité) + b.

L'ouvrage de Piketty est gros de promesses. L'extension de l'impôt progressif aux économies émergentes (on pense prioritairement à la Chine), serait un « créateur de transparence » extrêmement puissant qui viendrait éclairer les problèmes des inégalités de revenu et de richesse, ainsi que l'ampleur de la corruption, mieux que tout ce qui peut être fait jusqu'ici sur un mode à peine artisanal.

Conclusion

L'impôt pourrait devenir aussi l'instrument d'un renouveau démocratique de l'UE. Chaque révolution démocratique par le passé s'est accompagnée d'une révolution fiscale. C'était le fameux « no taxation without representation » des révolutionnaires américains. Mais il faudrait changer les règles de vote au sein de l'UE. Que le Luxembourg détienne encore grâce à l'unanimité, le pouvoir de bloquer la volonté de coordonner les impôts sur les sociétés de la part de l'Allemagne et de la France – soit 150 millions de personnes – ne devrait plus n'être qu'une séquelle du passé.

Au total, le plus surprenant est que la « théorie » empirique de Piketty remporte à sa cause le FMI et même l'OCDE : « Il existe encore des marges de manœuvres pour accroître les taux supérieurs de l'impôt sur le revenu afin de maximiser les recettes fiscales » (sic – mai 2014), et s'octroie les louanges de Paul Krugman, de Lawrence Summers, de Joseph Stiglitz et de Robert Solow. Pour une fois que le MIT et Harvard regardent du côté du CNRS/ENS, il convient de pavoiser… dans la plus stricte égalité.

INVESTISSEMENTS ÉTRANGERS EN FRANCE : POURQUOI LA BOULIMIE DU QATAR ?

Petit émirat de 11 400 kilomètres carrés (soit moins étendu que l'Île de France), son PIB atteint 214 US$ en 2014, a un revenu par habitant de 96 635 US$ et un taux de chômage nul. C'est donc l'un des pays les plus riches au monde (avec le Lichtenstein, le Luxembourg et la Norvège). Troisième réserve de gaz après la Russie et l'Iran, le pays ne compte que 1.8 millions d'habitants dont 250 000 nationaux (dont 200 000 parlent français).

Les revenus des hydrocarbures représentent aujourd'hui 80 % des recettes extérieures et 60 % des revenus de l'État. Il s'est toutefois doté d'un plan de développement économique très ambitieux : National Vision 2030. La diversification commence avec des activités très intensives en énergie, comme la pétrochimie, les engrais, la métallurgie et la sidérurgie, avant de monter en gamme. À l'autre bout du spectre, les travaux pour le Mondial de 2022 vont mobiliser 250 milliards US$.

Une monarchie conciliante avec les intérêts occidentaux

Le Qatar poursuit deux buts : préparer la reconversion de son économie à l'après-pétrole, et surtout trouver des alliés pour se protéger d'une triple menace : démographique, militaire et stratégique. Il s'est montré plus que conciliant avec la vision occidentale : tout d'abord, en créant en 2002 la plus grande base américaine au Moyen-Orient ; ensuite, il s'est engagé avec les alliés dans la guerre en Lybie, où il a fourni 5 000 hommes et a déboursé 400 millions US$ aux rebelles libyens. Au Liban et au Soudan, il a allié investissements financiers et médiation active dans ces conflits.

Après avoir soutenu les révolutions tunisienne et égyptienne – via Al-Jazeera, qu'il contrôle, son action actuelle vise à apporter des moyens financiers avec les « islamistes modérés » des Frères Musulmans et d'Ennahda en Tunisie. Son rapprochement récent avec le Hamas palestinien s'inscrit dans la *realpolitik* visant à contrer l'influence iranienne. Il soutient enfin l'opposition syrienne en armes et en fonds. Coincé entre l'Arabie Saoudite et l'Iran, il essaye par sa politique active de se rendre indispensable aux grandes puissances.

Une politique d'investissements tous azimuts en France

En novembre 20012, le Qatar a annoncé une nouvelle vague d'investissements à hauteur de 10 milliards d'euros dans les grandes entreprises françaises. Fin 2012, via le principal fonds souverain qatari la Qatar Investment Authority, il détenait 12 % du groupe Lagardère, 7 % de Vinci, 5 % de Véolia, 3 % de Total, 3 % de Vivendi et 1 % de LVMH et des participations dans EADS. Ses investissements sont massifs et nombreux dans l'immobilier et l'hôtellerie de luxe. Ces initiatives ont été favorisées par un accord d'investissement bilatéral de 1990, assorti d'avantages fiscaux spécifiques. Il y a aussi des investissements très symboliques tels que le rachat du Paris/Saint-Germain en 2011.

La Qatar Invesment Authority est dotée de 100 milliards US$, soit une somme relativement modique par rapport à l' Abou Dhabi Invesment Authority 627 milliards US$, le Government Pension Fund Global norvégien (611 milliards), la SAFE Investment Compagny (Chine, 568 milliards), la SAMA Foreign Holding (Arabie Saoudite, 533 milliards), la China Investment Corporation (440 milliards), la Kuweit Investment Authority (296 milliards), ainsi que les cinq autres fonds de pension qui dépassent les 150 milliards US$ (deux chinois, un russe, deux de Singapour).

La méfiance vis-à-vis du Qatar s'est accrue en 2011, lorsque l'Association nationale des élus pour la diversité (Aneld) a sollicité un prêt de 50 millions d'euros destiné aux banlieues en difficulté, quitte à empiéter sur les prérogatives de l'État en la matière. Le projet une fois enterré, le ministre de l'Économie et de l'Industrie a annoncé la création d'un fonds d'investissement de 300 millions d'euros, dont 150 millions viendraient du Qatar et les autres seraient gérées par l'État et la CDC, à destination d'un public de PME travaillant dans les banlieues ou dans des zones rurales fragiles et défavorisées.

Un investissement malgré tout marginal qui touche d'autres pays

Rapporté au stock d'IDE en France, le Qatar représentait moins de 2 % du total fin 2012. Ce pays investit aussi au Royaume-Uni (participations dans Four Seasons Healthcare, Barclays, le London Stock Exchange (17.6 %), Sainsbury, The Shard), en Allemagne

(Volkswagen (10 %), Porsche, Siemens), mais aussi en Suisse, en Espagne ou au Portugal. Hors d'Europe, les investissements se font prioritairement en Chine et au Brésil/Argentine.

Londres et Paris représentent environ 80 % des investissements qataris dans l'immobilier, alors que les investissements industriels se concentrent surtout en Allemagne et en France.

Comme toutes les autres pétromonarchies du conseil de Coopération du Golfe (Bahreïn, Koweït, Oman, Arabie Saoudite, Émirats arabes unis), le Qatar est donc obligé d'investir massivement ses revenus à l'étranger. La Qatar Investment Authority, en outre dotée uniquement de 100 milliards US$, a été créée seulement en 2005, ce qui tranche avec les autres investisseurs : 1953 pour le Koweït, 1974 pour Temasek Holding (Singapour), 1976 pour les E.A.U., 1993 pour la Hong-Kong Monetary Authority Porfolio... Elle a par voie de conséquence un certain rattrapage à effectuer, sachant que les belles places aux États-Unis, au RU et en Scandinavie sont déjà occupées. Enfin, le Qatar s'est lancé il y a moins d'une dizaine d'années dans une politique de conquête de terres arables au niveau mondial : au Brésil et en Argentine, au Kenya, en Afrique du Sud, à Madagascar, en Australie et pour partie en Chine. Ce type d'investissements constitue à notre connaissance une première, ce qui montre à quel point le Qatar est fragile même en termes de sécurité alimentaire, et qu'il espère sans doute que les flottes occidentales seront les gardiennes de la sûreté de tels flux, vitaux pour le pays. Contrairement à ses puissants voisins, le pays développe une vraie stratégie politique de long terme inspirée d'une Vision authentique. Il sait très intelligemment profiter des avantages comparatifs des pays récipiendaires (terres dans les pays émergents, finance/bourse au RU, industries en Allemagne/France, industries émergentes en Chine...).

Reste à savoir si les puissances occidentales seront émues par le sort de 250 000 nationaux dans le cas d'un conflit régional et à fortiori mondial.

BREF APERÇU ÉCONOMIQUE DE TROIS RÉGIONALISMES COMMERCIAUX (UE, MERCOSUR, ASEAN)

L'échec des négociations commerciales multilatérales du Cycle de Doha a conduit à l'explosion récente du bilatéralisme/régionalisme à l'échelle planétaire. L'UE n'est pas en reste avec ses ZLE avec l'Afrique du Sud, le Brésil, l'Ukraine, l'Inde, le Maroc et son partenariat transatlantique avec les États-Unis. Cet article s'essaie à étudier le poids économique des trois ZLE parmi les plus anciennes. Il n'a pas d'autres ambitions que de fournir des ordres de grandeur pour naviguer confortablement dans une économie mondialisée. À ce titre, la connaissance du Zambèze est-elle devenue aussi importante que celle de la Corrèze.

Les trois zones étudiées sont anciennes. L'UE naît en mars 1957 par le Traité de Rome et la politique commerciale y est d'emblée de compétence communautaire (comme la PAC), au titre des comités 113, puis 133 et enfin article 2 du Traité d'Amsterdam. Par ailleurs, le Traité d'Asunción de mars 1991 crée la ZLE du Mercosur, composée au départ du Brésil, de l'Argentine, de l'Uruguay et du Paraguay, rejoints ensuite par la Bolivie et le Venezuela. Enfin, le Chili, la Colombie, l'Équateur et le Pérou sont membres associés. On voit que l'élargissement du Mercosur s'est opéré par démembrement de l'ancienne Communauté Andine des Nations (CAN ou « Pacte Andin »). Enfin, l'ASEAN, fondée en 1967 se dote d'une ZLE lors de la conférence de Singapour en janvier 1992, au départ entre six membres : Thaïlande, Malaisie, Indonésie, Philippines, Brunei et Singapour (ASEAN6). S'y joindront entre 2005 et 2009 le Vietnam, la Birmanie, le Laos et le Cambodge.

Le lecteur sera sans doute décontenancé par la simplicité comme la modicité des résultats présentés ici. Ils sont toutefois le fruit de quelques jours de compilation intense de centaines de données brutes disponibles seulement au niveau des pays. L'information stratégique existe mais est « dormante » en grande partie (IMF Economic Outlook Database). Il reste en effet assez inimaginable que le lecteur, ou le haut fonctionnaire ou l'entrepreneur en quête d'un débouché extérieur n'ait pas en tête les ordres de grandeur essentiels qui structurent l'économie globalisée.

Évolution des taux de croissance en volume du PIB

Les trois zones sont très diversement impactées par la crise de 2008-2009. Cette année-là, c'est le Mercosur qui est le moins touché, puisque le PIB de la zone se stabilise (- 0.1 %), pour retrouver dès 2010 un trend de croissance annuelle de 5.3 %, proche du rythme antérieur à 2008 : 6.1 %. L'UE subit plus les effets de la crise (- 3.2 % en 2009), pour se reprendre très mollement sur la fin de période (0.5 %) ; enfin, l'ASEAN voit son PIB régresser de 8.3 % en 2009 pour une reprise rapide et forte après cette date (tendance de 4 à 5 %/an).

Évolution en US$ courants et PPA

En 2013, ni l'UE à 28 ni les six pays européens majeurs (voir ci-dessous) n'ont retrouvé leur niveau de l'avant 2008 : le PIB en US$ courants pour l'UE passe de 19 201 milliards à cette date à 17 732 milliards en 2013 (soit - 7.6 %), et pour l'Europe6 de 13 633 à 12 599, (soit - 6.8 %). En termes de population, les habitants passent de 348.4 millions pour l'Europe6 à 353.7 (soit + 1.5 %).

La situation offre une configuration strictement inverse en ce qui concerne le Mercosur. En US$ courants, le PIB du Mercosur (au sens strict sans les associés) passe de 2 339 à 3 158 (soit + 35 %). Avec ces derniers, les chiffres font apparaître de 2 925 à 4 110 (soit + 40.5 %). L'évolution est la même en PIB PPA : de 3 041 à 3 370 (+ 11 %) et de 4 041 à 5 109 (soit + 26 %). Les chiffres de population fournissent les éléments qui suivent : pour le Mercosur « strict », le stock passe de 276.5 millions à 292.7 millions (+ 6 %) ; et pour les associés de 103.5 à 111 (+ 7.3 %).

L'analyse des PIB (en statique)

En 2013 et en US$ courants

Le PIB de l'UE s'élève à 17 732 milliards, celui du Mercosur de 4 110 milliards et celui de l'ASEAN à 2 422 milliards. L'UE conserve sa place de premier bloc économique et commercial du monde, car elle devance les États-Unis (16 238 milliards). Le Mercosur arrive loin devant l'Allemagne (3 661 milliards), et l'ASEAN fait parité avec le

Royaume-Uni (2 423 milliards). On voit que ces trois blocs prennent leur rang parmi les 10 premiers exportateurs mondiaux.

L'analyse en PIB PPA est encore plus intéressante

Le PIB PPA 2013 de l'UE à 28 est de 16 701 milliards (dont 11 858 milliards pour les six États les plus peuplés – Allemagne, France, Royaume-Uni, Italie, Espagne et Pologne – soit 353.7 millions d'habitants sur un total UE de 505.7 millions). Il fait jeu égal avec les États-Unis (16 238 milliards). Il arrive en première place mondiale rapporté au PIB PPA du monde avec une Part de marché (PM) de 19.1 % en 2013 (pour 16.2 % pour les États-Unis et 15.6 % pour la Chine).

Le Mercosur « élargi » dégage quant à lui un PIB PPA de 5 109 milliards juste derrière le Japon (5 150) pour une cinquième place (PM de 5.8 %). Les seuls États-membres (hors associés) pèsent isolément 3770 milliards soit devant l'Allemagne à 3 661 milliards (soit encore un poids de 4.3 %).

Enfin, l'ASEAN a un PIB de 3 770 milliards également (même remarque ci-dessus). Le PIB de l'ASEAN4 (Malaisie, Indonésie, Philippines, Thaïlande) est de 2 925 milliards (PM de 3.3 %) et devance la Russie (2 641 milliards pour la septième place mondiale).

Comme on peut le voir, ces trois grands acteurs pèsent lourd sur la scène internationale économique et commerciale.

Taux d'ouverture et poids du commerce intra-zone

Le taux d'ouverture (exports + imports/PIB) est de 23 % pour l'UE. Il est stable. L'UE dégage ainsi un total de flux commerciaux de 4 078 milliards US$ courants, supérieur au PIB allemand (3 661).

Celui du Mercosur s'établit entre 20 % et 37 % (on prend la demi-somme 28.5 %) soit 1 171 milliards (PIB de l'Italie de 2 076).

Celui de l'ASEAN est de 85 % et génère des flux commerciaux de 2 059 milliards.

Le total des flux commerciaux des trois instances s'élève donc à 7 308 milliards (pour un PIB chinois de 9 020 milliards), soit également deux fois moins environ que le PIB américain.

Enfin, les poids du commerce intra-zone sont de 65 % pour l'UE, de 12 à 25 % pour le Mercosur et de 17 % pour l'ASEAN soit un total général de 3 218 milliards US$ courants 2013 (la contribution de l'UE est de 2 651 milliards, soit 82 %). Les sommes des commerces intra-zone des trois organisations pèsent presque aussi lourd que le PIB allemand, ce qui est considérable (les données sur l'ASEAN sont fournies dans l'article « L'Indonésie dans l'ASEAN : le retour d'un géant »).

Quelques données générales

Le PIB des 6 Européens en 2013 et en US$ courants se présente ainsi : Allemagne 3 593 milliards et 81.8 millions d'habitants, France (2 739 et 63.4), Royaume-Uni (2 378 et 63.2), Italie (2 014 et 60.8), Espagne (1 356 et 46.1), Pologne (514 et 38.5).

Le PIB des 10 Mercosur donne la vision suivante : Brésil (2 190 et 200), Argentine (485 et 41.5), Colombie (a) (369 et 47.1), Venezuela (367 et 30), Chili (a) (282 et 17.6), Pérou (210 et 30.9) (a), Équateur (91 et 15.4), Uruguay (56 et 3.4), Paraguay (30 et 6.8), Bolivie (29.8 et 11).

LA CRISE DE L'EURO (2008-2013) : QUELQUES ENSEIGNEMENTS MAJEURS

Cet article vise à fournir un bref panorama de l'évolution des fondamentaux de la Grèce, du Portugal, de l'Espagne, de l'Irlande et de l'Italie sur l'ensemble de la période 2007-2013. On peut noter l'ampleur des déséquilibres auxquels ces États ont eu et ont encore à faire face, quoique leurs situations soient très disparates[1].

Trois remarques d'ordre très général

- La récession frappe brutalement les cinq États en 2009, qui marquent un très fort recul de l'activité : - 7 % en Irlande, - 5.2 % en Italie, - 3.7 % en Espagne, - 2.5 % au Portugal et - 2.3 % en Grèce. Si la crise commence bien en 2008 – la banque Lehmann Brothers fait faillite le 15 septembre de cette année-là, où le commerce mondial se rétracte de 13 % en volume selon l'OMC, les balances courantes des pays sous revue enregistrent de très forts déséquilibres en 2008 : - 14.4 % en Grèce, - 12.1 % au Portugal, - 9.6 % en Espagne, - 5.2 % en Irlande et - 3.4 % en Italie. La contribution très négative de l'extérieur se retrouve mécaniquement en moyenne annuelle 2009 sur la croissance du PIB (effet d'acquis), outre la dégradation ultérieure.

- La crise s'effectue dans un contexte non-inflationniste. La hausse des prix reste contenue sur l'ensemble de la période avec des taux annuels moyens de 2.5 % en Grèce, 2.3 % en Italie et en Espagne, 1.8 % au Portugal et 1 % en Irlande. Point intéressant, la hausse des prix devient partout négative ou décélère fortement à la baisse l'année de la récession : - 1.7 % en Irlande, - 0.9 % au Portugal, - 0.2 % en Espagne pour 1.3 % en Grèce et 0.8 % en Italie. Cette tendance nous montre la voie potentielle d'alors vers une dépression du type de 1929 – effondrement conjoint des prix et des quantités – qui aurait pu être celle des pays de l'OCDE si des liquidités massives n'avaient pas été injectées dans l'économie (*quantitative easing*) par les États et les banques centrales afin d'éviter le risque très réel de *credit crunch.*

---

[1] Cet article a été confectionné grâce aux données du « World Economic Outlook » du FMI d'avril 2013 (*Country by country Database*).

- Les pays sont inégalement répartis sur le cycle conjoncturel. Après le « trou d'air » de 2009/2010, l'Irlande renoue avec la croissance selon le modèle américain, l'activité affichant un rebond dès 2011 avec 1.4 %. L'Italie et l'Espagne épousent également ce scénario, mais connaissent de nouvelles faiblesses en 2012 et 2013 sous l'effet d'une propagation de la crise à l'Europe entière. Enfin, le Portugal et la Grèce se dégradent continûment sur toute la période 2008-2013, sous l'effet des mesures préconisées par la Troïka qui dépriment fortement l'activité.

L'effondrement grec

En glissement, le PIB grec recule de 24.3 % sur la période pour 22.1 % en moyenne. Le PIB PPA régresse de 17 % sur la période. La Grèce perd environ 960 000 emplois soit une chute de 22 % également de ses effectifs totaux. Le taux de chômage passe de 7.6 % en 2008 à 27 % en 2013. La balance courante reste au-dessus des - 10 % jusqu'à 2011, traduisant un effondrement du taux d'épargne de la nation (5.1 % du PIB en 2009 et 4.1 % en 2010) – pour un déficit annuel moyen sur la période de plus de 9 %, sous l'effet conjugué de la baisse des taux d'épargne des ménages, des entreprises (pertes d'exploitation, fermetures et faillites), et de l'État. Le déficit public atteint 15.6 % en 2009 et 10.4 % en 2010, pour un déficit public annuel moyen sur la période de 7.9 %. Concomitamment, le ratio dette nette/PIB passe de 127.1 % en 2009 à 176.1 % en 2013, soit une hausse de 38.5 % en 5 ans, croissance qui apparaît toutefois faible par rapport aux autres pays.

Le choc portugais

Le PIB portugais se rétracte de 9.3 % sur la période, ce qui se solde par des destructions nettes de près de 870 000 emplois (- 16.8 % des effectifs globaux). Le taux de chômage passe de 8 % en 2007 à 18.2 % en 2013. Comme en Grèce, le taux d'épargne de la nation s'affaisse à 9.1 % du PIB en 2009 et 9.2 % en 2010. Le déficit public en moyenne annuelle s'inscrit à 5.2 % après des records à 8.5 % en 2009 et 9.1 % en 2010. Le ratio dette/PIB passe de 78.8 % en 2009 à 115 % en 2013 soit une hausse de 49.5 % sur cinq ans, plus forte que celle enregistrée en Grèce. Le déficit annuel moyen de la balance courante s'inscrit à 7.2 %, avec une forte décélération en tendance : - 12.1 % en 2008,

- 10.9 % en 2009, - 9.9 % en 2010, - 7 % en 2011, - 1.5 % en 2012 pour un prévisionnel de 0.1 % en 2013. La nouvelle chute du PIB en 2013, de - 2.3 % est à même d'accroître encore l'endettement du pays. Ce dernier passe de 78.8 % du PIB en 2009, pour atteindre 115 % en 2013 (soit une augmentation de 45.9 % sur la période).

Explosion du déficit public et de la dette en Irlande

Le PIB irlandais ne baisse « que de 7.1 % » sur la période 2007-2013. Plus de 320 000 emplois ont été détruits soit une baisse de 14.3 % des effectifs globaux. Du plein-emploi en 2007 (taux de chômage de 4.5 %), ce dernier atteint 14.2 % en 2013. Le pays redresse bien l'état de sa balance courante, puisqu'elle redevient excédentaire dès 2010 à 0.5 point de PIB, pour s'améliorer continûment sur la fin de période. Il faut y voir surtout l'impact de la baisse du taux d'investissement de la nation qui passe de 14.3 % du PIB en 2009 pour une diminution continue jusqu'en 2013 à 9.7 %. Parallèlement, le gouvernement ne « tient » pas ses finances publiques : le déficit annuel moyen s'inscrit à 8.2 % sur la période. Après une décrue en 2010 (- 7.7 % après - 14.2 %), il replonge en 2011 à - 13.3 % puis se stabilise autour de 7.5 % les deux dernières années. L'endettement passe en cinq ans de 42.3 % en 2009 pour culminer en fin de période à 106.1 %, soit une explosion de 151 %, de loin la plus forte parmi les cinq pays étudiés. Comme on le voit, c'est l'Irlande qui présente la pire des situations en termes de finances publiques, alors que l'économie réelle s'ajuste mieux que dans les deux cas précédents.

Le cas atypique de l'Espagne

Si le PIB espagnol s'affaisse de 5.6 % en volume sur la période, l'impact en termes d'emplois détruits apparaît extrêmement massif à savoir une baisse de 3 millions et demi d'emplois sur la période (- 17 % des effectifs totaux). Le taux de chômage, de 8.2 % en 2007 explose à 27 % en 2013. Il faut en déduire que la productivité apparente du facteur travail était sensiblement plus faible que celle prévalant ailleurs, et/ou que la croissance est très riche en emplois dans ce pays. Le volume annuel moyen du déficit public se monte à 6.9 %, et la même idée que précédemment prévaut car le déficit ne connaît aucune baisse substantielle : de - 11.2 % en 2009, - 9.2 % en 2010, - 9.4 % en 2011, - 10.3 % en 2012 pour - 6.6 % prévu pour

2013. L'endettement public, très faible en 2009 (41.9 %) enfle pour atteindre 79.1 % en 2013 (soit une hausse de 89 %). Dans ce pays, le pilotage des finances publiques se greffe sur une situation économique fragile structurellement, qui a tendance à surréagir aux fluctuations conjoncturelles, les rendant socialement très douloureuses.

Le statu quo italien

Après une forte baisse de l'activité en 2009 (- 5.2 %), le PIB de l'Italie renoue avec la récession en 2012 et 2013. Ainsi, il régresse de 9.2 % sur la période. Les effets sur l'emploi sont remarquablement contenus (650 000 destructions nettes soit 2.6 % des effectifs), ce qui en fait le cas polaire de l'Espagne. Le taux de chômage ne fait « que » doubler, de 6.1 % en 2007 à 12.1 % en 2013. Le PIB PPA progresse même de 2 % sur la période. Le déficit budgétaire est globalement sous contrôle autour de –3.3 % pour se résorber continûment tout au long de la période (- 2.5 % en prévision 2013). Il en est de même du déficit moyen de la balance courante qui oscille autour de 2.1 % (après - 3.4 % en 2008 et - 3.3 % en 2010). Considéré sur la période, le ratio dette nette/PIB reste globalement stable, de 101.3 % en 2007 à 103.2 % en 2012 et 105.7 % en 2013 (après s'être inscrit à 98 % en moyenne trois années de suite). Bien qu'élevée en niveau, la stabilité d'ensemble de la dette ne méritait pas que ce pays ait à payer fin 2012/ début 2013 un *spread* sur l'emprunt obligataire à 10 ans de l'ordre de celui en vigueur pour l'Espagne (de 6.5 % à 7.5 % par rapport au référentiel allemand). L'aveuglement des marchés sur le « risque latin » aurait pu coûter beaucoup plus cher à l'économie italienne.

Les économies latines et l'Irlande fort inégalement touchées par la crise

Quatre facteurs essentiels ont pu jouer :

- La crise a impacté des économies structurellement très différentes avec à la fois un ancien « simili tigre asiatique », en conjoncture de phase avec le cycle américain (Irlande). Ce pays détient un revenu par tête qui est le second de la zone OCDE, soit 48 400 US$ juste derrière les États-Unis (51 230 US$), mais devant l'Allemagne et la France. Il s'est considérablement enrichi au cours de deux décennies de croissance à deux chiffres ; une économie mature mais déjà préalablement très endettée (l'Italie) ; une société fondée sur l'immobilier, le tourisme et les services à faible productivité (l'Espagne) ; une petite économie très centrée sur ses échanges intra-européens (le Portugal) qui la rendent particulièrement vulnérable en cas de récession européenne auto-entretenue ; enfin une société sclérosée dans ses archaïsmes, dépendante quasi-exclusivement du tourisme et gangrenée par des niveaux de corruption records à tous les échelons de la société (la Grèce).

- Le pilotage par les autorités économiques et financières des finances publiques s'est déroulé avec des bonheurs divers selon les mentalités et les cultures en place. Bon en Italie, adapté en Espagne, passable au Portugal, mauvais en Irlande et exécrable en Grèce – la difficulté de l'exercice tenant au partage qu'on peut faire entre le structurel et le conjoncturel, ou encore entre le soma des économies et le trauma des acteurs (dont au premier chef les dirigeants).

- L'amalgame aveugle opéré par les marchés et les agences de notation a failli avoir les mêmes conséquences que lors de la crise asiatique de 1998-1999. À l'époque, un endettement à moins de trois mois à hauteur de 60 % de la dette marchande des entreprises coréennes (dans un pays exempt de problèmes macroéconomiques) avait amené à une réappréciation massive, indiscriminée et mécanique des primes de risques souverains de l'Asie émergente, comme du risque émergent global – la crise avait atteint la Russie en 2000 et l'Argentine en 2001. Le recul de l'Indonésie avait vu son impact récessif initial (- 17 %), doubler par la politique mise en place par le FMI (baisse de 72 % du PIB en deux ans dont elle commence seulement à se remettre pour s'affirmer comme une puissance régionale). Quant à la Malaisie, qui offrait des fondamentaux de premier de classe, elle avait vu son PIB régresser de plus de 25 %. Tous ces événements ont été amplement documentés à l'époque par un livre « tout public » de Joseph Stiglitz publié à cette période.

- Les pays sous revue ont clairement fonctionné pendant la période en « régime classique », l'excès des salaires réels dépassant la productivité marginale de la main d'œuvre, et non en « régime keynésien » où l'insuffisance de la demande globale contraint l'activité (faiblesse notamment de la demande mondiale adressée à ces pays). Fonctionnant comme une zone monétaire optimale (au sens de

Mundell 1960, Mac Kinnon 1973 et Meade 1980), les salaires nominaux ont accusé sur la période 2009-2012 une baisse drastique de 25 % pour la Grèce, 15 % pour le Portugal et 10 % pour l'Espagne, redonnant à ces pays une compétitivité-coût en termes de salaires unitaires (coûts salariaux horaires – CSH) qui a pu dans certains cas entraîner une vague de relocalisations qui va croissant.

L'esquisse d'une embellie conjoncturelle en Europe viendrait à point nommé. Les États seraient alors en cours de finir leur « cure d'amaigrissement » forcée du point de vue des finances publiques. Ils aborderaient ainsi le nouveau cycle avec des fondamentaux renforcés et solides, qui les auront bien armés pour faire face à la concurrence internationale.

ROYAUME-UNI : UNE CROISSANCE EN TROMPE L'ŒIL *CREDIT ADDICTED*

La croissance du Royaume-Uni devrait être de 1.4 % en 2013, soit presqu'autant que les États-Unis et deux points de plus que la zone Euro. S'il convient de saluer cette performance, elle n'en a pas moins reposé exclusivement sur la consommation des ménages et la consommation publique (arrêt de l'austérité budgétaire), jointes à un programme de relance immobilière relativement dangereux à terme du fait de ses modalités.

Les trois moteurs de la reprise

La consommation des ménages, qui aura crû de 1.8 % en 2013, est toutefois déconnectée des revenus réels. En effet, le Revenu disponible brut des ménages (RDB) a régressé de 0.6 % sur un an. La ponction s'opère donc sur le taux d'épargne qui s'est tour à tour vivement redressé en 2008-2009 (de 9 à 8 % du RDB), pour se stabiliser en 2010-2011 (7 à 6 %), et enfin s'effondrer en fin de période (4-5 %) – ces mouvements s'effectuant sur fond d'érosion rapide du pouvoir d'achat des salaires (qui a reculé de 10 % sur la période 2008-2012). Les efforts de désendettement des ménages se sont donc interrompus pour se reporter sur les crédits à la consommation et les crédits immobiliers.

Sur 2013, le Royaume-Uni est le leader, et de loin, des encours de crédits à la consommation avec 27 % du total européen (sans lien avec sa population). De même, il est le premier marché européen des crédits immobiliers avec 1 270 milliards d'euros en termes d'encours (soit 22 % du total européen pour 850 milliards d'euros pour la France, en troisième position).

Cette évolution n'est pas sans risque quand on sait que la dette des ménages britanniques, après quatre ans de consolidation, atteint 160 % de leur RDB, contre 125 % aux États-Unis et 103 % en France. Parallèlement, le ratio dette/PIB s'accroît continûment sur la période, passant de 52 % en 2008 à 84.3 % en 2011 pour finir à 92.1 % en 2013 (soit le ratio de la dette française). On voit donc à quel point le Royaume-Uni a développé une addiction à l'endettement qui concerne tous les acteurs.

La politique budgétaire, très restrictive en 2010 et 2011 (le déficit public passe de 10.2 % du PIB à 4.8 %), devient accommodante par la suite, le gouvernement laissant filer les déficits sur la fin de période (- 7.9 % en 2012 et - 6 .5 % en 2013). Face au manque à gagner de recettes fiscales dû à la récession, le gouvernement décide de reporter à plus tard la résorption du déficit (7.9 % du PIB en 2012, contre 5.5 % programmés).

Cette politique a été encore renforcée par la politique monétaire, elle aussi très accommodante (les taux longs à 10 ans se sont maintenus en deçà de 1.7 % jusqu'en mai 2013, pour se retendre jusqu'en février 2014 à 2.7 %, après 1.9 % en 2012). Et, de plus, les autorités monétaires ont laissé le taux de change effectif réel de la Livre se déprécier d'environ 30 % entre l'été 2007 et la fin 2008. Dans un tel contexte, très expansionniste, les coupes sombres opérées dans les dépenses publiques et le relèvement de la TVA intervenue début 2011 (+ 2.5 points) ont inutilement retardé la reprise, maintenant l'économie bien en deçà de sa croissance potentielle.

La relance immobilière a également joué un grand rôle. En soutenant la demande et les prix (sans mises en chantiers additionnelles), le regain de confiance des consommateurs s'en est ressorti renforcé (revalorisation du patrimoine qui crée un effet de richesse jouant positivement sur la consommation et la propension à l'endettement). L'important est surtout de noter que les prix sont revenus à leurs plus hauts d'avant 2008, ce qui ne présage rien de bon. En juillet 2012, le premier volet du Plan permettait aux banques de se refinancer à des conditions préférentielles si les fonds empruntés étaient directement canalisés vers les prêts hypothécaires. En avril 2013, le second volet permet aux ménages de bénéficier d'une garantie de l'État sur leurs emprunts immobiliers, qui va générer paradoxalement une flambée des prix (pas de reprise de la construction immobilière). Le laxisme des banques sera encouragé et l'État perd de fait un instrument de régulation du marché si ce dernier devait se retourner, ce qui s'avère une hypothèse vraisemblable.

Quatre éléments dirimants pour un sentier de croissance à long terme équilibré

La plus forte croissance a entraîné un taux de chômage « modéré » de 7.7 % en 2013 (pour une moyenne européenne de 10.9 %). L'érosion rapide du pouvoir d'achat et la précarité constante des contrats de travail sont en grande partie responsables de la montée de la pauvreté absolue qui concernerait 14 millions de personnes (elles seraient 10 millions en France). Une telle intensité dans la dégradation du capital humain obère les conditions d'une reprise saine et laissera des coûts induits qui pèseront longtemps sur l'activité ultérieure.

Économie largement tertiaire, l'activité est repartie dans les services sur un trend de 2 % annuel. À l'inverse, la production manufacturière est à son plus bas depuis deux ans et demi, et ce en dépit de la dépréciation de la Livre. En effet, les gains de productivité se situent 10 % en dessous de son niveau d'avant-crise et annulent en partie les gains obtenus par la maîtrise des CSU (coûts salariaux unitaires). En effet, le revenu/tête, ou la productivité apparente du travail passe de 43 651 US$ en 2008 à 39 049 US$ en 2013. Enfin, le PIB PPA britannique rapporté au PIB PPA mondial tombe de 3.2 % en 2008, 2.9 % en 2010, 2.7 % en 2013 et serait de 2.5 % en 2018, soit une dégradation rapide.

D'autre part la performance du pays à l'exportation demeure faible. Si les exports en volume de biens et services ont reculé de 10.1 % en 2009, année de la récession mondiale, les ventes à l'étranger ont juste pu refaire leur retard, puisque leur glissement 2010-2013 avoisine les 12 % (même raisonnement pour des imports « en ligne » avec l'évolution des exports après un creux 2009 de - 11.9 % et un glissement de 12 % également). La consommation des ménages étant prépondérante, et les lacunes de l'appareil de production britannique nombreuses, l'ajustement s'est opéré via des déficits de la balance des transactions courantes, élevés certaines années (71.5 milliards US$ en 2010 soit - 3.2 % du PIB, 94 milliards US$ en 2012 soit - 3.8 % du PIB).

Enfin, l'investissement productif s'affiche en recul de 5 % par rapport à l'année précédente. Son niveau rapporté au PIB est le plus bas de toute l'UE depuis au moins d'une décennie. Le taux d'investissement de la nation (en % du PIB), à son plus haut en 2008 : 16.6 %, se dégrade continûment par la suite : 15 % en 2010, 14.6 % en 2012 et 14 % en 2013 (pour mémoire, le taux d'investissement français est de l'ordre de 24 % sur la période 2008-2013).

Conclusion

La séquence vertueuse dévaluation, suivie par une croissance tirée par les exportations puis les investissements productifs, qui génèrent des revenus et profits, qui entraînent à la hausse le RDB puis la consommation, l'emploi et le chômage, n'aura pas vu le jour. Quoiqu'avec un taux de croissance supérieur à celui de la moyenne de l'Euroland, le Royaume-Uni ressortira de cette crise avec des problèmes inchangés mais accompagnés cette fois d'une forte détérioration de son capital humain et d'un endettement privé et public sans précédent. Comme le dit un spécialiste de l'économie britannique, loin de favoriser le rééquilibrage de la croissance à long terme vers l'investissement et l'exportation, la politique de George Osborne (ministre des Finances) ramène l'économie britannique à ses vieux démons : la consommation financée par l'endettement.

Malgré tout, la croissance outre-Manche aura généré sur la période 386 000 emplois en deux temps : de 2008 à 2009, on assiste à des destructions nettes d'emplois de 480 000 postes de travail, pour déboucher de 2010 à 2013 sur 866 000 créations nettes. C'est moins bien que la performance allemande (créations nettes d'emplois de 1 250 000 individus), mais mieux que la France qui perd 360 000 emplois sur la période 2008-2013.

Vu de Sirius, on peut enfin se demander pourquoi le Royaume-Uni ne croisse pas plus vite que constaté. Il a en effet opté pour une politique qui en fait le « passager clandestin » du Marché unique, sans en payer le prix, puisqu'il n'est pas lié par les disciplines inhérentes à la monnaie unique. Il garde donc la haute main sur sa politique monétaire et de change pleinement autonomes qui ne servent que ses intérêts souverains bien compris. Son retrait de l'UE, mainte fois évoquée récemment, n'arrangerait en rien ses atouts comme ses faiblesses structurelles, bien au contraire.

ARABIE SAOUDITE : UNE PUISSANCE RÉGIONALE ASSISE SUR LA GESTION DE LA RENTE

Un profil très atypique d'une politique économique fondée sur la rente

La monarchie a enregistré sur 2008-2013 une croissance moyenne de 4.6 %, l'activité ne s'étant tassée qu'en 2009 (0.1 % de croissance du PIB sous l'effet d'une baisse des exports (- 5.3 %)). En 2013, la croissance fléchit à 3.8 % après 6.8 % en 2012. Le PIB en US$ courants comme en PPA font presque doubler sur la période, pour atteindre un PIB PPA de 962 milliards US$ en 2013, soit une productivité par tête de 32 469 US$, proche de certains pays européens (pays latins de l'UE).

Le taux d'investissement ressort à 26.1 % du PIB en moyenne, pour un taux d'épargne record de 43.7 %. Ce dernier a d'abord trait à l'EBE très élevé du complexe pétrolier d'État qui dégage des profits massifs. Puis vient l'épargne des finances publiques (12.5 % d'excédent budgétaire en moyenne), suivie par le taux d'épargne des ménages, qui ne figure nulle part. Il est clair que, dans ces conditions, l'Arabie Saoudite exporte ses capitaux.

La SAMA, (Saudi Arabian Monetary Agency), fonds d'investissement de la Banque centrale saoudienne, gérait en 2012 222 milliards US$ placés pour la plupart en obligations d'État sans risque.
Ce fonds n'est pas le plus important de la région : l'ADIA (Abou Dhabi) gère entre 650 et 700 milliards US$, le KIA (fonds koweitien) environ 270 milliards, et les GIC et Temasek de Singapour sont respectivement les sixième et onzième fonds mondiaux.

L'inflation reste modérée (5.1 % sur la période), le taux de chômage avoisinerait les 10 % (non fiable) ; le ratio dette/PIB, après avoir culminé à 15.9 % du PIB en 2009, a été ramené à 3.5 % en 2013 ; et l'excédent budgétaire moyen est de 12.5 % (après 35.4 % en 2008 et 15.2 % en 2012). Pour finir, les excédents de la balance des transactions courantes cumulés sur six ans culminent à 699 milliards US$ (soit toutefois deux fois moins que les excédents courants allemands à 1 370 milliards). En moyenne, l'excédent annuel s'inscrit à 19.3 % du PIB.

Sur une population totale de 29.2 millions d'individus en 2012, il y a 9.4 millions d'étrangers. Rapportés à la population active, de 11.3 millions, les étrangers représentent donc 83 % de cette population, qui se décline en 7.5 millions de travailleurs légaux et 2.5 millions de clandestins. Le gouvernement a décidé de réduire les clandestins de sorte qu'ils représentent plus que 20 % de la population active à l'horizon 2020. Depuis novembre 2013, 900 000 d'entre eux ont donc été expulsés, sans qu'on sache si les saoudiens reprendront bien à leur compte les emplois devenus vacants. C'est l'énigme de cette « saoudisation » des emplois. Par ailleurs, 75 % de la population a moins de 30 ans, et elle est pour le tiers au chômage. Enfin, ce sont 300 000 jeunes par an qui arrivent sur le marché du travail[1].

Une industrie pétrolière… qui se diversifie

L'Arabie Saoudite détient 266 milliards de barils de pétrole (juste derrière le Venezuela), ce qui représente selon les sources entre 16 et 22 % des réserves mondiales. Sa production – premier producteur mondial (11.5 millions de baril/jour) – s'élève à 13.3 % de la production internationale, et la monarchie joue toujours le rôle de « dernier producteur », pour respecter l'offre et la demande à l'échelle planétaire, afin de maintenir les cours du brut dans la fourchette édictée par l'OPEP.

L'Arabie Saoudite s'est donnée pour cible d'atteindre un ratio de 20 % du PIB à l'horizon 2020 en ce qui concerne l'industrie manufacturée – hors pétrole. Ce secteur se développe à un rythme de 25 % par an en termes d'investissements. De plus, elle poursuit un programme de diversification énergétique en investissant 100 milliards US$ dans les énergies renouvelables et dans un parc nucléaire de 16 réacteurs civils à terme. Elle se situe au 22e rang mondial en termes de *Doing business environment* (Banque Mondiale). En dépit de ces efforts, le secteur privé ne représente encore que 35 % du PIB.

---

[1] Le lecteur ne s'étonnera pas de ces chiffres « bancals », mais ce n'est que depuis peu que l'Arabie Saoudite communique sur ces matières.

L'Arabie Saoudite a développé deux cités portuaires industrielles, Jubayl et Yanbu, où sont travaillés la pétrochimie, la chimie, les engrais, le plastique et l'acier. Créée en 1976, la SABIC (Saudi Basic Industries Corporation) a aidé à la création d'un tissu de 23 000 entreprises, pour un investissement de 37 milliards US$. Elle est le premier groupe industriel du pays avec 74 milliards de CA. Suivent Al Reijhi Banking Corporation (28 milliards), Saudi Telecom (18), Saudi Electric (15), Saudi Fertilizers (12), Samba Financial Group (10.5), Ethirad Telecom (10), Ryad Bank (9.5), Saudi British Bank (8) et Banque Saudi Fransi (7.5 milliards – chiffres septembre 2011).

La SAGIA (Saudi General Investment Authority) a délivré 2 400 licences d'implantations étrangères pour 18 milliards US$. Le régime des IDE est donc réglementé et les exclusions restent nombreuses en dépit des grands efforts entrepris : il touche tout l'amont du pétrolier, l'immobilier et les services à La Mecque et à Médine, la santé, les transports, la pêche, la grande distribution (part inférieure à 49 % du capital de l'entreprises), la banque (inférieure à 40 %), les services professionnels (inférieure à 75 %), les services aux armées, l'impression et la publication, le courtage immobilier, les services de recrutement et audiovisuels. Tous ces secteurs restent à négocier à l'OMC.

Une politique extérieure très liée aux États-Unis

Du point de vue de la politique commerciale, l'Arabie Saoudite est membre du Conseil de Coopération du Golfe (CCG qui va devenir une union douanière en 2015), et de la Zone panarabe de libre échange (PAFTA). Elle est ouverte à l'international : les exports représentent 54 % du PIB et les imports 38 % (soit un taux d'ouverture de 92 %). À l'exportation, les combustibles et les produits de l'industrie extractive pèsent 86 %, le manufacturé 12 % et les IAA 1.1 %. Côté importations, la part du manufacturier est de 80 %, les IAA de 13 % et les combustibles de 5 %. Les destinations des exports sont le Japon (27 %), Taiwan (24 %), les États-Unis (17.5 %), l'UE (7 %) et les E.A.U. 4 %. À l'importation, l'UE détient une part de marché de 32 %, les États-Unis de 14 %, la Chine de 10 %, le Japon de 9 % et la Corée du Sud de 4.5 %. Les IDE représentent un flux annuel moyen de l'ordre de 35 milliards US$ (3 % du total mondial), les IDE sortants un flux 6.5 milliards.

Soucieuse de la situation de l'armée de libération en Syrie, l'Arabie Saoudite a dû se ranger du côté du dialogue politique (Genève II le 22 janvier 2014), conformément au recentrage de l'administration Obama. En Égypte, elle apporte une aide massive de 5 milliards US$ (il y a 2 millions d'Égyptiens en A.S.) et a fait savoir qu'elle compenserait tout manque de l'aide occidentale. Elle est farouchement opposée aux Frères Musulmans. Vis-à-vis de l'Iran, son ennemi n° 1 qui lui conteste l'influence dans la zone, elle reste méfiante quant au respect de l'accord sur le nucléaire, et craint qu'une conclusion se fasse au détriment de sa position privilégiée avec les États-Unis. Au Yémen, gros pays d'émigration en A.S., comme membre du Groupe des amis du Yémen (avec le Royaume-Uni), elle a réussi à faire classer la rébellion houthiste (une minorité chiite), comme terroriste au sein de l'ONU. Enfin, ses relations sont des plus tendues avec le Qatar, Bahreïn et les Émirats arabes unis qui soutiennent la cause des Frères Musulmans en Égypte, Tunisie et au Yémen.

Conclusion

Puissance régionale, l'Arabie Saoudite entend garder sa mainmise sur le Moyen-Orient, mais reste tributaire de son alliance avec les États-Unis. Elle tente de desserrer l'étau en s'équipant en matériel militaire. Sur la période 2001-2008, elle a été de loin le premier importateur d'armes au niveau mondial, avec 37 milliards US$ d'achats (soit 16 % du total), devant l'Inde (31 milliards et 14 %) et les E.A.U. (15 milliards et 7 %). Malgré l'ampleur de cet effort d'armement, les états-majors occidentaux ne croient pas vraiment en l'efficacité opérationnelle de l'armée saoudienne, d'autant que ses voisins du Golfe sont également surarmés par du matériel High-tech.

HAUSSE DU SMIC : UN DÉBAT PLANÉTAIRE

Alors que 600 économistes (dont 7 prix Nobel) soutiennent publiquement la hausse du salaire minimum réclamé par le parti Démocrate et le président Obama aux États-Unis afin de stimuler une demande intérieure globale morose, le Rapport mondial sur les salaires 2010/2011 de l'OIT fait remarquer quant à lui que 90 % des pays au monde ont mis en place des salaires minima selon des modalités diverses.

Après l'Allemagne, qui instaurera un SMIC au 1er janvier 2015 (à taux horaire de 8.5 euros), la Suisse va connaître une « votation » visant à créer le SMIC le plus cher au monde, soit 4 000 FS (3 281 euros) – les salariés cambodgiens réclamant quant à eux une rémunération plancher de 115 euros… par mois.

L'évolution est notable en Chine. À la grève de deux semaines de 30 000 ouvriers chinois dans une usine de chaussures de sport pour protester contre le non-paiement des prestations sociales, le pouvoir tente l'apaisement par la feuille de paix. Alors que les conflits sociaux ont explosé de 31 % au premier trimestre 2014, à Shanghai, le SMIC horaire a reçu un coup de pouce de 21 %. En l'espace de cinq ans, le SMIC a doublé, soit 210 euros par mois à Shanghai contre 158 euros en Roumanie et en Bulgarie. L'ouvrier chinois, qui était encore payé le tiers de son collègue mexicain en 2000, gagne désormais 50 % de plus que lui.

Partout, le débat est le même. Les uns brandissent la menace des licenciements et des délocalisations, les autres invoquent la dignité, le pouvoir d'achat et la hausse de la consommation comme le soutien de la demande.

Le SMIC est-il trop élevé ?

Quelques voix se sont exprimées récemment sur le sujet, de M. Gattaz pour le MEDEF à M. Pascal Lamy, ancien DG de l'OMC, pour lequel essayer de nouvelles modalités de salaires « pas forcément du niveau du SMIC » pourrait former des alternatives intéressantes (sur le modèle des « petits boulots » résultant des réformes Hartz en Allemagne). Loin de vouloir jeter l'anathème sur qui que ce soit, cet article se donne pour ambition d'y voir plus un peu plus clair.

En France, depuis la tentative d'instaurer un SMIC-jeunes par le gouvernement Balladur en 1994 (CIP, Contrat d'insertion professionnel), le débat est lancé. Un rapport du CAE de 2008 le considérait comme une « machine à exclure les jeunes ». Pourtant, cette assertion pose de nombreuses questions :

Si le SMIC « plombe » l'économie française, celle-ci n'est pas la seule, au vu des chiffres de l'OIT, qui montrent qu'une grande majorité de pays ont adopté des systèmes analogues (même les États-Unis et le RU ont un SMIC, et la problématique actuelle s'oriente seulement sur la question d'une hausse de la rémunération plancher). La question des bas salaires chroniques a été introduite par M. Obama qui promeut une hausse du SMIC de 7.25 US$ à 10.10 US$, soit une revalorisation qui profiterait à 16 millions de travailleurs directement et 8 millions indirectement. À l'instar de SeaTac, près de Seattle, qui vient de le porter à 15 US$, villes et États prennent les choses en main. Seattle va adopter le même montant. À San Francisco, où il était à 10.75 US$, la rémunération des employés est de 13 US$. La ville de Washington vient d'acter le passage à 11.5 US$, et les villes de Chicago et de New York réfléchissent aux modalités de son augmentation. Un consensus des économistes prône toutefois une attitude prudente, « les villes devant faire des expérimentations en matière de hausses des rémunérations ».

Les quatre pays scandinaves (Danemark, Suède, Norvège et Finlande) n'en ont pas mais ce sont des pays à fortes rémunérations et à faibles inégalités. Même sans SMIC, la proportion des bas salaires est très limitée, notamment en Suède (2.5 %, contre 6 % en France et 17 % dans l'UE). En 2010, les 10 % de salariés gagnant le moins bien leur vie touchaient 2 700 euros au Danemark, 2 100 en Suède contre 1 481 euros en France. Toutefois, il apparaît que le SMIC français est élevé, en Europe seuls l'Irlande (1 462 euros), les Pays-Bas (1 486 euros), la Belgique (1 502 euros) et le Luxembourg (1 921 euros) étant plus généreux. Par ailleurs, le SMIC représente 47 % du salaire français moyen, l'un des niveaux les plus élevés de l'UE.

Les effets du SMIC sur l'emploi sont ambivalents

Selon une école d'économistes, le SMIC serait excessif au regard de la productivité marginale des jeunes travailleurs, ce qui est en soi impossible à démontrer empiriquement. Par ailleurs, une hausse de la rémunération de base ne provoque pas mécaniquement des destructions d'emplois. Au RU, l'instauration d'un salaire minimum par Tony Blair en 1999, puis ses fortes hausses ultérieures n'ont pas alimenté le chômage, l'effet positif sur la demande ayant excédé l'effet négatif pour les entreprises.

Le CIP français, égal à 80 % du SMIC pour les jeunes de moins de 26 ans, n'était étayé par aucune relation économétrique de quelque nature que ce soit (La Direction de la Prévision a pu épuiser ses modèles macroéconomiques économétriques pendant des mois sans plus de succès). On peut avancer que ce n'est pas tant le coût du facteur travail qui est en cause que l'absence de qualification et de réinsertion de la population ciblée de jeunes sortant du système éducatif sans aucun diplôme (ils seraient de 150 000 à 200 000 en France chaque année). Par ailleurs, au RU où il existe un salaire minimum spécifique Jeune, le chômage des moins de 25 ans n'a pas disparu, au contraire. Rapporté à l'ensemble des 15-25 ans, le taux de chômage est même de 12.5 % contre 8.5 % en France.

Au-delà des jeunes, faire sauter le verrou du SMIC ou en diminuer substantiellement le niveau pourrait sans doute être favorable à l'emploi des travailleurs les moins qualifiés. Mais le risque encouru en vaut-il la chandelle ? Dans un contexte marqué par la déflation, un moins-disant salarial aurait pour conséquence un moindre soutien à la demande intérieure. Il pénaliserait en outre des ménages qui ont la plus forte propension à consommer. De même, il est probable que l'ensemble de la pyramide des salaires soit tiré vers le bas et dans ce cas de figure, les effets macroéconomiques négatifs d'une telle mesure seraient encore plus importants.

Enfin, le rapport de force sur le marché du travail n'est pas équilibré. Il est à ce titre erroné de penser que les travailleurs non qualifiés acquis à bas prix, une fois dans l'entreprise, pourraient augmenter leurs compétences et leurs productivités leur permettant de trouver un travail mieux rémunéré. Cela relève d'une vue de l'esprit. Si même le Royaume-Uni s'est décidé à adopter un SMIC, c'est notamment parce que les syndicats étaient incapables d'empêcher les salaires de dévisser outre-Manche.

Dans un contexte où l'austérité met déjà à mal les outils plus traditionnels de la redistribution, on peut craindre qu'une telle mesure fasse encore grandir la pauvreté et accroître encore plus les inégalités. La voie de sortie repose donc massivement par des progrès accrus du système éducatif et des procédures de qualification performantes.

SMIC : quelles répercussions sur les entreprises ?

Vu des États-Unis, et envisagé au niveau microéconomique, la réponse est étonnamment positive. D'après des travaux universitaires et l'expérience de certaines entreprises, la perte subie par celles qui augmentent les salaires est souvent compensée par un moindre renouvellement du personnel et une meilleure productivité. Les entreprises peuvent aussi atténuer la hausse des coûts par une légère majoration de prix et par une baisse du montant des augmentations accordées aux cadres les mieux payés.

Dans une étude de 2013, trois économistes (Dube – MIT, Lester – Caroline du Nord et Reich – Berkeley), ont comparé la situation d'entreprises installées dans des comtés voisins de différents États américains. Dans les États où le SMIC avait été revalorisé, les travailleurs démissionnaient moins souvent et la direction était plus à même de fidéliser son personnel, évitant ainsi les coûts liés au recrutement et à la formation des remplaçants.

D'autres études sur l'effet d'une hausse locale du salaire minimum, par exemple à San Francisco et à Los Angeles, ont abouti à des résultats similaires (voir la synthèse du Center for Economic and Policy Research (CEPR), *think tank* washingtonien).

Certaines grandes enseignes rémunèrent encore mieux leur personnel. Costco, l'une des entreprises de grande distribution des États-Unis les plus prospères, propose un salaire horaire de base de 11.5 US$, qui s'applique à la plupart des emplois les moins qualifiés. La moyenne de l'entreprise est de 21 US$ pour les employés payés à l'heure. Pour la direction, proposer des salaires plus élevés permet à Costco « d'attirer et de garder les meilleurs » (conformément au travail de Stiglitz et Shapiro sur les « salaires d'efficience/ou de réservation » de 1984). Selon une étude de cas réalisée par la direction en 2006, cela permet aussi de maintenir les pertes liées aux vols, à la fraude et aux erreurs à un niveau bien inférieur à celui de la moyenne du secteur.

Conclusion

Comme on le voit, le détour par la microéconomie et les comparaisons internationales permet de s'exonérer des archaïsmes et du simplisme de l'école néo-libérale, pour laquelle offre et demande de travail convergent vers un optimum dont il ne faudrait en aucun cas s'émanciper. De plus, aucun économiste sérieux ne peut définir la productivité marginale d'un travailleur, ouvrant la voie à un arbitraire certain (pourquoi 80 % du SMIC pour le CIP par exemple ?). Enfin, il ne faudrait pas que les pouvoirs publics abandonnent le terrain de la formation et de la réinsertion professionnelle, seules à même d'apporter une solution pérenne et adéquate au problème du taux de chômage des moins qualifiés.

PLAN FRANCE TRÈS HAUT DÉBIT : BILAN D'ÉTAPE DU PLAN DE DÉPLOIEMENT

Chantier majeur pour l'aménagement des territoires et la compétitivité des entreprises, le déploiement du très haut débit sur l'ensemble du territoire d'ici dix ans constitue un volet important de la stratégie numérique du gouvernement. Le plan France Très Haut Débit, présenté il y a tout juste un an, a fixé un objectif de 100 % de la population couverte en 2022, avec un objectif intermédiaire de 50 % de la population d'ici 2017.

Pour atteindre ce résultat, le gouvernement a prévu de mobiliser 20 milliards d'euros, dont environ 3 milliards d'euros de subventions apportés par l'État, pour soutenir les projets d'infrastructures et de réseaux des collectivités territoriales et va générer la création de 20 000 emplois directs et indirects (centres de formation notamment).

Un bilan d'étape de ce plan est présenté le 6 février 2014, à Bercy, à l'occasion d'une conférence qui réunit, autour d'Arnaud Montebourg, Fleur Pellerin, Louis Gallois, commissaire général à l'investissement, et Antoine Darodes, directeur de la Mission Très Haut Débit, les principaux acteurs de la démarche.

Plan France Très Haut Débit (PFTHD) : pourquoi ?

Les autorités poursuivent trois objectifs majeurs :

- Renforcer la compétitivité économique et l'attractivité locale : le niveau de performance des nouveaux objets numériques autorisés par le THD (clouds, visioconférences, réalisations 3D) va créer de nouveaux marchés et soutenir l'activité.

- L'aménagement de tous les territoires en infrastructures numériques va améliorer la qualité de toute une gamme de nouveaux services (télémédecine, MOOC, villes intelligentes) et rapprocher le citoyen de l'administration locale qui va gagner en efficience et efficacité.

- Développer l'accès aux usages de demain (télévision HD, 3D, objets connectés, visioconférences) pour prévenir toute « fracture numérique » et arrimer les territoires dans la modernité.

PFTHD : Où ?

Les 20 milliards mobilisés vont se répartir selon une double destination. Les zones conventionnées (urbaines et périurbaines déjà équipées de la 3G) seront exploitées par des opérateurs privés. Elles couvriront 57 % de la population et vont mobiliser 6 à 7 milliards d'euros. Elles devraient être équipées en 2017. Dans les zones non-conventionnées (habitat rural), les opérateurs seront les collectivités territoriales, la population concernée sera de 43 % et les investissements seront de 13 à 14 milliards d'euros, dont 3 milliards de subvention de l'État.

PFTHD : Comment ?

La priorité de départ a été donnée à la fibre optique, seul matériau qui permette de nombreux nouveaux développements à l'avenir. Les collectivités territoriales occuperont une place centrale : seuls les projets d'échelle à minima départementale seront instruits. Le pilotage sera effectué par la Mission THD qui œuvrera dans six directions :

- L'accompagnement technique des collectivités territoriales.
- L'instruction des demandes de soutien financier.
- L'encadrement et le suivi des opérateurs privés.
- L'harmonisation et la standardisation des référentiels techniques.
- La mobilisation de la filière industrielle et des structures de formation.
- La création d'un observatoire des déploiements qui rendra compte semestriellement.

PFTHD et emploi

Notre pays a la chance d'avoir un tissu industriel de pointe, constitué de PME, en matière de déploiement des réseaux :

- Leur développement va s'appuyer sur de la main d'œuvre non-délocalisable et donc être source d'activité économique et de valeur ajoutée au niveau le plus local.

- Ces grands chantiers vont favoriser l'ouverture de centres de formation dédiés aux métiers du déploiement de la fibre optique, avec comme perspective, des emplois qualifiés et pérennes.

- L'attractivité des territoires va appeler de nouvelles implantations qu'il faudra équiper…..

Le Plan France THD semble bien lancé. Seul son développement réussi pourra faire taire les critiques qui l'ont entouré dès sa conception. Les 20 milliards seront-ils suffisants ? (on se souvient que des expertises tierces tablaient plutôt sur une enveloppe de 60 milliards). Quelle sera la nature de « l'encadrement » des opérateurs privés (quand certains comptent bien n'avoir qu'une logique de résultats) ? Le déploiement dans les zones non-conventionnelles va-t-il se faire dans les délais (sachant que certaines collectivités territoriales ne disposent que d'une – très – faible expertise dans ce domaine) ? La subvention de l'État de 3 milliards d'euros est-elle sanctuarisée même sous si longue échéance ? Et cette énumération n'est pas limitative.

TENDANCES INTERNATIONALES DU TOURISME

Le comité du tourisme de l'OCDE a rendu publics les résultats de ses analyses de 2013. Dans un contexte de croissance des flux, la caractéristique majeure s'avère être, là comme ailleurs, la montée des pays émergents, que ce soit comme destinations prioritaires ou comme émetteurs de nouveaux flux touristiques. La Chine, la Russie et même l'Inde fournissent de gros contingents de voyageurs, qui sont appelés à croître fortement à l'horizon 2030.

En dépit de la crise de 2008-2009, les touristes au niveau mondial ont dépassé en 2012 le milliard de voyageurs (les pays de l'OCDE y comptent pour 60 %), et l'Organisation Mondiale du Tourisme (OMT) prévoit un chiffre de 1.8 milliard en 2030. Le tourisme est donc une activité remarquablement résiliente aux évènements extérieurs. À titre d'exemple, si le nombre de voyageurs à destination du Japon a baissé en 2011 et 2012 suite au drame de Fukushima, 2013 a constitué un record avec plus de 9 millions de touristes accueillis. Il existe même un projet en cours d'instruction pour construire un village touristique « sécurisé » (bétonné et « plombé ») sur le site même de la catastrophe.

Le tourisme représente 4.2 % du PIB des pays de l'OCDE, 5.9 % de l'emploi et 21 % des exportations de services. Le poids dans le PIB et l'emploi peut être très intense selon les pays (la Grèce, la Turquie, les Antilles françaises et l'Espagne dépassaient les 15 % à 20 % du PIB avant la crise).

À l'horizon 2030 et selon l'OMT, les pays émergents devraient enregistrer dans les 15 ans qui viennent un taux de croissance annuelle de 5 % du nombre de touristes accueillis, l'Asie en tête, soit le double des pays de l'OCDE.

La Chine est devenue un acteur majeur. Elle dépense 8 fois plus qu'il y a 12 ans en termes de budget touristique. Elle a en outre déboursé en 2012 102 milliards US$ à l'étranger, soit 37 % de plus qu'en 2011 et davantage que tous les autres pays au monde. Les chinois devancent les touristes japonais dans toutes les grandes capitales d'Europe (Londres, Paris, Rome, Venise, Vienne, Madrid...). L'Europe est préférée aux États-Unis. La Russie figure comme le cinquième pays émetteur de touristes à l'échelle mondiale et là encore, l'Europe représente 80 % de l'offre pour cette nationalité. Les indiens restent encore peu nombreux mais leur nombre a doublé depuis 2006.

L'OMT prévoit pour 2030 17 millions de nouvelles arrivées en provenance d'Asie/Pacifique, 16 millions en provenance d'Europe, 5 millions des Amériques et 5 millions d'Afrique et du Moyen-Orient. Cette explosion de la demande ne va pas sans difficultés : capacité, volume et qualité de l'offre hôtelière et de taxis (un des points noirs français), programmes de mise en valeur du patrimoine, maîtrise des principales langues (anglais) par les employés du tourisme au contact direct avec la clientèle, offre de nouveaux « packages » originaux, offres spécifiques « senior ».

Certains pays s'adaptent activement à ce nouveau contexte, marqué par une inflation des arrivées. Ainsi, en 2013, la Turquie s'est employée à la création de demandes électroniques de visas en ligne, et de contrôles automatisés à la frontière afin de réduire les délais d'attente et de fluidifier les arrivées.

Les caractéristiques de la demande se transforment. La clientèle est plus âgée : en 2012, 23 % des touristes ont plus de 55 ans. Ils sont plus économes et privilégient les courtes distances. Ils sont en outre friands de vacances à thèmes : aventure, culture, patrimoine, gastronomie, vins.

Le marché voit éclater de nouveaux créneaux inédits jusqu'alors : vacances pour la diaspora, homosexuelles, tourisme humanitaire, tourisme médical. Le tourisme « noir » se développe également : randonnée en Afghanistan, chasse aux pirates (au large de la Somalie), séances photographiques dans les zones de conflit (Syrie). On peut lui opposer un tourisme « de mémoire » qui se déploie sur les lieux de grandes tragédies (Ground Zero à New York, Auschwitz en Pologne, cimetières militaires en Normandie et en Europe…). En 2014 devrait se développer le tourisme sur les lieux de la guerre de 14-18 avec des mentions spéciales pour les Flandres belges et la Somme.

À l'heure où la reprise économique reste encore modeste, au moins en Europe, le tourisme apparaît comme un catalyseur et un accélérateur de croissance privilégié par de nombreux pays. Il ne faudrait pas que l'austérité budgétaire affecte les moyens déployés pour conforter cette activité caractérisée par un fort effet multiplicateur sur de nombreuses autres activités.

En ce qui concerne la France, un « compte satellite » qui en recense l'ensemble des impacts directs et indirects serait le bienvenu pour connaître l'ampleur de la totalité de ses effets sur l'économie, fédérer les acteurs et servir de base à l'élaboration de politiques publiques adaptées. Une présence pérenne au comité du tourisme de l'OCDE comme de l'OMT serait à même d'en maximiser la portée comme les effets. Enfin, notre complexe de « premier de la classe » ne devrait pas nous empêcher de nous inspirer des méthodes de ceux qui ont de l'avance sur nous en la matière (Espagne et Chine notamment).

LE TOURISME EST-IL EN MESURE DE SAUVER L'ÉCONOMIE FRANÇAISE ?

Première destination touristique mondiale, excédentaire et créateur d'emplois, le secteur touristique français pourrait compenser en partie le déclin de l'industrie. Mais cet excédent est fragile, autant dans sa définition par des procédures comptables inadaptées qui le surévaluent, que par son substrat économique et financier. Dans ce secteur aussi, la France doit optimiser son offre pour rester dans le peloton de tête.

Deux documents importants sont à la source de cette réflexion. L'étude « Le poids économique et social du tourisme » du Conseil national du tourisme de 2010, et le rapport sénatorial de 2011 de la commission Ferrand/Bécot.

Le tourisme, pôle d'excellence français

En 2011, 81 millions d'étrangers ont visité la France, soit un record absolu. Si l'on prend en compte les « excursionnistes » (ceux qui n'ont pas passé au moins une nuitée en France), on arrive à un total de 200 millions d'individus. Si l'Hexagone est bien le pays le plus visité au monde, c'est en partie parce que sont comptabilisés les voyageurs qui ne font que traverser le pays en dormant une seule nuit en France. Ces derniers étaient 11 millions en 2008 selon l'INSEE en transit vers l'Espagne, l'Italie ou le Maghreb, ce qui relativise nos performances.

En 2010, les pays suivant la France étaient respectivement les États-Unis (60 millions) ; la Chine (58) ; et l'Espagne (53). La ligne « voyages » de la balance des transactions courantes constitue le premier solde d'excédent extérieur avec un montant de 39.2 milliards d'euros en 2011, dépassant de 7.5 milliards les dépenses des touristes français à l'étranger.

D'après les estimations du Conseil national du tourisme, le secteur compte deux millions de salariés (à parité en emplois directs et indirects), soit 7.4 % de l'emploi total en France et génère chaque année un flux net positif de 27 000 créations d'emplois par an depuis 10 ans.

Les recettes liées au tourisme étranger ne pèsent que 1.8 % du PIB français, pour 1.9 % pour l'Italie, et surtout 3.6 % pour l'Espagne (mais c'est la taille du dénominateur qui joue). Plus inquiétant, le solde français de 7.5 milliards d'euros est bien loin d'être à l'échelle de nos grands déficits structurels : 42 milliards sur les biens manufacturés, 62 milliards sur l'énergie.

En 2008, les touristes ont passé en moyenne 6.7 nuits dans le pays, contre 9.4 nuits en Espagne, pays où ils ont dépensé une somme de 25 % supérieure à celle dépensée en France. Du coup, la France ne se classe plus qu'au 7e rang européen en termes de dépenses par touriste étranger.

Le tourisme français peut mieux faire…

Sur le mode de nos échanges commerciaux, la France est une puissance touristique régionale. 83.3 % des visiteurs sont des européens de l'UE à 28 et 65 % viennent plus spécifiquement de la zone Euro (à l'instar du commerce intra-zone en vigueur dans l'UE à hauteur de 63 %). Parmi eux, 18.6 % viennent de l'Allemagne/Autriche ; 18.2 % du Royaume-Uni ; 15.8 % de Belgique/Luxembourg ; 11.9 % d'Italie ; 9.6 % des Pays-Bas ; 8.4 % de Suisse ; 8 % d'Espagne ; les autres pays ayant des poids de 2 % (Finlande, Danemark, Suède) à 4 % (Pologne, Russie). Les « Américains » (du Nord et du Sud, Argentine, Brésil) représentent 8.1 % des entrées, l'Asie (4.5 %), l'Afrique (2.5 %), et l'Océanie 1.6 %.

Un manque de cohérence statistique.

À titre d'exemple, les effectifs des secteurs de l'hébergement et de la restauration sont comptés comme des emplois touristiques, alors que la clientèle française reste déterminante en termes de CA et de rentabilité. À l'inverse, les transports n'y sont pas comptabilisés, même pour partie. Ces incohérences ont conduit l'Organisation Mondiale du Tourisme, à entreprendre une vaste refonte des comptes du secteur qui devrait incessamment aboutir.

Par ailleurs, le tourisme emploie beaucoup de personnels non ou peu qualifiés, ce qui est une chance pour ce type de main d'œuvre. Pourtant, la concurrence internationale amène à monter en gamme rapidement en termes de déploiement d'un acquis en langues étrangères, même les plus « lointaines » (Chine, Russie, Brésil)... (et d'une amabilité renforcée).

Des perspectives alléchantes et des risques en grande partie évitables

Le tourisme est un secteur à taux de croissance à deux chiffres au niveau mondial. En 2011, 980 millions de touristes ont traversé la frontière de leur pays, et le cap du milliard a été atteint en 2013. Dans le même temps, les recettes du tourisme international ont dépassé les 1000 milliards US$ en 2011 (soit la moitié environ du PIB français). Les flux touristiques sont par ailleurs corrélés avec les variations des taux de change effectif réel des principales devises. À cet égard, la « crise de l'euro » a eu pour conséquence un gain de compétitivité-prix de l'offre européenne France-Espagne-Italie-Grèce-Portugal (tendance à la baisse de l'euro sur la période).

La France devra franchir un certain nombre de handicaps : vétusté du parc hôtelier français, « arrogance tricolore » dans l'accueil, faible maîtrise des langues étrangères, stages à l'étranger insuffisants, mobilité réduite de la main d'œuvre.

Là comme ailleurs, le concurrent s'appelle la Chine, suivi d'autres émergents (Brésil, Inde, Indonésie, Thaïlande, etc.), qui devrait ravir la première place mondiale en 2020 selon le Conseil national du tourisme (les deux courbes de fréquentation se croisent cette année-là).

De nombreux efforts restent à faire, en matière de communication publique notamment. Pour y parvenir, l'Hexagone s'est dotée en 2009 d'un nouvel opérateur public unique : Atout France. Le différentiel de budget entre Atout France (80 millions d'euros) et Turespagna (200 millions d'euros) ne laisse pas à cet égard d'inquiéter.

Conclusion

Au total, l'activité touristique n'est pas différente de l'activité industrielle et réclame : une prévision exacte et fine de la demande mondiale à court et moyen terme (avec tous ses segments) ; une politique de l'offre ambitieuse (coût de la « mise aux normes internationales » dans toutes ses dimensions) ; un accroissement des compétitivités hors-coûts et hors prix (grands Chefs en gastronomie, notoriété de notre pâtisserie nationale et de ses Étoiles) ; une politique de ravalement et de mise en valeur de nos sites les plus illustres ; l'intégration des bonnes pratiques des grands benchmarks internationaux majeurs en ce domaine (politique de la Ville pleinement cohérente comme à Florence ou à Venise).

L'euro est une chance et un désavantage. Du fait d'un marché à 65 % autoentretenu et sans risque (zone Euro), le tourisme français n'affronte les rigueurs de la compétition internationale qu'à hauteur de 35 % de son marché, ce qui n'est peut-être pas suffisant. La lenteur dans la mise à niveau en ce qui concerne la création des « 5 Étoiles » à Paris, à l'inverse des plus grandes capitales internationales, en est un exemple assez frappant sur le segment de l'hôtellerie de très grand luxe « squattée » par les Russes, les Indiens, les Chinois, la classe possédante des Émirats du Golfe, ainsi que la Jet set sud-américaine, etc.

QUE PENSER DU PARTENARIAT TRANSATLANTIQUE (TTIP) SUR LE COMMERCE ET L'INVESTISSEMENT ?

À cause du *shutdown* américain (fermeture des administrations américaines due au « mur fiscal »), devait se tenir à Bruxelles le second cycle de négociations du TTIP. À ce stade de l'analyse, il s'articule autour de trois piliers essentiels, ouvre trois « fausses fenêtres », subit une triple influence et présente trois sujets de controverse majeurs. Basé sur des estimations divergentes entre la Commission de l'UE et les services de l'USTR (*US Trade Representative* – Ambassadeur pour le commerce), il s'avère qu'il pose plus de problèmes qu'il n'en résout.

Le premier cycle de négociations du TTIP tenu en juillet à Washington fournit les éléments majeurs formant la trame de la zone de libre-échange UE/États-Unis. Quatre tendances émergent de ce premier tour de table avant l'ouverture du second cycle de négociation maintenant repoussé à octobre.

Trois piliers de négociations

La problématique de l'accès au marché recouvre la dimension des droits de douane (ou plutôt des droits résiduels, les deux parties présentant des droits consolidés à l'OMC de moins de 3 % en moyenne). La libéralisation des services (professions réglementées principalement) vient en seconde place. Ensuite, la libéralisation de l'investissement reste toujours également une priorité. À noter que le stock des investissements directs étrangers (IDE) des deux côtés de l'Atlantique est toutefois estimé à 2 800 milliards US$ par la Commission, 3 700 pour l'USTR, voire 5 700 quand on lui ajoute les flux commerciaux (soit le mariage de la carpe et du lapin).

Le volet de la libéralisation réglementaire constitue de loin la dimension dominante, comme il est attendu des deux blocs les plus avancés économiquement et commercialement. Celle-ci recouvre trois aspects distincts : les accords de reconnaissance mutuelle (ARM), l'harmonisation et l'adoption de normes internationales de type ISO. Il

est relevé que l'équivalent-droit-de-douane d'une norme industrielle peut s'élever jusqu'à 10 ou 20 %, ce qui est considérable et relève du « dire d'expert ».
Enfin, le projet actuel vise à balayer les défis et opportunités qu'ont à relever les deux partenaires. Sont listés la propriété intellectuelle (lutte contre la contrefaçon, défense des appellations d'origine contrôlées) ; la problématique du commerce et du développement durable ; l'ouverture aux pays tiers (facilitation du commerce) ; le lien commerce, concurrence et entreprises publiques ; la transition énergétique ; et enfin les thèmes des PME et la transparence.

Trois fausses fenêtres

- L'examen d'un nouvel accord commercial vise à déterminer s'il va donner lieu à des créations/diversions de trafic. Il est ici posé que le partenariat va générer 185 milliards US$ de flux commerciaux additionnels. Ce résultat est grossièrement inacceptable. Dans un remarquable article de M. Aaditya Mattoo, directeur de la Recherche à la Banque Mondiale publié dans vos colonnes, ce dernier fait valoir qu'en cas d'harmonisation des normes couplée avec des règles d'origine strictes, il va bien y avoir une éviction des partenaires commerciaux tiers, dont les inquiétudes relatives à un détournement de trafic sont de fait bien étayées. C'est LE problème majeur de l'accord.
- Toujours selon la Commission, le gain en termes de PIB dû au partenariat serait de 0.5 % pour l'UE (soit 86 milliards d'euros), et de 0.4 % pour les États-Unis (65 milliards d'euros). Quel crédit peut-on accorder à de tels chiffrages ? A priori, le même que ceux annoncés lors de grands évènements économiques et commerciaux. Le Rapport Cecchini avançait que le Marché Unique engendrerait 5 % de croissance du PIB en Europe à compter du premier janvier 1993 avec des centaines de milliers d'emplois à la clé (voire des millions) – le PIB de la France a connu la récession cette année-là (- 1.3 %). Des gains similaires avaient été estimés lors du passage à l'euro au premier janvier 2000 – qui s'est soldé par une augmentation importante du niveau général des prix. Le « bug de l'an 2000 » – dont personne n'aura vu la couleur, devait coûter entre 1 et 2 % du PIB mondial.
Enfin, le bouclage macroéconomique du grand projet transverse et multidisciplinaire de l'OCDE sur la Réforme de la réglementation (notre sujet) faisait apparaître que la dérégulation « boosterait » le PIB

du Royaume-Uni de 2 %, celui de la France de 6 %, et celui du Japon de 7.5 % sur dix ans. Un tel panorama se passe de commentaire. De fait, il est impossible de prendre en compte des effets d'offre via des modèles néo-keynésiens de demande, qui sont d'utilisation universelle, ou de monnayer des hypothèses ad hoc peu dignes de confiance.
- Enfin, le dialogue transatlantique (« Transatlantic Business Dialogue », TABD 1995) s'est accompagné de très nombreux autres dialogues transatlantiques impliquant l'ensemble des acteurs de la société civile : celui des travailleurs (TALD 1996 dialogue syndical) ; celui des consommateurs (TACD 1998 associations et ONG), celui des législateurs (TLD 1999), pour préparer les évènements à venir. On notera pourtant que celui de 1997 concernant l'environnement (TAED 1998) a été clos sans résultat en 2000. La consultation de la société civile s'est avérée de pure façade et superficielle.

Trois influences

De facto, le TABD de 1995 n'aura accouché d'aucun résultat tangible, l'exercice se résumant à des échanges de vue entre dirigeants de multinationales. Seuls des thèmes périphériques (bien-être des animaux), ou sectoriels (médicaments, chimie) ont fait l'objet de développements substantiels. Le sommet de Séville en 1995 a vu les milieux d'affaires émettre 70 recommandations aux gouvernements. Enfin, a été créé en 2005 le « Forum de coopération réglementaire » seulement formé par 19 firmes américaines et 15 entreprises européennes.

L'AMI (Accord Multilatéral sur l'Investissement à l'OCDE), « chassé » par la porte, semble revenir par la fenêtre. Il prévoyait en effet que tout investisseur étranger pouvait faire appel auprès d'un Organe des Règlements des Différends (ORD) en cas de contentieux, mais ni les investisseurs résidents ni les États ne pouvaient en faire de même. Une telle discrimination avait constitué un point fort de l'argumentaire français lors de la rupture des négociations de l'AMI. L'ORD semble donc revenir sous le modèle inchangé de l'ISDS (Investor-to-State Dispute Settlement).

L'OMC : devant l'absence de clôture de l'accord multilatéral de Doha après plus de 10 ans de négociations stériles, l'UE et les États-Unis reprennent à leur compte dans le TTIP les quatre « nouveaux sujets » de l'agenda incorporé de la conférence ministérielle de Singapour (marchés publics, investissement, concurrence et environnement), et certaines thématiques de Doha (« trade facilitation » pour les PMA et PVD).

Trois secteurs sensibles

L'agriculture connaît de nombreux points d'achoppement (foie gras, bœuf aux hormones, crise de la vache folle, etc.). Le plus important concerne le moratoire de sept pays, dont la France, sur la culture du maïs MON180 de Monsanto en 2011. De façon plus générale, le TTIP met face à face deux protectionnismes traditionnels : PAC pour l'UE vs *deficiency payments*, aide alimentaire et crédits bonifiés de l'Exim Bank pour les États-Unis.
La culture a été retirée du mandat de négociations de la Commission de l'UE par la France. Toutefois, il semble que le président Barroso veuille entamer plus largement des pourparlers sur les seuls services audiovisuels.
Les services financiers et l'accès aux marchés publics présentent une certaine incertitude. Le premier thème risque de fait l'objet d'une exception car se déroule parallèlement au Congrès une réforme pour plafonner la taille des banques outre-Atlantique. Le second risque d'être paralysé par la bataille des subventions d'Airbus/Boeing. L'ouverture des marchés publics au niveau des États fédérés constituerait toutefois une avancée notable (voir la loi extraterritoriale de l'État du Massachusetts de 1996 qui fermait ses marchés publics aux entreprises étrangères qui opéraient en Birmanie).

On voit bien la difficulté de l'exercice et le projet actuel suscite des inquiétudes de la part des parties tierces. Elles sont à notre sens fondées. Si le nouveau bloc ainsi constitué (47 % du PIB mondial, 38 % des exports) venait à se mettre d'accord sur les problématiques ici évoquées, l'intérêt de continuer à faire tourner la machine multilatérale (et infernale) de l'OMC en serait d'autant réduit. D'autant plus que les États-Unis veulent créer une zone de libre-échange avec le Pacifique (hors Chine), et que l'UE parachève ses accords bilatéraux avec le Brésil, la Russie et l'Inde, le cas de l'Afrique du Sud étant réglé depuis longtemps (soit une couverture quasi-universelle des BRICS – toujours hors Chine).

TRANSATLANTIC TRADE AND INVESTMENT PARTNERSHIP (TTIP) : DE SÉRIEUSES RÉSERVES

Le TTIP en cours de négociation entre les États-Unis et l'Europe, outre les avantages de taille dont il est indéniablement porteur, présente des difficultés côté européen. Au-delà, l'impact macroéconomique dont il serait le vecteur fait l'objet d'estimations tellement diverses selon les sources, qu'elles apparaissent illusoires et non-pertinentes : de 0.5 % à 3.5 %, voire 13 % sur le PIB des deux blocs pour un institut de prévision US.

Chaque grand évènement économique de par le passé a été précédé d'estimations dont on a jamais vu la couleur : instauration du Grand marché Unique du 01/01/1993 (5 % d'effet attendu), bug de l'an 2000, introduction de l'euro, gain de 7 % du PIB japonais en cas de dérégulation (exercice sur « la réforme réglementaire » par l'OCDE).

Les réserves qu'on peut avoir sont les suivantes et illustrent de façon détaillée en l'élargissant la position critique du sénateur Artuis qui nous semble pertinente sur bien des points :

- Le projet d'accord ne règle en rien le statut des lois extraterritoriales des États-Unis (comme les législations Els-Burton – Cuba – et D'Amato – Iran – ou le code des marchés publics de l'État du Massachussetts – Birmanie –. Latitude est laissée aux États-Unis de continuer à discriminer des entreprises étrangères sur le sol américain pour un comportement qu'ils jugent illicites selon leurs seules législations internes, sur un marché étranger tiers. Ce statut exorbitant n'est pas mentionné dans le texte du TTIP.

- Il serait créé un arbitrage privé des litiges entre les entreprises et les États. Ce statut dérogatoire au droit commun reprend l'une des pommes de discorde de l'AMI (Accord Multilatéral sur l'Investissement). Avait été instauré un organe de règlement des différends dont étaient exclues les entreprises nationales (discriminations à rebours). Cette modalité fait en outre fi des procédures actuelles pour traiter juridiquement ce genre de cas, pour se réfugier dans la sphère de compétence du seul « privé ».

- Le maintien des appellations d'origine constitue un enjeu crucial. Dans le projet américain figurerait seule une liste non-contraignante de ces A.O., détachée des règles et disciplines qu'elle comporte jusqu'à maintenant. Ce dossier s'inscrit dans un contexte très fragile pour les intérêts français. La part de marché mondial des vins et spiritueux français en 2011 est tombé à 14 %, après une moyenne de 25 % dans les années 90 et 2000. À l'inverse, la part des vins des États-Unis et de l'hémisphère Sud (Argentine, Chili, Afrique du Sud, Australie et NZ) est passée de 3 % en 1990, à 15 % en 2000, 29 % en 2010 et 25 % en 2011. Dans le même temps, les « dévaluations internes » de l'Espagne et de l'Italie ont accru leur compétitivité sur le bas de gamme avec des hausses de la production respectives de + 42 % et + 26 % en trois ans.

- Traiter des affaires stratégiques pour les deux continents présuppose un climat de confiance et de transparence réciproques. Les cas d'espionnage révélés par M. Snowden incitent à penser que le projet du TTIP mette en place en tout premier lieu une législation simple, claire et transparente concernant la protection des données personnelles des citoyens.

- L'UE voudrait déboucher sur un espace financier commun doté de règles similaires. Les États-Unis n'en veulent surtout pas et souhaitent conserver les discriminations actuelles inhérentes à la forte absence de symétrie dans l'ouverture des marchés financiers (professions réglementées notamment).

- Le *dumping* monétaire américain, lié à son triple statut de monnaie d'échange, de réserve de valeur et d'étalon financier, donne un avantage comparatif exorbitant aux États-Unis. La proposition chinoise d'adopter le DTS comme monnaie d'échange doit être soutenue si elle est techniquement viable.
- Enfin, l'exception culturelle doit être maintenue. Il faudrait toutefois éviter de la présenter comme une forteresse imprenable, et mettre l'accent, prisé par les américains, sur le fait qu'elle est à l'homme et à ses cultures le pendant de la convention de la biodiversité pour la faune et pour la flore.

- La France reste attachée à la protection sanitaire européenne (accords SPS et TBT) à l'encontre des OGM. Sur ce point, on peut faire remarquer que les États-Unis, le Canada et l'Argentine, premiers producteurs et exportateurs mondiaux de plantes transgéniques depuis 50 ans, n'ont jamais connu des dommages collatéraux de quelque nature que ce soit, censés être inhérents à ce type de culture. La période probatoire d'Attac et de la Confédération paysanne semble s'être calée sur le centenaire… Au demeurant les tentatives européennes pour prouver la non-innocuité des OGM ont toutes échoué.

Nous ne savons pas si le volet agricole a été inclus dans les négociations. Hors du contentieux OMC de la banane ACP réglé en avril 2001 après des décennies de pourparlers, le volet agricole pourrait se solder par la victoire du pot de fer… contre le pot de fer. La PAC (tarification, subventions aux exportations, soutien interne – via les boîtes verte, bleue et orange), se heurterait au système US des « deficiency payments », taux (super) bonifiés de l'EXIM Bank et de l'aide alimentaire. Toutefois, du côté européen, la Réforme dite de l'Agenda 2000 (accords de Berlin) de 1999, et les accords de Luxembourg de 2003 (conditionnalité des aides), ont rapproché les points de vue avec les États-Unis, ce qui peut donner du grain à moudre pour les négociateurs sur cet aspect stratégique[1].

---

[1] Il sera noté que l'auteur n'est pas un expert agricole.

LE « MIRACLE DU TIGRE TURC » : MYTHE OU RÉALITÉ ?

Le Premier ministre Erdogan doit affronter de vifs remous relatifs à des scandales de corruption qui touchent des ministres importants de son gouvernement. Cet élément conjoncturel s'ajoute aux conséquences des anticipations d'un ralentissement de la politique monétaire ultra-accommodante adoptée par la FED.

La Livre turque dévisse face au dollar et à l'euro (respectivement - 12 % et - 15 % depuis milieu novembre 2013), à l'instar du réal brésilien, du rouble russe, de la roupie indienne et du rand sud-africain. Face à cette crise, la Turquie doit être jugée à l'aulne de ses résultats de moyen terme. Il apparaît ainsi qu'elle s'appuie sur un État démocratique, laïque et moderne et qu'elle est devenue depuis plus de vingt ans une puissance régionale avec laquelle il faut compter. Par ailleurs, elle a remarquablement traversé la crise de 2008 et s'est ouverte avec succès sur l'extérieur. Le dossier de l'admission à l'UE reste dans un tel contexte d'une importance centrale.

Un État laïque et moderne

Quelques dates symboliques montrent les énormes progrès réalisés dans la société turque depuis Mustapha Kemal. 1926 : adoption du code civil et mise en place d'un droit pénal ; interdiction de la polygamie ; mariage civil seul reconnu par l'État ; 1928 : adoption de l'alphabet latin ; école primaire gratuite et obligatoire ; abolition de la référence à l'Islam comme religion officielle dans la constitution ; 1930 : droit de vote des femmes aux élections municipales ; 1934 : droit de vote des femmes élargi à tous les modes de scrutin et éligibilité de celles-ci ; interdiction de porter l'habit religieux en dehors des lieux de culte ; appel à la prière en turc ; 1935 : le dimanche remplace le vendredi comme jour férié ; 1937 : la Turquie se définit dans la constitution comme un « État laïc, républicain, nationaliste, populiste, étatiste et réformateur » (1938 mort de Mustapha Kemal).

1945 : pluralisme politique et syndical ; 1984 : légalisation de l'avortement ; 2002 : abolition de la peine de mort ; 2004 : diffusion audiovisuelle des langues minoritaires (kurde) ; 2005 : nouveau code pénal qui accroît très sensiblement les libertés individuelles ; 2008 : annulation par la Cour constitutionnelle d'un amendement autorisant la levée de l'interdiction du foulard islamique à l'université.

Pourtant, l'évolution de la société va dans le sens d'un retour du religieux : réapparition du voile dans les rues, amendement constitutionnel de retour du foulard, réintégration de l'arabe dans les appels à la prière. Une telle réislamisation a conduit aux émeutes du parc Taksim Gezi en mai 2013. Plus inquiétant, 63 % des turcs ne se voient pas vivre dans une « démocratie laïque » mais se réclament de l'islam (sunnite). À titre d'anecdote, le « Diyanet » (ministère des Affaires religieuses) possède un budget 1.6 fois supérieur à celui de l'Intérieur, 2.9 fois aux Affaires étrangères, 3.4 fois à l'Économie et aux finances, 9.1 fois aux Douanes et au commerce extérieur, et 21.6 fois à celui du ministère de l'UE.

Une puissance régionale géostratégique

Le PIB de la Turquie est de 882 milliards US$ courants (18e place mondiale) et de 1 167 milliards PPA (15e place mondiale) en 2013. C'est la première puissance économique du Moyen-Orient devant les deux autres puissances régionales de la zone : l'Arabie Saoudite (respectivement 718 et 928 milliards) et l'Iran (530 et 987 milliards). Après trois décennies d'hyperinflation dans les années 70, 80 et 90 (de 50 à 75 %/an), le niveau général des prix a été d'environ 11 % de 1995 à 2004. De 2003 à 2008, la croissance annuelle moyenne du PIB s'est élevée à 7.2 %, soit l'un des plus forts taux de croissance au monde (similaire à celui de l'Inde). À l'horizon 2050, Goldman Sachs voit la Turquie comme la seconde économie de l'UE (après l'Allemagne), et HSBC la voit comme 5e puissance européenne et 12e puissance mondiale en 2025 (juste après l'Italie et le Canada). La place de la Turquie au sein des BRICS ne serait pas déplacée au vu de ces performances.

Au carrefour de l'Europe, de l'Asie (Russie et Républiques caucasiennes) et du Proche et Moyen-Orient, la Turquie est au centre des réseaux de gazoducs et d'oléoducs en provenance de Russie et du Caucase, soit le corridor énergétique : Bakou-Tbilissi-Ceyhan (le plus long du monde d'Azerbaïdjan à la Turquie en passant par la Géorgie) ;

South Stream (russe) ; Trans-Adriatic-Pipeline (TAP) et le projet d'interconnecteur Turquie-Grèce-Italie Pipeline.

Ces derniers sont bien gardés. Forte de 720 000 hommes, l'armée turque est la seconde de l'OTAN après l'armée américaine, et dispose de moyens modernes et efficaces reconnus internationalement. Sans comparaison avec l'Afrique du Sud (15e fournisseur mondial de matériels militaires), la Turquie exporte pour environ 500 millions US$ d'armes par an à destination des pays du Proche et Moyen-Orient. Des contrats de sous-traitance d'environ 300 millions US$ la lient avec l'armée américaine. Les principaux importateurs d'armes turques sont les États-Unis, les E.A.U., l'Arabie Saoudite, le Bahreïn, l'Italie et l'Espagne.

Enfin, du fait de l'émigration de 2.5 millions de Turcs en Allemagne (soit 3 % de la population), la Turquie entretient de fortes relations avec ce pays. L'accord sur un visa communautaire pour les Turcs dans le cadre de la libre circulation des travailleurs (et entrepreneurs) en vigueur au sein de l'UE a été signé à Bruxelles en décembre 2013. Fortement soutenue par les gouvernements Schröder, Mme Merkel a fait entendre que l'adhésion de la Turquie à l'UE serait « une erreur », mais avec son pragmatisme habituel, elle vient d'accepter que les négociations continuent leur cours dans la plate-forme de gouvernement de la grande coalition. On remarquera que l'Empire ottoman (1299-1923) s'était rangé du côté des empires centraux pendant la Première Guerre mondiale, pour opter pour la neutralité en 1939.

Une traversée très satisfaisante de la crise 2008-2013

Après un recul de l'activité de 4.8 % en 2009, la croissance du PIB a recouvré son rythme antérieur en 2010 (+ 8.9 %) et 2011 (+ 8.8 %) pour se tasser en 2012 (+ 2.2 %) et repartir à la hausse en 2013 (+ 3.8 % d'après le FMI). Sur la période, la croissance du PIB est de l'ordre de 20 % (soit 3 % par an). Le revenu par tête s'inscrit à 10 745 US$ en 2013 soit deux fois le niveau chinois. Le PIB PPA progresse quant à lui d'environ 28 % et l'offre PPA/offre PPA Monde passe de 1.1 % en 2005 à 1.3 % en 2013, ce qui est considérable en si peu de temps. Le taux de chômage, de 14 % en 2009 baisse continûment pour atteindre 9.4 % en 2013.

Les faiblesses de l'économie turque sont de trois sortes. Si elle est sortie de l'hyperinflation, la hausse moyenne des prix sur la période reste soutenue avec 8 %, dont 10.4 % en 2008 et 8.9 % et 7.7 % en 2012 et 2013. La faiblesse du taux d'épargne est la seconde limite. Ce dernier ressort à 13.3 % du PIB en moyenne, soit un niveau très faible en dépit des transferts de fonds de la frange de la population émigrée en Allemagne. Les conséquences en sont des déficits endémiques de la balance commerciale et de celle des transactions courantes (de 6.3 % du PIB en moyenne, avec des pics à 9.7 % en 2011 et 7.4 % en 2013). Les importations en volume de biens et services ont toujours cru plus vite que les exports en volume du fait d'un décalage conjoncturel continûment défavorable (respectivement en moyenne 5.7 % et 3.1 %). On notera l'impact de la manne touristique de 31 millions de voyageurs en 2013 pour des apports en devises de 23 milliards US$.

En revanche, la gestion des finances publiques est exemplaire. Après une impasse de 5.6 % du PIB en 2009, dès 2011, le solde budgétaire est à l'équilibre (- 0.6 %) pour se dégrader marginalement à - 2.3 % en 2013. L'endettement net baisse de façon régulière de 38.5 % en 2009 jusqu'à 27.8 % en 2013. Le prêt octroyé par le FMI en 2000 (suite à la « crise asiatique » de 1998-1999, qui avait transité par la Russie et la Turquie en 2000 pour finir en Argentine en 2001), qui a servi à assainir et consolider le système bancaire turc (fermetures, fusions, recapitalisations, autonomie de la Banque Centrale, etc.), a été intégralement remboursé en octobre 2013.

Enfin, de façon prospective mais un peu vaine tellement les objectifs semblent inatteignables, le gouvernement AKP a conçu en 2013 la « Vision 2023 » pour fêter le centième anniversaire de la République. L'adhésion à l'UE sera actée à cette date. Perspectives PIB 2025 : 2 200 milliards US$ (822 milliards 2013) ; exports 2025 : 500 milliards US$ (135 milliards 2013) ; exports High-tech : 10 % du total des exports (3 % 2013) ; effort de R&D : 2 % du PIB (0.72 % 2013), etc. Enfin, un grand plan d'aménagement du territoire du sud-est de l'Anatolie pour 35 milliards US$ (gestion des eaux, barrages, irrigation) serait finalisé. On notera que la Turquie alimente déjà Israël pour sa fourniture en eau. Cet exercice rappelle fâcheusement les inepties des « plans quinquennaux » soviétiques, qui on s'en souvient, étaient bien sûr immanquablement « pulvérisés » en exécution.

Une économie qui s'ouvre « tous azimuts »

La Turquie est une économie ouverte dont les échanges extérieurs comptent pour 48 % du PIB (contre 22 % pour le Brésil et 88 % pour l'Allemagne). Les exportations de produits High-tech sont très faibles (11 % au Brésil et 15 % en Allemagne). Très globalement, les échanges se font à hauteur de 45 % avec l'UE, 25 % avec le Proche et Moyen-Orient (Irak, Iran, E.A.U., Qatar, Bahreïn, Arabie Saoudite, etc.), 15 % avec la Russie et les Républiques caucasiennes et 5 % avec les États-Unis.

Géographiquement en 2012, la Russie a représenté 10.2 % des imports, la Chine et l'Allemagne 8.2 % chacun, les États-Unis 5.6 %, l'Italie 5.2 % et l'Iran 4.7 %. Côté exports, viennent l'Allemagne 8 %, l'Irak et l'Iran 6.4 % chacun, le RU 5.3 %, les E.A.U. 4.9 % et la Russie 4.1 %. Sectoriellement, produits exportés et importés sont les mêmes : voitures, hydrocarbures, sidérurgie, industries mécaniques (équipements lourds), machines, chimie, appareillages électroniques. Cela signifie que le commerce intra-branche est prépondérant, à l'intérieur duquel le commerce intra-firme doit être logiquement important (à titre d'exemple, délocalisations anciennes de Renault, Fiat, Volkswagen, Hyundai, Toyota, etc.). Entre 2002 et 2010, les flux d'IDE cumulés sont de 75 milliards US$ (dont 75 % en provenance de l'UE et 42 % à destination du secteur financier). Les IDE turcs ont pour leur part représenté 13 milliards dont 62 % pour l'UE.

La Turquie a passé plus de 50 accords de libre-échange dont 30 pour l'UE et les 29 États-membres, 4 pour l'AELE, et 16 avec des pays majoritairement du Maghreb, des Balkans, du Proche et Moyen-Orient et du Caucase. Six accords sont en cours : Algérie, Canada, Inde, Mexique, Pérou, ASEAN.

C'est bien sûr avec l'UE que le processus est le plus suivi : accord d'association de 1963, Union douanière de 1995, candidature à l'adhésion 1999 et début des négociations en octobre 2005. À ce jour, un seul des 35 chapitres est acquis (science et recherche). Deux chapitres sont totalement incompatibles avec l'acquis communautaire (marchés publics, environnement) ; 6 sont classés « Très difficiles à adopter » (libre circulation des travailleurs, droit d'établissement et de prestations de services, concurrence, agriculture, sécurité alimentaire

(SPS) et pêche) ; 11 « Efforts considérables nécessaires », 10 encore « Efforts approfondis nécessaires » ; et 4 « Aucune difficulté majeure attendue » : union douanière, relations extérieures, dispositions financières et budgétaires, politique de l'entreprise et industrielle.

Les pays de l'UE restent toutefois très divisés quant à l'admission de la Turquie à l'UE. Si les pays latins et les nouveaux entrants y sont favorables, ce n'est pas le cas pour les pays du cœur de l'Europe. En 2009, un sondage effectué en France montrait que 65 % des sondés n'étaient pas favorables à cet élargissement pour des motifs de distance culturelle et religieuse. Enfin, il est probable que tout ou partie des hauts responsables de la Commission de l'UE ne désirent pas cogérer les dimensions géostratégiques de grande ampleur de ce pays.

LE CONSENSUS DE L'ESTABLISHMENT

Cette réflexion, ébauchée il y a quelques années, ouvre la voie à de nouveaux développements. Rétrospectivement, outre leurs « instincts animaux », les marchés ont spéculé à la baisse sur l'euro, ayant probablement en tête les enseignements académiques des tenants de la théorie des zones monétaires optimales (TZMO), le « choc asymétrique » provenant cette fois de la crise des dettes souveraines des pays du sud de l'Europe. Mais la réalité réserve des surprises.

La politique du franc fort

Depuis « le tournant » de 1982/1983, il est clair que l'arrimage du franc au mark s'est soldé, via des taux d'intérêt nominaux élevés, par une vague de restructurations industrielles massive, entraînant une montée corrélative du taux de chômage. Deux constatations s'imposent.

La configuration démographique était très différente entre les deux pays moteurs de l'Union Européenne. Si l'Allemagne pouvait s'accommoder d'un taux de croissance faible, c'est en grande partie parce qu'au milieu des années 80, les nouveaux entrants sur le marché du travail chaque année n'excédaient pas 90 000 personnes, contre plus du double en France (environ 220 000 sous l'effet combiné d'un surcroît de natalité – démographie des baby-boomers – et d'une flexion à la hausse des taux d'activité féminins en basse conjoncture).

Par ailleurs, un tel ancrage n'a pas convaincu le pragmatisme typique de la mentalité anglo-saxonne. En 1993, le Royaume-Uni dévaluait la Livre de près de 30 %, redonnant sa compétitivité à l'industrie britannique, suivi par l'Espagne, le Portugal, l'Italie, l'Irlande et plus tard la Finlande. Une telle politique, au moins pour le premier cité, a contribué à remettre le pays sur un sentier de croissance à long terme plus fort, avec les conséquences que l'on connaît sur le taux de chômage. On voit bien par ailleurs que le Royaume-Uni a réussi à maximiser les gains macroéconomiques de son comportement de « passager clandestin » : bénéfices du Marché Unique sans les coûts inhérents à l'appartenance à l'Euroland.

En France, les initiateurs de ce qu'il est convenu d'appeler la politique du franc fort ont si bien formé leurs successeurs, que ceux-ci ont continué à défendre la doxa, alors que ses causes fondatrices disparaissaient en partie ou pour le moins s'estompaient (tensions inflationnistes contenues, diminution du déficit de la balance des paiements, succès de la politique de désindexation de la boucle prix/salaires). Les experts économiques ont leur part de responsabilité. Il aurait été idéalement possible d'élaborer une maquette de l'économie française en intégrant les plus récents apports académiques d'alors de la théorie du déséquilibre, mais sa conception et surtout son interprétation auraient rajouté à une confusion déjà grande, sans éclaircissement déterminant.

Vérité en deçà des Pyrénées, erreur au-delà ?

La presse hexagonale dès cette époque, a mis en exergue la supposée « jubilation » qui s'est de fait avérée une vraie stupéfaction de la part des pays anglo-saxons (et ne parlons pas des « marchés »). Pourquoi se lier les mains alors que la convergence (nominale) n'était qu'ébauchée, et se priver volontairement d'un des deux outils majeurs de politique économique ? M. Balladur, en visite en Argentine, ne dira pas autre chose aux autorités financières et monétaires, qui avait instauré un *currency board* liant le peso au dollar (arrimage du peso argentin : 1 peso = 1 US dollar pour l'éternité, ou encore le peso uniquement fondé sur la seule « base monétaire »).

Les suites se sont avérées catastrophiques pour des couches entières de classes modestes et moyennes du pays (la population vivant sous le seuil de pauvreté faisant un bond de 12 % à plus de 47 % six mois plus tard, entraînant le sous-continent, dont le Brésil, dans une récession dont elle ne sort qu'il y a peu pour buter une nouvelle fois à une demande mondiale qu'on peut sans erreur qualifier de morose sur la période 2008-2012).

Un recul de la convergence réelle, particulièrement accusé en Grèce

Enjeu en revanche crucial et majeur pour les pays de l'UE : la convergence réelle. On considérait, lors du « déclin » américain milieu 80/milieu 90, que l'Europe convergeait vers le niveau de vie US, pour

s'en écarter de seulement 10 à 15 % en termes de revenu réel des ménages. L'écart a doublé depuis, passant à près de 30 %. C'est dramatique du fait que c'est la seule vraie mesure de l'offre en termes de part de marché « réelle » de l'UE à 27 au niveau mondial. Quant à la Grèce, moins de 7 ans après son adhésion, elle était le seul pays de la Cohésion à diverger déjà, en dépit de transferts keynésiens massifs, les Fonds structurels et le Fonds de Cohésion fonctionnant presque dès le départ à rendement financier décroissant pour ce pays.
Pour le pire, ce pays a confirmé ses faibles performances, puisque son déficit budgétaire avait déjà atteint plus de 10 % du PIB depuis 2008, et que sa dette publique dépassait les 100 % il y a encore près de 10 ans. Les « mauvais élèves » de la classe le sont depuis longtemps, mis à part la Belgique qui enregistrait une dette de 110 % il y a 15 ans, et l'a en partie résorbée.

La rigidité à la baisse des salaires réels pointée du doigt

Une fois l'orthodoxie économique acceptée à droite comme à gauche, l'establishment économique et financier, appuyé par les conseils du FMI et de l'OCDE, s'est trouvé un coupable tout désigné : les rigidités du marché du travail.

Les faits ne corroborent pas cette thèse. L'estimation du taux de chômage dit « structurel » (celui qui ne dépend pas de la conjoncture) n'est pas robuste économétriquement. À titre d'exemple, les experts de l'OCDE ont-ils pu démontrer que ce dernier était passé de 6 % à 10 % en Finlande (pour un chômage global de 12 %) en l'espace de deux années (1990-1991), alors que le PIB de leur premier débouché à l'exportation, à savoir l'ex-URSS à hauteur de 40 %, s'effondrait de près de 30 %, ce qui fournit une explication plus simple et surtout plus conforme à l'intuition.

CSU et investissements directs étrangers

Par ailleurs, on peut se demander pourquoi la France reste si attractive pour les investisseurs étrangers (elle occupe sur une longue période entre la seconde et quatrième place mondiale), si son marché du travail était si rigide qu'on le prétend, sachant par ailleurs que le différentiel de coûts salariaux unitaires avec l'étranger est l'une des variables-clés du choix de l'allocation géographique des investissements internationaux. Toutefois, l'argument perd de sa valeur quand on ne raisonne que sur les investissements *greenfield* (création de toute pièce d'une unité de production). En outre, le partage de la valeur ajoutée en France s'est opéré structurellement en faveur des profits des entreprises et au détriment des salariés, et ce depuis « le tournant » 1983. Les bénéfices records des entreprises du CAC40 sur une moyenne période – dont il faut se féliciter – confirment cette tendance.

Enfin, à partir du simple constat empirique observé auprès des chefs d'entreprises, il ressort que ces derniers savent parfaitement utiliser l'ensemble de la gamme des instruments à leur disposition. L'actualité en fournit un exemple éclairant. La Poste avait procédé à un renouvellement de CDD plus de 700 fois d'une de ses employés. Et on rappellera ici pour mémoire que les CSU horaires de la France et de l'Allemagne tournent grossièrement autour de 34 euros. Point saillant cependant de l'OCDE : le projet de « Stratégie pour l'emploi » 2008, document-phare de l'OCDE, commence un début de revirement à 180° de positions qu'on jugeait jusqu'alors robustes : les emplois « aidés » ne sont plus bannis (sous conditions), le « traitement social du chômage » se voit en partie réhabilité, le besoin de régulation pour les plus fragiles du marché de l'emploi devient légitime, les critiques habituelles de l'hypertrophie des « dépenses sociales improductives » sont amodiées et relativisées.
Une telle volte-face a été confirmée par l'OCDE de M. Angel Gurria, ancien ministre de l'Economie et des Finances du Mexique, qui succédait à M. Donald Johnson, plusieurs fois ministre libéral du Canada.

Notre pays n'avait pas attendu ce diagnostic pour se lancer dans un ambitieux programme de traitement social du chômage. Entre 1985 et 1988, les dispositifs pour les jeunes (TUC, contrats de conversion, contrats d'adaptation, exonération partielle des charges patronales, regain de l'apprentissage, etc.) ont atteint dans leur étiage haut un stock d'environ 700 000 individus. Pourtant, une note commune INSEE/Direction de la Prévision démontrait que le solde d'emplois nets réellement créé sur la période n'excédait pas entre 30 et 40 000 travailleurs.

L'euro et la TZMO (Théorie des Zones Monétaires Optimales)

La définition des critères de Maastricht et le passage à la monnaie unique faisaient aussi consensus. Il convient de se rappeler que la monnaie unique avait, dans l'esprit des plus hauts dirigeants politiques de l'époque, un seul objectif stratégique et politique à savoir arrimer l'Allemagne à l'Ouest après la chute du Mur de Berlin. Les critères de convergence nominale n'avaient en soi aucun fondement économique étayé, si ce n'est, et ce n'est pas à négliger, un alignement tiré de l'expérience sur les « meilleures pratiques » en la matière, ce qui en soi n'est pas rien.

De plus, l'Union Européenne n'est pas une zone monétaire optimale, contrairement aux États-Unis d'Amérique, comme l'ont abondamment démontré en leur temps les travaux de Mundell (1960), Mac Kinnon (1973) et Meade (1980). Un détour simple par un exemple ad hoc peut le montrer. En cas de choc asymétrique (soit à titre d'hypothèse une baisse brutale de la demande mondiale en textile/habillement qui touche prioritairement les pays du sud de l'Europe), l'Union Européenne ne remplit pas les deux conditions impératives pour la création d'une monnaie unique, à savoir que le budget communautaire est insuffisant pour opérer les transferts nécessaires (près de 1.15 % du PIB), et que surtout, la mobilité géographique de la main d'œuvre au sein des pays européens, ou son dual, la flexibilité à la baisse des salaires réels sont très faibles (contrairement aux États-Unis). Ainsi la FED estime-t-elle qu'un choc asymétrique pour certains États de l'Union est résorbé en moyenne en moins de trois ans pour plus de neuf ans et demi pour l'Europe.

Maastricht a toutefois eu des vertus incontestables

Il convient toutefois de relativiser les remarques théoriques émises ci-dessus. D'abord, il faut reconnaître que les critères de Maastricht ont de fait contraint les politiques budgétaires des États-membres (mais l'actualité en montre les limites de façon éclatante) au sein de disciplines communes « vertueuses ». En second lieu, le Marché Unique et la création de l'euro sont devenus avec le temps des biens publics par ailleurs très précieux économiquement. Il n'en est pas moins vrai que les surcroîts de croissance attendus lors de leur mise en place n'ont jamais été vérifiés a posteriori (ainsi, la création du

Marché Unique en Europe en 1993 a malheureusement coïncidé avec une récession importante, due aux désordres monétaires dans la zone). Il n'en est pas moins surprenant que les décideurs publics s'exonèrent d'une discipline élémentaire en vigueur dans les entreprises privées. En effet, leurs équipes dirigeantes exigent de leurs contrôleurs de gestion qu'ils justifient en permanence des écarts budgeté/réalisé et formulent des recommandations correctrices.

Il faut toutefois souligner le fait que la Commission de l'UE joue pour l'heure parfaitement son rôle de « gendarme systémique », en adoptant toutefois des règles trop strictes dans l'ajustement budgétaire. L'étalement dans le temps des plans de redressement des finances publiques, conformément aux avis du FMI depuis le début de la crise, rend compte pour sa part de la relative embellie conjoncturelle qu'a enregistrée l'UE au second trimestre 2013. A contrario, une remarquable étude du CEPII de Jean Pisani-Ferry montrait que, sur 22 ajustements budgétaires opérés en Europe depuis près de 50 ans, la moitié couronnée de succès (prévalence de l'équivalence ricardienne) se caractérisait par les traits suivants : brutalité, grande ampleur, effet de surprise et ferme tenue de cap pendant les deux premières années.

Les conditions d'une Union Monétaire, comme les enseignements de la TZMO ne forment pas la base d'opinions, favorables ou défavorables, encore moins un « avis » positif ou négatif, mais bien un corps de doctrines « scientifiques », ou à tout le moins théoriques comme empiriques très abondamment documentées, au moins chez les Anglo-Saxons et plus particulièrement les Américains.

Ainsi les travaux des deux économistes précités marqueront l'acmé dans les années 70 et 80 d'une tradition encore vivace. Pourquoi les États-Unis ? Parce qu'ils n'ont cessé de connaître de par leur histoire des « adhésions » successives de nouveaux États-membres depuis leur création, et qu'ils en ont donc vécu très concrètement et dans la pratique les effets : vente de la Louisiane (entendue très extensivement comme toutes les terres à l'ouest du Mississipi) par Napoléon Ier en 1803, guerre de Sécession entre les nordistes et les onze États confédérés du Sud en 1865 (qui se fera AUSSI pour des raisons de *dumping social*, la main d'œuvre noire réduite à l'esclavage, non rémunérée, constituant un « avantage comparatif » massif sur le Nord, de façon massive et traditionnelle sur la filière coton/textile/habillement, bien sûr, mais aussi des industries émergentes – sidérurgie, chimie, industries agro-alimentaires…), gains du Texas et de la Californie sur les Mexicains (qui ne se souvient de fort Alamo), enfin, achat, pour une somme dérisoire, de ce qui deviendrait l'Alaska, de l'extrême Sibérie orientale, au Tsar Nicolas II de l'Empire russe. L'intégration s'est faite sans heurt, encore facilitée par l'adoption de l'étalon-or, puis du bimétallisme or/argent. Les fluctuations de la balance des paiements seront rééquilibrées automatiquement par les points « de sorties/et de rentrées » de l'or, qui ramèneront le système à l'équilibre. De façon attendue, le système éclatera de façon évidente en 1971, l'essor du financement de l'économie mondiale ne pouvant être ancré sur l'extraction d'un produit minier soumis à des contraintes et des aléas technologiques.

Un paradoxe de taille

Mais ce n'est pas le moindre des paradoxes de la crise de 2007-2013 que de remarquer que l'UE, quoique ne figurant pas « sur le papier » comme une Zone Monétaire Optimale, s'est pourtant comportée dans les faits comme telle. Les crises des dettes souveraines (choc asymétrique qui affecte les pays latins de l'UE + l'Irlande), sont en train de se résoudre par un assouplissement des dates de retour aux critères de Maastricht (soit l'équivalent ou le dual en opportunité d'une intervention du budget fédéral aux États-Unis), joint à une baisse drastique des salaires réels, notamment en Grèce (- 25 % en un an), Espagne (-15 %) et au Portugal (- 10 %). Ce pays, selon une source officieuse, enregistrerait près de 150 000 départs de (jeunes) travailleurs vers le Brésil depuis le plus fort de la crise. En l'absence de la manipulation des taux de change, ce sont les salaires réels qui font le poids de l'ajustement.

Du rôle controversé des organisations internationales

Enfin, sur la scène internationale, on sait depuis les écrits de M. Stieglitz (prix Nobel d'économie, ancien conseiller économique du président Clinton, ancien économiste en chef de la Banque Mondiale), relayés par des écrits tout public de MM. Krugman, Dornbush et Rodrik, qu'en matière de gestion des crises internationales, le FMI fait partie du problème et non de la solution. Il est de fait avéré que les deux géants émergents de l'économie mondiale, la Chine et l'Inde, ne se sont jamais pliés aux recommandations du Fonds (notamment la convertibilité du compte de capital)

À titre d'exemple, la politique de rigueur imposée à l'Indonésie par le Fonds a largement amplifié l'effet récessif du choc initial, avec une baisse du PIB de près de 30 % en valeur au bout de la deuxième année (soit un doublement de la dépression). En Argentine, l'ouverture par le FMI d'une ligne de crédit de 40 milliards de dollars destinée à défendre le *currency board* était dès le départ peu crédible, ce dont était parfaitement conscient l'expert français du FMI sur place, puisque celle-ci ne couvrait que pendant un an et demi le besoin de financement structurel de l'économie du pays. Enfin, la Malaisie a été victime de la réévaluation aveugle et grégaire du risque « pays émergents » par les grandes banques internationales et les fonds de pension, alors qu'elle affichait des fondamentaux macroéconomiques parfaitement sains.

Une thématique du Cycle multilatéral de Doha qui manque de réalisme

Par ailleurs, du côté des négociations commerciales multilatérales de l'OMC, on peut dresser les trois constatations suivantes. Est-il pertinent économiquement de faire miroiter aux pays en voie de développement que le Cycle de Doha sera celui du « développement », si l'UE, le Japon et les États-Unis refusent toute concession un peu substantielle en matière agricole et maintiennent leurs subventions à l'agriculture, que l'OCDE estime à plus de 380 milliards de dollars par an, soit plus que la valeur ajoutée globale de la filière chez les PVD ? L'Union Européenne est toutefois plus responsable car elle a annoncé qu'elle mettrait fin aux restitutions à compter de 2013. Est-il nécessaire d'inscrire à l'ordre du jour des négociations les thèmes de l'environnement, de l'investissement et du commerce électronique, alors que deux milliards d'êtres humains vivent sous le seuil de pauvreté ?

Pas de monstre ingérable !

Enfin plus généralement, quand la communauté internationale adoptera-t-elle enfin une approche holistique intégrant de manière coordonnée des dimensions diverses désormais intrinsèquement liées : politique économique (FMI), commerce (OMC), finance (Clubs de Paris et de Londres), développement (Aide Publique au Développement, Banque Mondiale, banques régionales), environnement (Agenda 21 de la conférence de Rio et du protocole de Kyoto). Toutefois, rien ne serait pire que de créer un nouveau monstre bureaucratique ingérable. Il conviendrait plutôt que les organisations existantes apprennent durablement à vivre en « mode projet » pour coordonner en amont leur approche multidisciplinaire. De six à sept chevaux attelés pour tirer la carriole des 43 PMA et PVD « intermédiaires » forment une gouvernance internationale… ingouvernable.

1) Les décideurs internationaux ont-ils si vite oublié les règles de Tinbergen, c'est-à-dire du simple bon sens ?

2) Chacun essaie de faire à la marge la politique des autres (soit un calcul rapide de A – Arrangements – ou de P – Permutations – à partir de six/sept variables élémentaires).

Les résultats attendus du « changement catastrophique »

Un détour psychologique peut enrichir notre diagnostic, bien qu'il puisse susciter un certain scepticisme. La branche la plus créative de la psychologie anglo-saxonne a été amenée à s'intéresser au fonctionnement des groupes et organisations de toute nature (communautés scientifiques, religieuses, partisanes, etc.). Il en ressort que toutes les idées abstraites, théories, interprétations, modèles, savoir-faire technique, expérience accumulée, font partie intégrante de l'identité psychique du penseur. Ainsi, le réflexe spontané du groupe devant l'arrivée d'une idée nouvelle, vise à adopter une communication commensale en mobilisant massivement les défenses les plus archaïques afin de sauvegarder le statut quo intellectuel en vigueur. Son intégration raviverait en effet les angoisses précoces de perte, de séparation et d'abandon, que chacun cherche à éviter.

Ces constatations sont conformes aux enseignements de l'épistémologie. En effet, il s'est souvent écoulé un temps parfois considérable entre la formulation d'une idée nouvelle et son acceptation par sa communauté d'origine : découvertes de Galilée, calcul infinitésimal de Leibniz, premières percées et intuitions de Freud, appréciation géniale de Lord Keynes sur le communisme dans une lettre de 1925 à un ami où il s'interrogeait non sur le fait que ce système totalitaire puisse perdurer mais pourquoi il ne s'était pas déjà effondré, édition des trois articles fondateurs de 1905 d'Einstein, alors fonctionnaire à l'Office des Brevets de Munich dans *Annalen der Physik*, découvertes de Darwin, plus de 200 ans après contestées par la droite ultraconservatrice outre-Atlantique. Enfin, la structuration croissante de la société civile (sous des formes polymorphes) a pour conséquence de faire émerger de nouveaux comportements qui sont pour la plupart très sains, à savoir entre autres l'appréciation rationnelle et on ne peut plus économique des promesses des dirigeants par rapport à leurs résultats effectifs.

Une utopie créatrice porteuse d'avenir

Finissons par une pure utopie, tant ses modalités concrètes sont difficiles à concevoir. Sans vouloir ouvrir une fausse fenêtre – tant ce qu'il est convenu d'appeler en psychologie un « changement catastrophique » est par nature strictement individuel dans un cadre interpersonnel, on peut rêver que, pour sortir des impasses actuelles, il serait idéalement souhaitable que tant l'establishment (tous partis politiques confondus, haute administration) mais bien sûr aussi l'ensemble des citoyens (sous forme individuelle et collective : syndicats, lobbies, monde associatif) acceptent les turbulences émotionnelles inhérentes à un « changement catastrophique », seule condition authentiquement nécessaire à l'émergence d'idées radicalement nouvelles. Peut-être, en s'appuyant sur les nouvelles simulations du GIEC (qui prend pour hypothèses les « hauts » de fourchettes considérées comme improbables il y a moins de 15 ans (voir articles dans « La Recherche »), les conséquences catastrophiques à terme du changement climatique comme les contraintes du développement durable, ainsi que l'impact mondial tous azimuts presque exponentiel sur les vingt dernières années, vont-elles constituer la base d'un nouveau mode de croissance.

DES ÉTATS-UNIS ET DE L'IMPÉRIEUSE NÉCESSITÉ DE L'UNION POLITIQUE EUROPÉENNE

Les États-Unis ont réussi à croître à un taux de 2.3 % de 2010 et 2014, soit plus que l'Allemagne (1 %), la France (0 %) et la zone Euro (0.4 %). Ce résultat est dû à un *policy-mix* conjuguant politique budgétaire très expansionniste et politique monétaire ultra-accommodante. Le taux de chômage qui a culminé à 9.6 % de la population active en 2010, devrait revenir à 6.4 % en 2014, soit le taux-cible que s'est donnée la politique monétaire de la FED pour débuter un durcissement graduel de ses conditions de crédit. Plus généralement, le face-à-face des États-Unis et de la Chine rend impérieuse la nécessité de l'union politique en Europe.

Du dynamisme de l'économie américaine

Les performances de l'économie américaine s'avèrent relativement bonnes. En 2014, le taux de croissance du PIB serait de 2.8 %, rejoignant son niveau de 2012 (2.8 % également). La crise de 2008-2009 n'a finalement affecté qu'à la marge l'activité, soit - 2.6 % en 2009, pour reprendre en 2010 (2.4 %), soit moins qu'en Allemagne (- 5.1 %), pour un chiffre équivalent pour la France (- 2.6 %). Les États-Unis ont connu cette année-là une légère déflation (- 0.3 %). Le pays reste dans le peloton de tête des pays de l'OCDE avec un revenu/habitant de 54 980 US$ en 2014. La part du PIB PPA des États-Unis dans l'offre mondiale est passée de 20.7 % en 2008 pour 19.2 % en 2014 et 18.2 % selon le FMI à l'horizon 2019, talonnée par la Chine.

Le taux d'investissement moyen sur la période s'est élevé à 17.4 % (19 .9 % en 2014), pour un taux d'épargne notoirement insuffisant (14.1 % mais 17.6 % en 2014). Seul l'EBE des entreprises apporte une contribution positive au taux d'épargne de la nation, alors que celui des ménages est proche de zéro et que le pays affronte une désépargne publique massive : le déficit public moyen 2008-2014 atteint 9.1 %, avec un mieux en fin de période (- 7.3 % en 2013 et - 6.5 % prévu pour 2014). Les déficits jumeaux n'ont jamais si bien porté leur nom, la croissance induite de la demande intérieure débouchant sur un déficit des transactions courantes accru.

Si l'inflation est restée remarquablement contenue sur la période (1.9 %), la désinflation est sensible depuis trois ans : 3.1 % en 2011, 2.1 % en 2012, 1.5 % en 2013 et 1.4 % en 2014. La politique monétaire menée depuis plusieurs années écarte normalement tout danger de déflation à terme.

En ce qui concerne les taux de croissance en volume des exports/imports de biens et services, le décalage de conjoncture demeure minimal (hausses respectives de 5.8 % et 4.9 %), si bien qu'en moyenne, la demande intérieure en volume a crû au même rythme que la croissance mondiale adressée à ce pays. La balance des transactions courantes s'avère massivement dégradée : le déficit commercial cumulé sur 7 ans s'élève à 3 116 milliards US$, soit le PIB PPA allemand (3 383 milliards en 2013), pour un déficit annuel moyen de 452 milliards (il a atteint 668.8 milliards en 2008 soit 4.6 % du PIB).

Le taux de chômage était de 5.8 % en 2008, pour s'accroître les deux années suivantes : 9.3 % puis 9.6 %. Depuis, il poursuit une longue décrue pour atteindre 7.3 % en 2013 et 6.4 % en 2014. L'emploi s'est dégradé de 6.3 millions de travailleurs de 2008 à 2010, pour repartir à la hausse à hauteur de 6.8 millions de postes de travail de 2010 à 2014 (stabilité d'ensemble des salariés sur la période). Mais la baisse du taux de chômage s'explique moins par les créations nettes d'emploi que par le déclin du taux d'activité, qui a reculé de 3 points en six ans. Si il était resté inchangé depuis 2007, la population active compterait 7 millions de personnes en plus, qui s'ajouteraient aux quelque 11 millions de chômeurs recensés officiellement, portant le taux de chômage à 11.2 %.

La gestion des finances publiques a consisté à laisser courir les déficits : de 12.8 % en 2009, 11.1 % en 2010, 10 % en 2011 pour diminuer en fuseau jusqu'à 7.3 % en 2013 et 6.5 % en 2014. Le gouvernement Obama a donc mené une politique massivement keynésienne pour soutenir la demande globale. Par conséquent, la dette publique/PIB de 71.1 % en 2008 s'est continuellement aggravée jusqu'à atteindre 105.7 % en 2014 (soit une croissance proche de + 50 %).

Le « déficit sans pleurs » de nos manuels d'économie reste toujours valide, les déficits américains permettant in fine aux États-Unis de fournir des liquidités au reste du monde, chinois et japonais en tête. La politique monétaire a fait l'objet de mesures non-conventionnelles par rachat mensuel d'actifs financiers de montants décroissants avec le temps, comme le fait l'Abenomics au Japon. Cette politique, initiée par Ben Bernanke, a été reprise par Mme Janet Yellen à la tête de la FED. Il semble que la BCE, pour des raisons de lutte contre la déflation, va suivre un chemin analogue (rachat de créances titrisées en provenance des PME européennes).

Avec une croissance 2014 de l'ordre de 3 % et un taux de chômage de 6.4 %, il est plus que probable que la FED commence à augmenter ses taux au cours de l'année 2014. Nul doute qu'elle fera preuve d'un grand gradualisme afin de ne pas casser la reprise entamée dans le monde, en mettant définitivement fin à son programme de rachat mensuel d'actifs financiers.

Plusieurs remarques pour finir

L'anticipation par les marchés de l'augmentation des taux d'intérêt américains a déjà de sérieuses conséquences sur les pays émergents. Elle a amené la dépréciation des taux de change à cause d'un comportement *flight to quality* de la part des IDE de portefeuilles occidentaux qui fuient ces pays. Ainsi, depuis le 1er janvier 2014, le rand sud-africain a perdu par rapport à l'US$ 8 % de sa valeur à la mi-mai, le réal brésilien 9 %, la roupie indienne 9.5 %, le peso argentin 19 % et le rouble russe 20 %, fragilisant le financement de leurs balances des paiements. À terme, de tels mouvements vont toutefois se solder par des gains de compétitivité qui vont relancer l'activité.

On a fait remarquer que le déficit commercial des États-Unis cumulés sur 7 ans représente 3 116 milliards US$ (soit le PIB PPA Allemand 2013, à 3 383 milliards), soit encore moins (81.5 %) que le montant des seules réserves de change de la Chine, de 3 821 milliards début 2014.

La divergence de comportement économique est extrême entre les deux pays. Pour la Chine, son montant de réserves de change représente 6 fois le montant de la dette externe à court terme et 2 fois le montant des importations. Or, la règle de Greenspam-Guidotti considère que les ratios de 3 mois d'importations et de l'intégralité de la dette à court terme sont suffisants.

Cette situation est globalement malsaine d'être en présence d'UN consommateur mondial faisant face à UN épargnant mondial. « Chacun tient l'autre par la barbichette » pour le meilleur et pour le pire. Un tel condominium planétaire donne à la parité yuan/dollar un rôle de pivot central où même la valeur de l'euro est marginalisée (ce dont se moque Mme Merkel pour qui l'Allemagne « se veut une grosse Suisse » selon l'expression d'un chroniqueur). La situation pourrait pourtant s'améliorer s'il était mis fin à la sous-évaluation du yuan, bien en dessous de sa valeur d'équilibre de long terme telle que formalisée par les modèles économétriques d'équilibre général calculable (de l'ordre de 20 à 30 %).

Quoique l'histoire économique montre que les dettes d'État ne se remboursent pas, un « mur de la dette » d'environ 20 trillions US$ pour les États-Unis ne laisse pas d'inquiéter les observateurs. Seul le statut protéiforme de la devise américaine (monnaie d'échanges, réserve de valeur) fait que le système actuel « tient ». Qu'en serait-il si la Chine voulait changer la donne ? Mais évoquer cette question est une fausse fenêtre car il n'existe pas d'alternative possible à la situation actuelle.

En contrepoint, la place de la vieille Europe se réduit à portion congrue. Ce n'est pas une fatalité. Aucune zone monétaire dans l'Histoire n'a réussi (du *Munzverein* de la Mitteleuropa de 1837, aux Union latine et Union Scandinave de la fin du XIXe siècle), mis à part celles fondées par l'union politique, la langue et la culture. Primat donc pour l'union politique, nous n'avons pas d'autre choix, sinon le déclin programmé et certain.

Encore faut-il que cette union se fasse dans une saine vision de nos alliances de toujours. À ce titre, le sort qui sera réservé au TTIP fournira un bon marqueur de notre capacité à rebondir dans une économie plus que jamais mondialisée, mais ne rééditons pas l'échec de l'AMI (Accord Multilatéral sur l'Investissement négocié de 1995 à 1999 dans l'enceinte de l'OCDE). *L'Histoire passe rarement deux fois les même plats*, comme le disait Marx.

VIETNAM :
LA PERSÉVÉRANCE APPORTE LA FORTUNE
(tiré du *Yi King*)

Très ouvert sur l'extérieur (le taux d'ouverture est de 155 % du PIB), et à l'instar du « retournement » chinois inauguré par Deng Tsiao Ping en 1978, le Vietnam a opté en 1986 pour une politique « de renouveau » (*Doi moi*), s'ouvrant à l'économie de marché et aux flux internationaux du commerce et de l'investissement. Membre de l'ASEAN en 1995, de l'ASEM en 1996, de la Francophilie (1997), de l'APEC en 1998 et de l'OMC en 2007, le Vietnam se montre un membre actif du Partenariat Trans-Pacifique du Commerce et de l'Investissement (TTIP).

Une croissance intense sur une longue période

De 1991 à 2012, le taux de croissance moyen vietnamien a été de 7.5 % (soit un triplement du PIB), avec des poussées à 8.4 % (2005-2007). Sur 2008-2013, le taux de croissance ressort à 5.8 % en moyenne, s'amortissant encore plus sur la fin de période : 5.3 % en 2013 (FMI), après 5.2 % en 2012 et 6.8 % en 2010. Sur 10 ans, le Vietnam enregistre la troisième performance de l'Asie du Sud-Est après la Chine (10.5 %) et à quasi-égalité avec le Laos (7.2 %). Conséquence logique, le taux d'extrême pauvreté qui était de 60 % en 1991 n'est plus que de 14 % en 2013.

Le PIB en US$ courants, qui s'élevait à 90 milliards en 2008, double pratiquement en six ans : 170 milliards en 2013 (soit + 90 %). Le Vietnam fait mieux que l'agrégat Birmanie-Cambodge-Laos dont le PIB s'inscrit à 157 milliards en 2013. Le constat est similaire en termes de revenu par tête (ou de productivité apparente du travail) en PPA de 1 811 US$ pour les trois pays sous revue, contre 4 000 US$ pour le Vietnam (avec de fortes disparités : 3 246 pour le Laos, 2 578 pour le Cambodge et 1 492 pour la Birmanie). En termes de poids dans l'ASEAN, le Vietnam en représente 7 % en 2013 contre 4.5 % pour les trois derniers mentionnés (et 37 % pour l'Indonésie).

Un « tigre » à revenu intermédiaire

Phénomène marquant, l'activité en 2009 n'est pas affectée par la crise mondiale : le taux de croissance se tassant seulement à 5.2 %, après 6.3 % en 2008 et 6.8 % en 2010. Seuls les imports de biens et services baissent à la marge cette année-là (- 1.4 %), alors que les exports abandonnent quand même 5.1 %. Le Vietnam doit cette situation à la structure de son commerce extérieur : les exports sont orientés vers les États-Unis (18 %), la Chine (12 %) et le Japon (11 %), alors que les imports proviennent quant à eux de Chine (23 %), de Corée du Sud (12 %), et du Japon (10 %), les quatre pays incriminés étant moins affectés par la crise que l'Union Européenne. Par ailleurs, la composition des exportations montre très clairement que le pays est bien « à revenu intermédiaire » selon la nomenclature de la Banque Mondiale : téléphones portables (16 %), textiles (13 %), ordinateurs et autres produits électroniques (12 %), chaussures (7 %). Le neuf y côtoie le plus vieux.

En contribution au PIB, l'agriculture pèse encore 22 % (le Vietnam est le troisième producteur et exportateur mondial de riz selon les années – « ripage » avec la Thaïlande), l'industrie 40 % et les services 38 %. Le pays réforme activement son tissu industriel. Les entreprises publiques, de près de 12 000 en 1991, ne sont plus que 3000 en 2008 et moins de 1800 en 2012 (estimation provisoire). En 2011, le gouvernement a renforcé sa politique d'assainissement structurel à destination des banques et des industries d'État, par fusions, réorganisations, consolidations, privatisations ou liquidations pures et simples. Il faut donc encore s'attendre à une réduction drastique du nombre d'entreprises non rentables ni compétitives dans les années qui viennent. Il est dommage que le pays ne fournisse pas la ventilation PIB public/PIB privé.

Malgré tout, l'industrie reste articulée autour de grands groupes publics, surtout dans les secteurs traditionnels (textiles, IAA, meubles, plasturgie, papier, automobiles et produits électroniques – logiciels). Parallèlement, toujours en 2011, le gouvernement a ouvert « trois chantiers structurels sur moyen et court terme : le développement des infrastructures, la formation des jeunes (il en arrive un million chaque année sur le marché du travail), et la modernisation des institutions ».

Enfin, caractéristique qui ne trompe pas, les taux d'investissement et d'épargne restent à un niveau très élevé (38.1 % pour le premier en 2009-2010 et 31.6 % et 34 .3 % pour le second les mêmes années de référence), bien que les deux facteurs décélèrent en fin de période avec le ralentissement de la croissance. Leurs niveaux sont à 24 % en 2013 et de 29.4 %, mais les moyennes sur la période sont celles caractéristiques d'un vrai pays émergent : respectivement 31.4 % et 31.6 %. La croissance est équilibrée à moyen terme puisque l'épargne interne couvre presque l'intégralité de l'investissement.

Trois problèmes structurels assombrissent l'horizon

En dépit des efforts réalisés, l'inflation n'est toujours pas fermement contenue. Certes, l'inflation de 800 % de 1988 est bien loin, mais le pays enregistre des « bouffées » certaines années : 23.1 % en 2008 et 18.7 % en 2011. En moyenne sur six ans, elle se situe à 12.6 %, ce qui reste élevé. Les pouvoirs publics ont parfois recours à des blocages de prix (sur les denrées de première nécessité), et au maintien du statu quo en ce qui concerne les salaires des fonctionnaires.

Le taux de chômage est par ailleurs fixé administrativement, puisqu'il varie de 4.7 % à 6 % en 2009-2010 pour redescendre à 4.5 % sur la fin de période alors que l'activité ralentit. Plusieurs économistes de la place estime que le sous-emploi représente 30 % de l'économie (secteur informel ou travail au noir, pertes de rentrées fiscales, risques pour les travailleurs…).

Le déficit public enfin, de 9 % en 2009 a été ramené à des étiages plus raisonnables, soit - 3 % en 2011 mais - 5 % et - 4 % en 2012-2013. On remarquera que l'assainissement des finances publiques s'est réalisé grâce à une baisse drastique des dépenses : de 33.4 % du PIB en 2009 à 26.1 % en 2013 (soit - 22 %), alors que le taux de prélèvements obligatoires reste à un niveau constant et faible (respectivement 24.4 % et 22.2 %).

Le sort particulier de la balance des paiements, seule véritable richesse du pays

Il convient de souligner que le Vietnam est l'un des pays les plus ouverts au monde (à l'instar des Pays-Bas et de Hong-Kong), puisque le taux d'ouverture (somme des exportations et importations de biens et services sur le PIB), oscille autour de 155 % par an (soit 2 fois le niveau de la Chine et 4 fois le niveau de l'Inde). Le pays a donc pris l'habitude d'être « tiré » par le commerce international et les IDE. S'il cherche des substituts aux moindres rentrées douanières, dues à son admission à l'OMC, le pays parcourt les enceintes commerciales plurilatérales citées précédemment pour trouver des contributions qui renforcent un dispositif public déjà très attractif pour les capitaux étrangers. Le déficit des transactions courantes, de 11.9 % du PIB en 2008, décroît tendanciellement jusqu'à 2011, pour devenir excédentaire sur la fin de période : 5.8 % et 5.6 % respectivement. Cette évolution est principalement imputable à la balance commerciale qui passe d'un déficit de 12.8 milliards US$ en 2008 à une diminution continue et atteint un excédent de 9.9 milliards en 2012 et 14 milliards en 2013.

Traditionnellement donc, les sources de financement du déficit étaient au nombre de trois : les IDE, passés de 2 milliards US$ en 2 000 à 10.5 milliards en 2012, les versements au titre de l'aide publique au développement (APD pour 3.5 milliards annuels), et enfin des transferts de la diaspora à hauteur de 10 milliards par an. Les IDE d'hier font les exportations d'aujourd'hui car il est admis que sur les 132 milliards US$ d'exportations du Vietnam en 2013, 62 % environ du total vient des firmes étrangères primitivement entrées dans le pays sous forme d'IDE. Soit un jeu authentiquement gagnant-gagnant.

Conclusion

Le Vietnam fournit l'un des exemples les plus réussis d'un pays pauvre qui a choisi délibérément l'immersion dans la mondialisation. Elle y réussit bien, et certaines découvertes pétrolifères récentes confortent encore plus la dimension internationale du pays. Toutefois, le Vietnam reste sous la coupe d'un Parti communiste vietnamien qui pourrait faire sien le slogan chinois : « deux systèmes, un parti ». Il faut dire que celui-ci est conscient des enjeux de moyen et long terme du pays et gouverne plutôt bien ce pays de 90 millions d'habitants, joyau de notre francophonie (très rarement pratiquée dans les faits malheureusement). En 2013, le PIB PPA du pays pesait la moitié du PIB PPA sud-africain, ce qui démontre le potentiel de rattrapage du Vietnam sur le groupe des BRICS.

POLITIQUE ÉCONOMIQUE DU BRÉSIL : ENTRE ORTHODOXIE MACROÉCONOMIQUE ET VOLONTARISME PRAGMATIQUE

Alors que la croissance s'essouffle (2.7 % en 2011, 0.9 % en 2012 et 3.0 % en 2013 – prévision FMI), la classe moyenne du pays, qui représente aujourd'hui 53 % de la population, s'impatiente face à la stagnation du pouvoir d'achat, les coûts exorbitants de la Coupe du monde de football de l'été 2014 et des J.O. de l'été 2016 ; alors que les infrastructures en termes d'éducation, de logement, de santé et de transports ne sont pas assurées (émeutes et guérillas urbaines de juin à septembre 2013).

5e pays au monde en termes de superficie et de population, le Brésil occupe la 6e place en termes de PIB exprimé en US$ courants (soit 2 457 milliards derrière la France à 2 739 milliards), et la 7e place pour le PIB PPA (2 466 milliards, après la Russie : 2 641 milliards mais devant la France : 2 290 milliards).

Une politique macroéconomique orthodoxe mais protectionniste

Avec une croissance du PIB de 4.8 % sur la période 2004-2008, le Brésil paye en 2009 le coût de la crise internationale (faible recul de 0.6 %), pour rebondir en 2010 (+ 7.5 %). Alors que la demande mondiale adressée au Brésil diminue de 13 % en volume (15 à 16 % en valeur), les exportations en valeur ne reculent que de 10.7 % ce qui signifie que le pays continue à gagner des parts de marché, même dans un environnement hostile.

À noter la très forte élasticité des imports par rapport au PIB puisque la croissance de 7.5 % en 2010 s'accompagne d'une hausse des importations de 38.2 %, preuve que l'offre endogène ne couvre pas les besoins du pays. Cette évolution rend compte du protectionnisme grandissant du Brésil. À ce titre, les rapports de l'OMC de 2011/2012 recensent 81 mesures protectionnistes – 192 pour l'Argentine (restrictions quantitatives dues aux clauses de sauvegarde et actions anti-dumping, contingents tarifaires et Volontary restraint agreements (VRA), comme l'accord automobile avec le Mexique, qui fait l'objet d'un commerce administré entre les deux pays depuis juillet 2012, au sein pourtant d'un accord de libre-échange bilatéral). Ce VRA s'inspire de l'accord automobile intra-Mercosul entre l'Argentine et le Brésil, qui prévoit des tarifs douaniers, des contenus locaux et des taux de TVA différenciés selon les types de modèles (pièces détachées, CKD, véhicules assemblés).

La croissance de l'activité sur la période 2008-2013 (3.3 % en moyenne annuelle) a fait baisser le taux de chômage de 8.1 % en 2009 – il était de 12.7 % en 2003 – à 5.5 % en 2012 (pour 6 % prévus sur 2013 par le FMI). La maîtrise des tensions inflationnistes reste par ailleurs au cœur de la politique économique brésilienne. L'inflation ressort à 5.6 % sur la période 2008-2013, pour remonter à 6.2 % en 2013. Une telle dégradation guide la politique monétaire adoptée par le gouvernement, qui vise à augmenter les taux directeurs pour brider l'activité (ils sont de 10.5 % en février 2012, pour descendre à 7.25 % en septembre 2012, et remonter à 8.5 % en septembre 2013). La fin potentielle du « QE » américain (anticipations du ralentissement du rythme mensuel d'achat d'obligations par le Trésor des États-Unis) va dans le sens contraire et alimente les craintes d'une hausse des taux aux États-Unis qui jouent dans le sens d'une dépréciation accrue du réal brésilien (comme de la roupie indienne et du rouble russe).

L'effort d'investissement du pays (taux d'investissement de 18.5 % du PIB) n'est pas couvert sur la période considérée par l'épargne extérieure (16.4 % en moyenne) qui reste faible, ce qui conduit à la dégradation de la balance courante du pays, quoique maîtrisée (- 2.4 % en 2013). La politique budgétaire reste orthodoxe, puis que le déficit est contenu à - 2.3 % en moyenne annuelle (- 1.2 % en 2013). Fait remarquable, le Brésil se désendette sur la période. Le ratio dette nette/PIB ressort à 37.9 % en 2008 pour 33.5 % en 2013, après avoir atteint 42.2 % l'année de la récession. Le pays sait donc se développer sur une politique très saine qui sauvegarde l'équilibre des grands fondamentaux. Le Brésil, qui avait émergé une première fois dans les années 60 et 70, s'était heurté au « mur » de la dette dans les années 80. La leçon a bien été retenue.

Une économie orientée par la satisfaction de la demande intérieure

Sur moyenne période, le taux d'ouverture du Brésil (exports/PIB), est proche de 9.5 % du PIB (contre 18 % pour la Chine et 22 % pour la France). Le dynamisme de la demande intérieure s'articule autour des axes suivants :

- Sur la période 2007-2010 est lancé le PAC (Plan d'accélération de la croissance) à hauteur de 180 milliards d'euros autour d'une politique d'investissements dans les industries de réseaux (énergie, transports, logements, assainissement des déchets). La PAC II prend le relais avec une enveloppe budgétaire de 415 milliards d'euros sur la période 2011-2014.

- La BNDES (Banque National de Développement) concentre son action autour de six secteurs stratégiques-clés : pétrole et gaz, pharmacie/biotechnologies, NTIC/software, plastique, aéronautique, ingénierie. Cette politique cherche entre autres à se focaliser sur les secteurs riches en termes de R&D (le Brésil est très en retard au regard des ratios chercheurs/1 000 habitants et en termes de dépôts de brevets). Elle a mis en place une politique basée sur des incitations fiscales (niches), des taux d'intérêt bonifiés, l'association avec des fonds d'investissement privé et les partenariats stratégiques avec l'IBAS dans un premier temps (Triangle Inde/Brésil/Afrique du Sud – ou « G3 », fondé en juin 2003, et qui a disparu en avril 2011 avec l'intégration de l'Afrique du Sud au sein des BRICS lors du sommet de Sanya (Hainan, Chine)).

- Lancé en 2003 par le président Lula da Silva, le programme Bolsa Familia (bourse familiale) joue comme un important soutien keynésien à l'activité. Étendu et élargi en 2009, il aurait conduit à sortir de la pauvreté environ de 28 à 45 millions de Brésiliens sur dix ans. Conçu comme un transfert financier conditionné de revenus (création de PME, scolarisation des enfants – arrêt du travail infantile, couverture vaccinale, surveillance nutritionnelle –, objectif de « Faim Zéro », tests pré et postnatals, etc.), sa philosophie répond aux dix Objectifs pour le développement de l'ONU via un changement d'une politique d'assistance à une politique de développement du capital humain. Ce programme a connu un effet de levier très fort, puisqu'il n'a représenté que 5 % des dépenses sociales, soit moins de 2 % du PIB. Il a joué comme un filet de sécurité pour les familles dont les chefs ont plus de 65 ans et qui ont un revenu inférieur au quart du salaire minimum (étendu discrétionnairement par les provinces aux familles nombreuses).

Enfin, le gouvernement a mené une politique industrielle en vue de la constitution de « champions nationaux » : Petrobras (pétrole, 10e capitalisation boursière mondiale) ; Vale (mines) ; Oderbrecht (génie civil), ETH energia (biocarburants) ; Embraer (aéronautique).

Un gouvernement qui fait preuve d'un grand volontarisme pragmatique

Le Brésil a été retenu pour l'organisation du Mundial de football à l'été 2014 (12 villes concernées) et des J.O. de l'été 2016 (concentrés à Rio). Ces grands évènementiels devraient générer une croissance additionnelle du PIB de l'ordre de 3 à 4 % sur dix ans (injection de 70 milliards dans l'économie). Le coût à court terme du Mundial s'élèverait quant à lui à près de 15 milliards US$ (contre 200 milliards prévus pour le Qatar en 2022). L'impact n'est toutefois pas clair, puisque les J.O. de Londres n'ont dégagé que 10 milliards de £ de retombées économiques. Une telle incertitude a alimenté les émeutes pendant quelques mois à Rio et Sao Paulo.

Les autorités monétaires se sont employées à une gestion dynamique de la valeur du réal. La parité de cette devise est fortement corrélée avec les cours mondiaux des matières premières agricoles, du marché de l'énergie et des minerais. Elles ont eu à faire face à des attaques spéculatives comme à la maîtrise de l'inflation. La Banque Centrale du Brésil a débloqué 50 milliards US$ sous forme de *swaps* hebdomadaires. Le cours réal/US$, de 2.04 BRL en juillet 2013, a connu une dépréciation de 22 % (1.6 BRL en juillet 2011). Depuis, les autorités visent à faire évoluer le réal dans un « tunnel » compris entre 2 et 2.5 BRL. Vis-à-vis de l'euro, la parité passe de 1euro = 3.12 BRL en novembre 2013, contre 2.25 BRL en janvier 2012 (soit - 28 %), rétablissant en grande partie la compétitivité-prix et CSU du Brésil (qui contrecarre l'augmentation du salaire minimum de 8 à 9 %/an), mise à mal par une période de surévaluation du réal par rapport à sa parité d'équilibre de long terme, due à l'appréciation mécanique du taux de change effectif réel sous l'impact de l'effet Balassa-Samuelson (divergences de productivité entre les secteurs exposés et ceux abrités de la concurrence internationale).

Le gouvernement a de ce fait conforté le jeu naturel des dotations factorielles du pays. Le Brésil est donc devenu « le grenier vert du monde ». Le pays est de fait le premier exportateur mondial de soja (Chine), de café, de sucre, d'éthanol, de volailles, d'oranges et dans les cinq premiers pour le tabac, le bois (bassin amazonien), les bananes, le maïs, les ananas et le poivre. Si l'agriculture représente 6.6 % du PIB, elle génère 40 % des exports et si la croissance du PIB n'a été que de 0.9 % en 2012, la VA du secteur agricole a crû de 9.6 %. Il faut retenir que 3.5 % des exploitations occupent la moitié de la SAU, et que le commerce agricole vers la Chine et l'Inde s'inscrivait dans un trend de + 26 %/an sur la période 2001-2006, rythme approximativement divisé par deux jusqu'à 2013.

Par ailleurs, le Brésil est le second exportateur mondial de fer, d'aluminium et de houille et veut atteindre l'autosuffisance énergétique à moyen terme (augmentation de la production de 2.5 millions de barils/jour en 2013 à 4 millions à l'horizon 2020 aux termes d'un investissement sur cinq ans par Petrobras à hauteur de 225 milliards d'US$). Les secteurs de l'énergie/mines représentent 29 % des exports, pour 20 % des imports, les ratios pour le secteur manufacturier étant respectivement de 36 % et 74 %. Parmi celles-là, le sous-secteur machines-outils et autres équipements des entreprises compte pour 40 % (en provenance d'Allemagne et du Japon). Par ailleurs le Brésil est bien présent dans les domaines de l'industrie textile, l'automobile, l'aéronautique/aérospatial, la sidérurgie, la chimie et les télécommunications. En matière de stocks d'IDE, le Brésil est passé de 160 milliards US$ en 2005 à 660 milliards en 2011 et 720 milliards en 2012 (en provenance des États-Unis (16 %), d'Espagne (13 %), la France occupant la 5e place).

Un souci constant de rééquilibrer ses relations extérieures

Les exportations du Brésil étaient tournées en 2012 à hauteur de 21 % vers l'Amérique du Sud (dont 9 % à destination du Mercosul), 22 % vers l'UE, 15 % vers la Chine, et 9 % vers les États-Unis. Si le Brésil a toujours été réticent en ce qui concerne la ZLEA (Zone de libre-échange des Amériques) lancée à l'initiative des États-Unis au milieu des années 90, elle a plutôt tablé sur le Mercosul (élargi au Venezuela en juillet 2012 et encore étendu en octobre 2013 à la Bolivie et à l'Équateur – soit pour les deux premiers, les tenants de la « révolution bolivarienne » d'Hugo Sanchez et Evo Morales). L'UNASUR (12 pays de l'Union des Nations Sud-Américaines), constitue aussi un axe intéressant de la politique commerciale brésilienne récente.

Les négociations portant sur un accord de libre-échange UE/Mercosul se sont arrêtées une fois en 1999 et l'autre en 2004. L'ampleur des divergences tient au volet agricole de l'accord (Argentine). À la Ministérielle Mercosul de 2012, les parties prenantes ont donné mandat au Brésil pour le représenter. On s'achemine donc vers un accord bilatéral UE/Brésil dont les négociations ont redémarré en octobre 2013 en vue de la tenue d'un Sommet à Bruxelles en février 2014. La DG3 (Industrie) de l'UE négocie conjointement avec la DG1 (Politique commerciale) du fait des intérêts majeurs tant de la grande industrie européenne (Fiat, VW, Telefonica, Alstom, Renault/PSA, etc.) que des PME, de l'e-commerce et de la facilitation des échanges. Par ailleurs, le Brésil est le 5e investisseur international dans l'UE.

Le Brésil est pressé de conclure car, selon toute logique, le classement par la Banque Mondiale de l'Argentine, du Brésil et du Venezuela en « pays à revenu intermédiaire de la tranche supérieure » en 2013, devrait entraîner mécaniquement des baisses de tarifs douaniers au titre du Système des préférences généralisées (SPG) en vigueur dans l'UE dès le 1er janvier 2014. À noter que les échanges commerciaux intra-Mercosul ont baissé de 11 % en 2011 et 2012 du fait du ralentissement conjoncturel récessif en Europe, du moindre dynamisme des États-Unis et de la décélération de la demande chinoise. À cet égard, la Chine a proposé de lancer des négociations en vue d'instaurer un accord de libre-échange avec le Mercosul, pays qui intéresse le Brésil au premier chef, soit un nouvel arbitrage Europe/Asie.

En outre, la nomination de M. Roberto Azevedo, Représentant permanent du Brésil à l'OMC depuis 16 ans comme DG de cette organisation, confère une responsabilité supplémentaire à ce pays.

Enfin, la volonté de développer le commerce Sud-Sud du président Lula da Silva s'est fixée sur le continent africain depuis 2003 (parallèlement à l'IBAS). L'Afrique est ainsi devenue le pôle majeur de l'influence brésilienne dans le monde : création d'un ministère des Affaires Étrangères ad hoc pour le continent, politique de développement intense des liens bilatéraux (11 visites d'État), « vente de la Bolsa familia » à l'Afrique lusophone (Angola, Mozambique), mais aussi au Kenya, au Ghana, et en Tanzanie.

Comme on le voit à la définition constante d'une politique commerciale équilibrée vis-à-vis des États-Unis, de l'UE, des grands émergents (Chine, Inde, Afrique du Sud), et du commerce Sud-Sud (Afrique), l'exécutif brésilien a toujours recherché une voie de croissance originale. L'équation personnelle de M. Lula da Silva, ancien syndicaliste, rentrait pour beaucoup dans cette volonté. Il n'est pas sûr que Mme Dilma Rousseff reprenne le flambeau de la construction d'une solidarité effective notamment entre grands émergents. Sur le long terme, l'alliance de « la ferme du monde » d'avec « l'atelier du monde » (Chine) risque d'être féconde pour les deux pays et de constituer une menace pour les puissances du XXe siècle, l'avenir appartenant aux pays-continents pour ce qui est du XXIe siècle (États-Unis, Canada, Australie, Inde, Russie, Brésil, Chine, Indonésie, Nigeria dans une moindre mesure), dans un contexte de transition énergétique accélérée.

ACCORD DE LIBRE-ÉCHANGE UE/UKRAINE : *MUCH ADO ABOUT NOTHING?*

À l'heure où les media internationaux font leur « une » sur le bras de fer entre Bruxelles, Moscou et Kiev (Washington comme l'OTAN restant pour l'heure dans l'ombre), l'analyse des données existantes tend à minimiser la portée comme les conséquences réelles de l'Accord de libre-échange (ALEAC) UE/Ukraine. Ce pays a cessé de fait d'occuper une place géostratégique cruciale, et se trouve par ailleurs dans une situation de grande fragilité économique et financière.

Cette dernière ne constitue pas la meilleure posture possible pour négocier avec quelque partie que ce soit. Mercredi 18 décembre, le président Ianoukovitch, au sortir d'une visite à M. Poutine, vient pourtant d'accepter une enveloppe de 15 milliards US$ de prêts à long terme de la part de la Russie. La messe est dite, dans un sens somme toute logique au regard de l'Histoire (340 ans de vie commune), comme des multiples caractéristiques partagées en matière démographique, culturelle et socio-économique des deux nations. L'Ukraine fera donc l'économie des changements structurels importants réclamés par le FMI et l'UE. Seul l'avenir nous dira si ce choix a été pertinent ou non.

L'Ukraine affiche un PIB 2013 en US$ courants égal à environ 8 % du PIB russe. En US$ internationaux (PPA), le rapport atteint près de 13 %, soit des écarts de poids particulièrement importants. Le revenu par tête en 2013 ressort à 14 973 US$ pour la Russie contre 3 862 US$ en ce qui concerne l'Ukraine (soit le quart de la performance russe). Dit en d'autres termes, le PIB ukrainien en PPA n'est supérieur que de 25 % au PIB PPA grec, et de 37 % au PIB PPA portugais. En raisonnant cette fois comme si l'Union douanière était entérinée par Kiev (Russie, Ukraine, Kazakhstan, Biélorussie) son poids dans la nouvelle zone ainsi constituée serait de moins de 6.5 % en US$ courants et de 10 % en PIB PPA.

Une grande fragilité économique et financière

L'économie ukrainienne n'a pas rejoint son niveau d'avant-crise. Le PIB s'est en effet rétracté en 2009 de 14.5 % (soit le double de la Russie - 7.8 %), la chute pour les imports en volume de biens et services s'effondrant de 41.6 % et 24.2 % pour les exports (soit une perte de part de marché en volume de 11 points). Le PIB en US$ courants est inférieur de 3 % à celui de 2007, alors que la remise à niveau s'effectue tout juste en PPA (à 337 milliards US$).

Après un rebond de l'activité en 2010 (+ 4.2 %) et 2011 (+ 5.2 %), elle stagne en 2012 (+ 0.15 %) et 2013 (0.4 %). La part de l'Ukraine en PIB PPA, de 0.5 % du PIB PPA mondial en 2008, tombe à 0.3 % en 2013. Après un court rétablissement, l'Ukraine pâtit de la récession en Europe, qui est son second client et fournisseur après la Russie, dont l'activité décélère elle aussi : 4.3 % en 2011, 3.4 % en 2012 et 1.5 % en 2013. Conséquence logique, le taux de chômage, après avoir atteint 6.4 % en 2008 et 8.8 % en 2009, amorce une décrue à 7.9 % en 2011, pour repartir à la hausse afin de s'établir à 8.2 % en 2013.

Le taux d'épargne de la nation, du fait de la désépargne publique, des pertes d'exploitation des entreprises, et de la ponction des ménages sur leur épargne de précaution pour maintenir leur revenu, s'effondre lui aussi, passant de 17.3 % du PIB en 2010, à respectivement 9.9 % et 8.9 % en 2012-2013. En comparaison, le taux d'épargne en Russie atteint 26.5 % en moyenne, dont 28.3 % en 2013. En conséquence, le déficit de la balance des transactions courantes se creuse à - 8.4 % du PIB en 2012, et - 7.3 % en 2013, alors qu'elle est en excédent de 4.5 % en moyenne en Russie (rente des ventes d'hydrocarbures – les excédents commerciaux cumulés atteignant 457 milliards US$ sur la période, soit 76 milliards annuels).

Les tensions inflationnistes, très fortes avant-crise (25.2 % en 2008, 15.9 % en 2009 et 9.4 % en 2010), disparaissent en 2012 (0.6 %) pour faire place à une légère déflation en 2013 (- 0.04 %), avec sa conséquence en termes d'intérêts réels. Le ratio dette/PIB, de 18.3 % en 2008 fait plus que doubler sur la période (40.1 % en 2013). Le déficit public/PIB est de 4.5 % en moyenne sur la période sous revue, après un pic en 2009 (- 6.3 %), et 2010 (- 5.7 %).

Une aide du FMI difficile à entériner

Ayant à faire face à une échéance de 5 milliards sur sa dette en 2014, et pour un montant d'impayés inconnu à ce jour sur ses achats de gaz vis-à-vis de la Russie, le FMI avait décidé en mars 2013 l'octroi d'un prêt pour 15 milliards US$. Les conditionnalités en étaient drastiques : a) une flexibilité du taux de change, le *hryvnia*, pour préparer sa dépréciation de grande ampleur et un assainissement profond du secteur bancaire ; b) une consolidation budgétaire et fiscale qui passait par l'arrêt des subventions sur le gaz délivré aux ménages (compensé par des programmes sociaux au bénéfice de 40 % de la population), la rigueur salariale dans le secteur public, et une augmentation des recettes fiscales sur l'énergie, dont les tarifs seraient libéralisés ; c) une politique monétaire plus accommodante pour soutenir l'investissement et la production, notamment dans le secteur énergétique ; d) une réforme du système judiciaire (demande de libération de l'ex-Premier ministre Ioula Timochenko), une dérégulation dans le secteur des services, une lutte anti-corruption effective et une amélioration technique du rendement de l'impôt par le biais de réformes de l'administration des services fiscaux.

L'Ukraine n'a rempli aucune de ces conditions, aussi le FMI serait-il prêt à accorder un nouveau programme pour la même somme si Kiev faisait des efforts dans la voie des réformes proposées. Il semble aux dernières nouvelles que le Premier ministre ukrainien M. Azarov réclamerait à Bruxelles 20 milliards d'euros de prêts, pour compenser semble-t-il le surcroît du coût lié à la perte des préférences commerciales intra-CEI, évalué à 15 US$ par les experts ukrainiens.

Pour l'heure, la Commission de l'UE n'a prévu que 610 millions d'euros, mais chercherait des fonds alternatifs auprès de la Banque Mondiale, la BEI et la BERD, qui ne fonctionnent toutefois que sur la base de projets. Il va de soi que la Russie lui offre un « prix d'ami » sur le gaz et lui ouvrirait les lignes de crédit nécessaires à son financement. La Commission s'est finalement résolue à apporter une assistance financière additionnelle si l'Ukraine s'avançait sur un « engagement clair » en faveur de l'UE et une mise en place effective des mesures préconisées par le FMI.

Une perte de la position géostratégique de l'Ukraine (ou le deuil de la « diplomatie de l'énergie »)

On se reportera pour cette partie à l'article remarqué dans ces colonnes de Mme Marina Glamotchak, *« L'Ukraine face à un choix : traité d'association avec l'UE ou Union douanière avec la Russie »*. Si l'on a bien compris, les gazoducs construits par la Russie (North Stream à compter de 2011) ou encore en projet (South Stream qui sera opérationnel en 2015), visent à contourner l'Ukraine à la fois par le nord et le sud.

L'Ukraine perdra alors toute latitude pour « fermer le robinet » du gaz russe à destination de l'UE, comme elle l'a fait en 2006 et 2008-2009. De plus, la Commission a opté, grâce à son projet de Corridor Sud visant à l'approvisionnement de l'Europe et du Moyen-Orient depuis le Caucase, et dans le cadre d'une « sécurisation des tuyaux », pour construire le Trans-Adriatic Pipeline (TAP). Dans tous les cas de figure, l'Ukraine perdra sa place géostratégique de plaque tournante des pipelines en Eurasie au bénéfice des Balkans occidentaux (Croatie, Slovénie, etc.), bien que les tracés définitifs fluctuent encore au gré des changements géopolitiques.

Un commerce extérieur bipolaire

Pays très ouvert à l'échange international (le taux d'ouverture approchant les 105 % du PIB), ses importations viennent à 45 % de la CEI (avec 35 % pour la seule Russie), et de l'UE (33 %). Les pays européens affichent les parts de marché suivantes : Allemagne (8.5 %), Pologne (3.9 %), Italie (2.4 %) et France (1.8 %). Elles sont le fait des postes hydrocarbures (35 %), machines et équipements électriques et électroniques (15 %), chimie (10 %) et voitures (7 %). La Chine est le troisième fournisseur du pays avec une part de marché de 8 %.

Même configuration du côté des exportations. La CEI est le premier client avec 38 % (dont 24 % pour la Russie), et l'UE avec 27 %. Les premiers importateurs sont la Turquie (4.5 %), l'Italie (3.7 %), la Pologne (3.4 %), la Biélorussie (2.3 %) et la Chine (2 %). Les principaux postes à l'export se déclinent comme suit : sidérurgie (fer-fonte-acier) (27 %), minéraux (12 %), machines et équipements électriques (8 %), pétrole (7 %) et céréales (7 % – l'Ukraine en est le sixième producteur et exportateur mondial). On voit que l'Ukraine a tout à perdre quel que soit l'arbitrage final UE/Russie, l'un étant exclusif de l'autre.

Un Accord de Libre-Échange Approfondi et Complet (ALEAC) avec concessions substantielles des deux parties

Cet Accord intervient après la Politique européenne de voisinage de 1994 et l'Accord de partenariat et de coopération de 1998, les deux parties étaient tombées d'accord sur l'élaboration d'un accord de libre-échange, où l'UE a concédé des avancées non négligeables sur des points sensibles. Il se décline de façon très traditionnelle de la manière suivante : a) un désarmement tarifaire qui touche 98 % des lignes tarifaires (95 % des échanges), et une suppression des contingents tarifaires sur les céréales, le porc, le bœuf et les volailles. Le bénéfice serait de 600 millions d'euros pour l'Ukraine (dont 400 pour l'agriculture et 200 pour l'industrie) et de 400 millions pour l'UE ; b) le maintien de la sauvegarde ukrainienne sur les automobiles pendant 15 ans (quota de 41 000 véhicules soit 13 % des immatriculations de ce pays) ; c) une mise en conformité avec les règles de l'OMC sur les TBT (Technical Barriers on Trade), et le SPS (Sanitaires et Phytosanitaires), via des accords de reconnaissance mutuelle (ARM) sur les normes et standards ; d) des mesures de « facilitation du commerce » (évaluation en douane, règles d'origine, e-procédures etc.) ; e) une libéralisation dans les secteurs des postes, des services financiers, des télécommunications et de l'e-commerce ; f) un alignement des marchés publics sur les six directives communautaires ; g) un respect des droits de propriété et des appellations géographiques (vins, alcools, fromages) avec des mises en conformité étalées sur 7 et 10 ans ; h) l'intégration des thèmes de la concurrence et du développement durable ; i) et pour l'énergie : fixation des prix en commun, transport et transit (prohibition des coupures dans l'approvisionnement), mise en place d'un régulateur central, accès non discriminatoire à l'exploration et à la production. L'Accord met enfin l'accent sur les grands principes de l'OMC (l'Ukraine y a adhéré en mai 2008) : traitement national (IDE), abolition des restrictions aux échanges, statut des entreprises de commerce d'État, transparence, et ORD (Organe de Règlement des Différends).

LE MAROC
ET LE « BOL DE SPAGHETTIS » DE BHAGWATI

Le Maroc s'est lancé depuis plus d'une décennie dans la conclusion d'accords de libre-échange avec ses principaux partenaires commerciaux. Depuis avril 2013, ce pays a entamé la négociation d'un accord de libre-échange complet et approfondi (ALECA) avec l'UE, qui représente près de 60 % de ses flux commerciaux, dont les bienfaits semblent toutefois sérieusement surestimés. Les accords antérieurs n'ont pas permis un rééquilibrage de la balance des transactions courantes, qui pourrait remédier pour sa part aux problèmes structurels du pays. L'intrication des effets de création/détournement de trafic n'a de fait jamais été évaluée, ce que le professeur Bhagwati (université Columbia de NY) appelait en son temps le « bol de spaghettis ».

Des accords commerciaux tous azimuts

L'ALECA en cours de négociation a été précédé en premier lieu par un accord d'association avec l'UE de février 1995. À ce jour, 55 % des exports agricoles marocaines vers l'UE rentrent en franchise de droits, sans contingent et sans calendrier, hormis quelques produits (tomates, fraises, courgettes, concombres, ail, clémentines). D'autre part, l'accord de libre-échange UE/pays arabes méditerranéens (Maroc, Tunisie, Jordanie, Égypte) de mars 2007 (Sommet d'Agadir) se donnait comme but, dans la lancée du processus de Barcelone, le développement des échanges intra-zone, l'intégration économique (règles d'origine) et la stimulation des investissements internationaux (marché de 120 millions de consommateurs).

L'accord de libre-échange avec les États-Unis de 2004 s'articulait également autour de vastes ambitions : franchise de droits pour 95 % des produits industriels, et traitement des problématiques des services et télécommunications, des marchés publics, de la propriété intellectuelle, de l'environnement et des normes sociales. Au travers de cet instrument, les États-Unis entendent conforter la place géostratégique éminente qu'occupe la monarchie chérifienne dans la région, caractérisée par une grande stabilité politique ; poursuivre au niveau économique et commercial le partenariat géographique avec certains pays arabes méditerranéens au sein de l'OTAN ; et enfin contrebalancer la « pression » européenne et notamment française.

Au sommet d'Amman de 2001 était lancée la Grande Zone Arabe de Libre-échange qui poursuivait l'objectif stratégique de suppression totale des droits de douane entre pays de l'accord (Maroc, Tunisie, Libye, Égypte, Liban, Syrie, Palestine, Jordanie, Irak, Koweït, Arabie Saoudite, Émirats arabes unis, Oman, Qatar, Bahreïn, Yémen). Cet accord « politique » n'a débouché sur aucune avancée concrète en matière d'échanges intra-zone (pays aux dotations factorielles similaires). Le 1er janvier 2006 était par ailleurs initié l'accord de libre-échange avec la Turquie et en juin 2001 celui avec les E.A.U.

Un impact de l'ALECA largement surestimé…

Selon les estimations de la commission de mars 2013 (rapport Ecorys), l'ALECA se solderait par un surcroît de croissance annuel de 1.6 % du PIB marocain. Le gain annuel sur longue période serait de 1.3 milliard d'euros pour le Maroc et de 1.4 milliard pour l'UE, les gains de court terme s'élevant pour leur part à 834 millions d'euros pour l'UE, et 1.15 milliard d'euros pour le Maroc. À long terme, ce pays devrait enregistrer une croissance de ses exportations de 15 %, pour 8 % en ce qui concerne ses importations. Les exportations d'autres équipements de transport connaîtraient une hausse de 89 %, 71 % pour les « autres machines » et 50 % pour les véhicules automobiles. À l'inverse, les textiles et les produits de la filière cuir verraient leurs exports baisser à long terme (respectivement - 2 % et - 3.6 %), alors qu'il en serait de même pour les céréales, les autres cultures (- 2.7 %) et les services.

Il s'avère inutile d'épiloguer sur ces évaluations économétriques, quand on sait que l'ALECA déboucherait sur un surcroît de croissance annuel du PIB supérieur à celui du Marché Unique de 1993 pour les pays européens, comme sur l'impact à long terme des accords de Maastricht.

...qui renforce la forte polarisation des échanges commerciaux marocains

Les importations du Maroc se font à hauteur de 14 % avec la France, 11 % avec l'Espagne, 8.5 % avec les États-Unis, 6.8 % avec l'Arabie Saoudite, 6.5 % avec la Chine et 5.2 % avec l'Italie sur une moyenne période, soit 30.2 % pour les trois pays européens précités (considérée globalement, la part de marché de l'UE est de 59 % pour les imports). Une polarisation similaire est visible en termes d'exportations : 20 % avec la France, 18 % avec l'Espagne, 6.9 % avec l'Inde, 5.1 % avec le Brésil, 4.6 % avec les États-Unis et 4 % avec l'Italie (soit respectivement 42 % et 57.6 %). Le Maroc apparaît donc commercialement comme le « 28e État » de l'UE et sert de base arrière aux délocalisations françaises et espagnoles, essentiellement dans le secteur du textile/habillement.

Sectoriellement, les flux d'échanges sont également fortement concentrés : aux imports 22 % pour les hydrocarbures, 6.1 % pour les machines-outils, 4 % pour la chimie et 3.1 % pour le blé. À l'exportation, 28 % pour les phosphates et dérivés de phosphates (engrais divers), 10.5 % pour le textile/habillement, 8.5 % pour les fruits et légumes et 5.7 % pour les fils et câbles électriques. Pour la France, Renault détient une part de marché de 42 % des immatriculations marocaines, et Lafarge de 40 % pour les ciments.

Sur une longue période, la frénésie de négociations commerciales bi et multilatérales n'a modifié qu'à la marge une caractéristique structurelle de l'économie marocaine, à savoir le faible taux de couverture des importations par les exportations (48 %). Le Maroc n'est donc que peu inséré dans les échanges internationaux – la croissance annuelle des exports en valeur est de 5.1 % sur la période 2008-2013, soit une faible performance eu égard aux taux de croissance asiatique et latino-américain. En outre, le PIB n'a pas été affecté par la crise de 2009 (5 % de croissance en volume), même si les exportations ont baissé de 7.7 % cette année-là, pour croître à nouveau en 2010 (+ 19.3 %).

Le déficit de la balance des transactions courantes au cœur de l'économie chérifienne

Le déficit de la balance des transactions courantes en % du PIB ressort à 6.5 % en moyenne annuelle sur la période 2008-2013, avec des valeurs extrêmes en 2011 (- 7.4 %) et 2012 (- 9.6 %). Ceci reflète le fait que le taux d'investissement « à l'asiatique » du Maroc (35.5 % du PIB en moyenne) n'est pas financé par l'épargne domestique. La position extérieure nette est donc fortement déficitaire et tributaire des mouvements de capitaux.

Une insertion commerciale du Maroc sur les marchés tiers hors UE (à faible croissance tendancielle à l'avenir) pourrait à terme accélérer la croissance du pays – de 4.8 % en moyenne 2008-2013, jusqu'à son niveau de croissance potentielle à l'horizon 2018 estimé à 5.8 % par le FMI. Elle pourrait en outre augmenter sensiblement le revenu par tête en PPA, qui est aujourd'hui de 5 546 US$, contre le double pour la Chine (10 000 US$) et plus de quatre fois plus pour la Grèce (23 858 US$). Elle contribuerait également à faire baisser le taux de chômage qui oscille autour de 9 % sur la période, estimation largement sous-estimée.

Ces évolutions positives seraient en grande partie renforcées par un effort de consolidation budgétaire – le ratio déficit budgétaire/PIB étant de 4.3 % sur la période (pour - 6.8 % en 2011 et - 7.5 % en 2012), et une maîtrise de la dette publique, passée de 47.5 % du PIB en 2008 à 60.6 % en 2013.

Comme on peut le constater, le Maroc est loin de constituer une économie émergente extravertie, en dépit de la jeunesse de la population, qui devrait passer de 31.4 millions d'habitants en 2008 à 34.5 millions en 2018 (soit + 10 % en dix ans). À terme, il serait bien inspiré de s'émanciper du marché européen, qui ne sera pas une zone porteuse dans le futur et reste pour le court terme une région qui exporte sa récession. Le fait que l'Inde et le Brésil soient respectivement les 3e et 4e clients est à ce titre très encourageant. Ce pays reste toutefois à la France ce que la Mitteleuropa est à l'Allemagne, pour le meilleur et pour le pire.

MÉGAFUSIONS AMÉRICAINES EN EUROPE

Assises sur un montant de cash encore inconnu jusqu'alors, les multinationales américaines en Europe sont prêtes à de grandes manœuvres de fusions-acquisitions d'entreprises européennes. Le rachat du Britannique AstraZeneca par le laboratoire pharmaceutique Pfizer pour 116 milliards de dollars, l'offensive de General Electric sur le français Alstom à hauteur de 12 milliards d'euros forment la surface émergée de ce mouvement de grande ampleur.

Sur les quatre mois de l'année 2014, les multinationales américaines ont été à l'origine de 555 opérations de fusions acquisitions pour un montant global record de 169 milliards USD (source la plate-forme d'information pour investisseurs Dealogic). Victimes de l'austérité partout en Europe, les firmes du continent apparaissent comme la cible privilégiée de ces menées offensives.

Ces multinationales sont assises sur une montagne de cash dont les causes tiennent à la fiscalité américaine. Les entreprises sont taxées à hauteur de 35 % sur l'ensemble de leurs bénéfices, sauf si elles ne les rapatrient pas sur le sol américain. D'après les rapports financiers des entreprises du Fortune 500, 301 d'entre elles avaient ainsi accumulé 1 950 milliards USD (les 4/5 du PIB français) de profits non rapatriés en 2013, contre 1 496 milliards deux ans plus tôt, à l'abri dans des paradis fiscaux.

Le palmarès des plus gros trésors de guerre est impressionnant (chiffres 2013) : Apple (111 milliards USD), General Electric (110), Microsoft (76), Pfizer (69), Merck (57), IBM (52), Johnson & Johnson (51), Cisco (48), Exxon Mobil (47), Citigroup (44), Procter & Gamble (42) et Google (39).

Accusé de ne pas contribuer à l'activité aux États-Unis, le président Obama a mis en chantier une réforme de la fiscalité des entreprises : le taux d'imposition sur le sol américain passerait de 35 à 28 %, et il y aurait une imposition minimum sur les profits réalisés à l'étranger de 20 %. La délocalisation des sièges sociaux est telle qu'un groupe de sénateurs a déposé une proposition de loi décrétant un moratoire de deux ans sur ces opérations dites « d'inversion », le temps d'achever la réforme fiscale.

Tout laisse à penser que celle-ci ne débouchera pas : le gouvernement Obama ne sera plus qu'un souvenir, les lobbies des géants américains vont faire leur besogne, et les avocats fiscalistes auront eu le temps de trouver une parade adaptée. La régulation des plus grandes entreprises américaines pose un réel problème en matière de démocratie. Quand on sait que le CA des multinationales des États-Unis à l'étranger représente plus des 2/3 du commerce mondial, elles ont acquis une puissance telle que toute tentative de gouvernance semble vouée à l'échec.

À titre d'exemple, les *guidelines* de l'OCDE sur leur gouvernance et bien d'autres sujets (prix de transfert, consolidation, etc.) sont restées lettre morte, notamment du fait non contraignant de ces outils juridiques.

TABLE DES MATIÈRES

Politique
aux éditions L'Harmattan

Dernières parutions

RÉFORMER L'ADMINISTRATION ET RÉFORMER L'ÉTAT
Jalons historiques et juridiques
Sous la direction de Sébastien Evrard
Le thème de la réforme est un élément permanent du discours politique et un enjeu essentiel du débat démocratique : ceux qui n'ont pas le pouvoir en font un objectif de leur programme qui justifie leur combat ; ceux qui détiennent l'autorité prônent la réforme et le changement pour justifier leur maintien au pouvoir. Ces contributions traitent des réformes dans le temps et l'espace, réformes rêvées, réformes tentées, inachevées ou réussies de la République romaine aux Révolutions arabes d'aujourd'hui.
(Coll. Questions contemporaines, 26.00 euros, 252 p.)
ISBN : 978-2-343-05789-7, ISBN EBOOK : 978-2-336-37445-1

LE TOURNANT ENVIRONNEMENTAL DE LA POLITIQUE AGRICOLE COMMUNE
Débats et coalitions en France, en Hongrie et au Royaume-Uni
Ansaloni Matthieu
Après avoir retracé, à l'échelle européenne, la définition des mesures agroenvironnementales, l'auteur compare les politiques agroenvironnementales menées dans différents pays d'Europe. L'analyse suggérée repose sur une vaste enquête empirique, conjuguant les méthodes sociologiques et ethnographiques. Cet ouvrage propose une lecture originale d'une politique européenne : il considère ses changements aux échelles européenne, nationale et régionale et les analyse à travers l'examen des débats publics qui les ont générés.
(Coll. Logiques politiques, 37.50 euros, 372 p.)
ISBN : 978-2-343-05906-8, ISBN EBOOK : 978-2-336-37403-1

RENAÎTRE, OU DISPARAÎTRE
Borel Félicien
L'auteur approfondit ici quelques idées sur des sujets majeurs. La nature qui nous entoure est notre seul habitat. Il est important de réfléchir sur les périls qui la menacent. Les responsables qui conduisent leur pays arrivent à des carrefours où il faut choisir les bonnes voies. Il convient aussi de préparer l'avenir par une éducation appropriée et de nous préoccuper de notre langue. Notre civilisation se trouve aujourd'hui face à un avenir incertain : elle peut renaître ou risquera de disparaître.
(Coll. Questions contemporaines, 30.00 euros, 300 p.)
ISBN : 978-2-343-04388-3, ISBN EBOOK : 978-2-336-36094-2

NATION (LA) OU LE CHAOS
Manifeste pour le renouveau
Myard Jacques
Notre pays est-il condamné à voir croître jour après jour le nombre de chômeurs et de ceux qui partent tenter ailleurs leur chance ? Jusqu'à quand acceptera-t-il de laisser à Bruxelles et à l'Amérique le soin de décider à sa place ? Faut-il jeter la Nation aux orties ? L'auteur démasque derrière les maux de la France les renoncements, les pièges et les chimères, qui, de l'euro à la

repentance, lacèrent notre pacte social. Il appelle à un renouveau qui partira d'une nation fière et confiante en ses atouts.
(16.50 euros, 160 p.)
ISBN : 978-2-343-04846-8, ISBN EBOOK : 978-2-336-36251-9

DE LA COLÈRE EN L'OCCIDENT FANTÔME
Essai
Teixeira Vincent
L'Occident n'a cessé de bruire de colères, masquant sa volonté de puissance sous la bannière de «la civilisation». Mais son devenir récent inquiète, tant la domination techno-industrielle, l'hyperconsommation, la religion du progrès s'avèrent aussi aventureuses qu'empoisonnées. Aux mutilations de la planète s'ajoutent la domestication des esprits. La colère ne devrait-elle pas renouer avec les pouvoirs de la parole, comme contre-poison et refus de consommer le monde ?
(12.00 euros, 106 p.)
ISBN : 978-2-343-04859-8, ISBN EBOOK : 978-2-336-36192-5

CONTRAT (LE) CITOYEN
Essai sur la réduction des inégalités politiques et socio-économiques pour un monde meilleur
Diouf Lamine Diack
L'auteur préconise la mise en œuvre à l'échelle planétaire d'une politique de concertation et de collaboration entre les peuples pour mettre en place des solutions justes et durables. Seuls les citoyens peuvent ressusciter le droit, la vertu et la solidarité. Ce livre, en plus de rafraîchir la mémoire en revisitant l'histoire de la République de l'Antiquité à nos jours ainsi que les textes des grands penseurs, est fondateur du XXIe siècle et utile pour un futur meilleur.
(24.00 euros, 240 p.)
ISBN : 978-2-296-99887-2, ISBN EBOOK : 978-2-336-36026-3

MISÈRE DE LA DÉMOCRATIE
Pour une réingénierie de la politique
Cognard Alain
Après un siècle de guerres planétaires, un siècle de pillage et d'escroquerie prend racine. Comment les peuples pourront-ils reprendre la main et retrouver un intérêt commun dans la poursuite d'une aventure humaine devenue si fragile ? La réponse tient dans le développement spectaculaire des compétences des individus et des groupes qui peuvent aujourd'hui commencer une réingénierie de la politique et évincer ceux qui profitent du système au lieu de le réformer.
(Coll. Questions contemporaines, 24.00 euros, 230 p.)
ISBN : 978-2-343-04171-1, ISBN EBOOK : 978-2-336-36126-0

C'ÉTAIT LA DÉMOCRATIE
Anthologie commentée de textes sur la démocratie antique, ses réussites et ses dérives
Ségur Philippe
Voici une présentation attractive et commentée de la démocratie athénienne à travers les textes d'historiens, de philosophes, d'orateurs, de tragédiens, de poètes comiques de l'Antiquité : Eschyle, Sophocle, Euripide, Aristophane, Hérodote, Thucydide, Platon, Isocrate, Aristote, Eschine, Démosthène. On comprend combien leur approche de la politique était moderne et à quel point certaines difficultés de l'époque sont proches de celles que nous connaissons aujourd'hui.
(Coll. Logiques Juridiques, 14.00 euros, 140 p.)
ISBN : 978-2-343-04441-5, ISBN EBOOK : 978-2-336-35984-7

POUVOIRS, IMPOSTURES
Du mensonge à l'encontre des peuples
Péruisset-Fache Nicole
Afin d'accepter sa condition, notre espèce a, au cours de sa longue histoire, eu recours aux dieux censés gouverner les affaires humaines. Néanmoins, au fil du temps et des progrès techniques et scientifiques, des substituts matériels tels que l'argent, la consommation, et l'omniprésence des médias de masse les ont remplacés. Recours aux dieux ou à des substituts sont sous-tendus par les

pratiques d'imposture des puissants à l'encontre des peuples. Ce sont ces pratiques des puissants que cette analyse tente de mettre en lumière pour, si possible, permettre de les déjouer.
(Coll. Questions contemporaines, 22.00 euros, 224 p.)
ISBN : 978-2-343-04788-1, ISBN EBOOK : 978-2-336-36091-1

MER (LA) ROUGE OU L'ÉPREUVE DU DEUX
Ramond Michèle
Le monde actuel nous alarme par ses divisions intolérables et criminelles. Injustices, inégalités, sexisme, misogynie, homophobie, haine de l'autre, meurtres et guerres tous azimuts imposent jour après jour le fantôme d'un Dieu Deux terrifiant et cruel. Cet essai examine l'état divisé de notre société mais il s'efforce aussi de trouver des remèdes à ses maux : dans ces moments de grâce il rencontre les propositions de la littérature et il se transforme parfois en une rencontre amoureuse sur les bords de la Mer Rouge.
(Coll. Créations au féminin, 16.50 euros, 168 p.)
ISBN : 978-2-343-04738-6, ISBN EBOOK : 978-2-336-36183-3

DES ÉTATS *DE FACTO*
Abkhazie, Somaliland, République turque de Chypre nord...
Bonnot Maurice
Anomalies du système international, les États de facto, autoproclamés, non reconnus, existent malgré le vide juridique dans lequel ils sont relégués, tels l'Abkhazie, le Haut-Karabagh, le Kossovo, l'Ossétie du Sud, la République turque de Chypre nord, la Transnistrie, la RASD (République Arabe Sahraouie Démocratique). Nombre de leurs aspects sont d'une normalité avérée, loin des clichés de terres laissées à l'anarchie que certains se plaisent à opposer aux États souverains, ordonnés et stables.
(27.00 euros, 264 p.)
ISBN : 978-2-343-04074-5, ISBN EBOOK : 978-2-336-36121-5

PEUPLES AUTOCHTONES ET INDUSTRIES EXTRACTIVES
Mettre en œuvre le consentement, libre, préalable, informé
Sous la direction de Cathal Doyle et Jill Carino.
Trois organisations britanniques de la société civile ont établi, avec des représentants autochtones, un consortium pour le développement d'un projet visant à rendre effectif, dans l'industrie minière, le consentement préalable, libre et informé (FPIC en anglais, CPLI en français). Le présent rapport doit servir de base pour le dialogue. Il comprend à la fois des éléments de droits, le point de vue des autochtones, des études de cas aux Philippines, Canada, Panama et identifie les principaux enjeux et perspectives.
(Coédition GITPA / IWGIA France, Coll. Questions autochtones, 20.00 euros, 186 p.)
ISBN : 978-2-343-04698-3, ISBN EBOOK : 978-2-336-35993-9

OCÉAN ALERTE ROUGE
Chroniques d'un désastre annoncé
de Pompignan Nathalie, Albanel Constance – Préface de Bertrand de Lesquen
L'océan occupe 70% de la surface de notre planète. Vaste, on le croit indestructible. Il ne l'est pas. Désormais nous le savons, sa santé est en péril : immenses zones marines mortes, continent de plastique, disparition de récifs coralliens... A partir de données scientifiques et d'études reconnues, ce livre dresse un état des lieux des menaces, des risques et des actions collectives en cours sur le sujet.
(26.00 euros, 258 p.)
ISBN : 978-2-343-03817-9, ISBN EBOOK : 978-2-336-35675-4

FIN (LA) DU CAPITAL
Pour une société d'émancipation humaine
Prone André – Préface de Samir Amin
L'interventionnisme militaire, l'accaparement par les grandes puissances internationales des terres et des ressources des pays tiers, la montée des néofascismes, la profondeur de la crise généralisée,

tout cela mène l'auteur à faire l'hypothèse de la fin du capital et de l'imminence d'une nouvelle phase historique. A partir de cette probabilité signifiante, il approfondit la matrice écomuniste dans le prolongement de la pensée marxienne, tout en recherchant le meilleur moyen d'ouvrir la voie à une société d'émancipation humaine.
(Coll. Questions contemporaines, 15.00 euros, 154 p.)
ISBN : 978-2-343-03950-3, ISBN EBOOK : 978-2-336-35369-2

UNE NOUVELLE SOCIÉTÉ SOLIDAIRE
Par un nouveau contrat social
Pittet Ignace
Pour sortir de la crise morale, politique, économique et écologique mondiale, voici une proposition sérieuse d'un projet de société élaboré à partir du Solidarisme des années 1900. L'auteur nous convie à réaliser ensemble ce projet à l'image d'une construction de la maison de nos rêves, une maison solide, aux lignes harmonieuses et dans laquelle il fera bon vivre.
(24.00 euros, 272 p.)
ISBN : 978-2-343-03306-8, ISBN EBOOK : 978-2-336-35216-9

COMMENT EN FINIR AVEC LA FAIM EN TEMPS DE CRISES
Commençons dès maintenant !
Trueba Ignacio, MacMillan Andrew
Texte traduit de l'anglais et édité par Mathias Maetz ; préface de José Graziano sa Silva
Parmi les sept milliards de personnes vivant au monde, plus de la moitié mange mal et un milliard n'a pas assez de nourriture, deux milliards sont en surpoids ou obèses. Près d'un tiers de la nourriture produite est gaspillée, dont une grande part est jetée par les consommateurs vivant en «Occident». Ceux qui ont le plus besoin de nourriture ne peuvent pas s'en procurer. Notre système alimentaire mondial est en désordre. Comment rendre meilleur le monde pour ses habitants ?
(13.50 euros, 122 p.)
ISBN : 978-2-343-03396-9, ISBN EBOOK : 978-2-336-35286-2

MACHIAVEL OU L'ILLUSION RÉALISTE
Bertrand Maurice
L'œuvre politique de Machiavel nous concerne aujourd'hui de façon directe parce qu'elle expose la théorie de l'asservissement des peuples et que nous sommes toujours asservis. Les formes de notre servitude ont changé, mais les méthodes qui permettent à une infime minorité de l'imposer sont toujours les mêmes. La vision du monde de Machiavel continue d'imposer une philosophie de résignation. Détruire le «faux réalisme» qui nous empêche d'y voir clair est une tâche très urgente.
(Coll. Questions contemporaines, 14.00 euros, 156 p.)
ISBN : 978-2-343-03664-9, ISBN EBOOK : 978-2-336-35215-2

DÉRAISON D'ÉTAT
Déshérence des villes
Lefebvre Jean-Pierre
Malgré sa dégénérescence au Nord, le capitalisme inégalitaire tire des milliards d'êtres humains du Sud du sous-développement. Mais la planète épuisée n'a plus les moyens de suivre cette voie. L'auteur relit Hegel, Proudhon, Henri Lefebvre, Bourdieu, Castoriadis, Onfray, Badiou, Laval, Dardot, Harribey... pour réenvisager les logiciels d'un après capitalisme viable.
(Coll. Questions contemporaines, 39.00 euros, 400 p.)
ISBN : 978-2-343-03599-4, ISBN EBOOK : 978-2-336-35285-5

L'HARMATTAN ITALIA
Via Degli Artisti 15; 10124 Torino
harmattan.italia@gmail.com

L'HARMATTAN HONGRIE
Könyvesbolt ; Kossuth L. u. 14-16
1053 Budapest

L'HARMATTAN KINSHASA
185, avenue Nyangwe
Commune de Lingwala
Kinshasa, R.D. Congo
(00243) 998697603 ou (00243) 999229662

L'HARMATTAN CONGO
67, av. E. P. Lumumba
Bât. – Congo Pharmacie (Bib. Nat.)
BP2874 Brazzaville
harmattan.congo@yahoo.fr

L'HARMATTAN GUINÉE
Almamya Rue KA 028, en face
du restaurant Le Cèdre
OKB agency BP 3470 Conakry
(00224) 657 20 85 08 / 664 28 91 96
harmattanguinee@yahoo.fr

L'HARMATTAN MALI
Rue 73, Porte 536, Niamakoro,
Cité Unicef, Bamako
Tél. 00 (223) 20205724 / +(223) 76378082
poudiougopaul@yahoo.fr
pp.harmattan@gmail.com

L'HARMATTAN CAMEROUN
BP 11486
Face à la SNI, immeuble Don Bosco
Yaoundé
(00237) 99 76 61 66
harmattancam@yahoo.fr

L'HARMATTAN CÔTE D'IVOIRE
Résidence Karl / cité des arts
Abidjan-Cocody 03 BP 1588 Abidjan 03
(00225) 05 77 87 31
etien_nda@yahoo.fr

L'HARMATTAN BURKINA
Penou Achille Some
Ouagadougou
(+226) 70 26 88 27

L'HARMATTAN SÉNÉGAL
10 VDN en face Mermoz, après le pont de Fann
BP 45034 Dakar Fann
33 825 98 58 / 33 860 9858
senharmattan@gmail.com / senlibraire@gmail.com
www.harmattansenegal.com

L'HARMATTAN BÉNIN
ISOR-BENIN
01 BP 359 COTONOU-RP
Quartier Gbèdjromèdé,
Rue Agbélenco, Lot 1247 I
Tél : 00 229 21 32 53 79
christian_dablaka123@yahoo.fr

657284 - Juin 2016
Achevé d'imprimer par

1livre.com
du rêve à la réalité !

www.ingramcontent.com/pod-product-compliance
Lightning Source LLC
LaVergne TN
LVHW011253061026
849535LV00005B/1250
* 9 7 8 2 3 4 3 0 7 9 7 1 4 *